北京高校美育教师进修班（第1期）
2023.7.9—2023.7.14·北京

新时代的大学美育

——第一期北京高校美育教师进修班论文集

北京市学校美育研究中心
首都师范大学艺术与美育研究院　编

首都师范大学出版社
CAPITAL NORMAL UNIVERSITY PRESS

图书在版编目(CIP)数据

新时代的大学美育 ：第一期北京高校美育教师进修班论文集 / 北京市学校美育研究中心，首都师范大学艺术与美育研究院编 . -- 北京 ：首都师范大学出版社，2024.6. --ISBN 978-7-5656-8430-2

Ⅰ. G40-014

中国国家版本馆 CIP 数据核字第 20240PF056 号

XINSHIDAI DE DAXUE MEIYU

新时代的大学美育

——第一期北京高校美育教师进修班论文集

北京市学校美育研究中心　首都师范大学艺术与美育研究院　编

责任编辑　王兰玉

首都师范大学出版社出版发行

地　址　北京西三环北路 105 号

邮　编　100048

电　话　68418523(总编室)　68982468(发行部)

网　址　http://cnupn.cnu.edu.cn

印　刷　北京印刷集团有限责任公司

经　销　全国新华书店

版　次　2024 年 6 月第 1 版

印　次　2024 年 6 月第 1 次印刷

开　本　787mm×1092mm　1/16

印　张　20　　插页　1

字　数　315 千

定　价　65.00 元

目录

第一编

略论新时代加强美育工作的意义　信　滢 / 3

高校美育通识课程中学科交叉融合研究　刘　菲 /10

历史自信融入大学生美育思政教育的三重向度　邓瑞玲 /18

大学美育教学的系统认识　张　卉 /31

向美而生

——新时代美育培养全面发展的美好人格　刘锦诺　杨　丽 /40

知行合一，以美育人　周　源 /53

第二编

高校公共艺术教育改革与创新路径的探索与应用　赫蒙娜 /63

新工科背景下美育课程体系与实施框架研究　安　丛 /71

公共艺术教育在理工科大学生综合素质提高中的作用研究　李　梅 /80

新时代职业院校美育改革模式与实践研究　苗　崧　姚立泽　李志鸿 /88

“三全育人”背景下公安院校美育育人困境及实践路径研究
王　瑶　安芳洁 /98
关于构建中医药院校美育课程群的探讨　许大鹏　周晓菲 /105
新时代医学院校美育的实践与思考　寇瑾妍 /113

第三编

高校音乐教育与社会主义核心价值观的融合　顾兴立 /121
构建具有北京特色的普通高校音乐美育课程
——教学内容与教学方法的探索　段　蕾 /129
高校合唱艺术实践的育人功能
——以北京信息科技大学为例　郭　颖 /137
弦歌之声：高校音乐类公共美育课创新与古典音乐普及
——基于“音乐之美”的教学实践　毛　雪 /143
流行音乐在大学音乐教育中的功能以及实施对策探讨　杨静涵 /154
新工科背景下工科高校舞蹈美育课程的研究与实践　孟　笑 /162
中医药文化融入舞蹈美育课程探析
——基于中医药院校的思考　王英楣 /169
新时代高校大学生艺术社团的育人功能与提升路径擘画　万俊杰 /174

第四编

大学美育视阈下美术类课程的探索与实践　尤明辉 /183
新工科背景下高校美育课程改革实践
——以“美术造型基础”为例　曲丹儿　张曼晴 /191
中医药高校书法美育实践探究　王月彤 /200
新文科背景下中国美学专题课程建设探索　张灵馨 /209
高等职业院校大学语文的美育价值研究　赵西芝 /219

数字时代博物馆美育大思政课建设研究　韩业亮　张　雨　张鹏飞 /231
小学博物馆美育教师培养探索　夏　天 /238
工艺美术的美育实践性初探　陈　玉 /245
高校美育服务乡村振兴的可行性路径与策略　黄帅军　何喜忠 /255
基于班主任视角谈家校共育礼仪文化实践对策　孙旖捷 /264

第五编

一首经典民歌的前世今生
——从《种瓜调》到《龙船调》的历史考证　吴妮妮 / 271
“巴黎高美”模式对现代中国油画的影响
——以 1929 年第一次教育部全国美术展览会为例　黄　丹 /285
中国雕塑的审美维度　张欣杰 /298
现代设计艺术审美情趣之掞变研究　陈晓环 /305

编后记 /313

第 一 编

略论新时代加强美育工作的意义

信　滢

（北京戏曲艺术职业学院）

美育作为旨在培养健全人格，促进人的各种能力全面、协调、和谐发展的教育形式，具有不可替代的教育功能和作用。进入新时代，随着《关于全面加强和改进新时代学校美育工作的意见》（以下简称《意见》）、《教育部关于切实加强新时代高等学校美育工作的意见》等政策文件的相继出台，美育在国家教育格局中的地位日益凸显，已然上升为国家意志。2018 年 8 月，习近平总书记在给中央美术学院老教授的回信中特别指出，美育“对塑造美好心灵具有重要作用”，“加强美育工作，很有必要”。同年 9 月，习近平总书记在全国教育大会上强调指出，要培养德智体美劳全面发展的社会主义建设者和接班人，讲话还就如何全面加强和改进学校美育工作明确了具体方向，即“坚持以美育人、以文化人，提高学生审美和人文素养”①。本文拟从历史、理论和实践等不同维度梳理新时代加强美育工作的意义，以期提升学术界对美育工作和美育理论研究的关注，为推进新时代美育工作高质量发展聚力。

新时代加强美育工作的历史意义

延续中华美育传统的必然要求。重视美育是我国教育发展史上的良好传统。尽管现代意义上的美育概念诞生于西方，但我国美育的历史源远流长，可以追

① 习近平：《坚持中国特色社会主义教育发展道路　培养德智体美劳全面发展的社会主义建设者和接班人》，《人民日报》2018 年 9 月 11 日。

溯到先秦时期孔子提出的“诗教”“乐教”等美育思想和美育实践。以孔子为创始者的儒家在“仁”的思想核心上，形成了以“礼乐相济”熏陶教化、“美善相乐”怡情养性、追求人格、精神、境界“合一”等为原则的美育价值观①。《乐记》作为我国最早的封建礼制教科书——《礼记》中的一个重要组成部分，充分总结并论述了我国自先秦以来的礼乐教化思想，阐述了“礼乐教化”作为中国古代最重要的政治、思想和文化教育传统的重要特点。近代以来，著名学者王国维、蔡元培等人也曾大力倡导美育。特别是蔡元培先生曾在多个场合的演讲中反复强调美育的重要性，提出了著名的“以美育代宗教说”，在教育和精神层面上赋予了美育与宗教信仰同等的地位，是对中国传统美育的陶冶情操、提升人的精神境界之功能的现代阐释(曾繁仁，2016)。新中国成立后，施行“德、智、体、美、劳”五育并举的基本教育方针，仍然将美育作为社会主义人才培养的主要维度之一，并将其置于仅次于德育、智育和体育的重要位置。可以说，美育从文明的整体性连接了传统与现代、当下与未来(宋修见，2020)。

传承中国传统文化、弘扬中华美育精神的题中之义。中华民族历来把“美”作为生活的重要组成部分，把“美”的教育及传承作为民族发展的重要基石。从古至今，美育在我国不仅受到高度重视，而且在历史积淀中呈现出鲜明的东方文化精神特征，成为推动中国历史前行不可或缺的文化力量。

随着中国特色社会主义迈入新的历史阶段，国家层面对于美育工作的重视达到了新高度。2015 年《意见》出台，明确提出到 2020 年初步形成“具有中国特色的现代化美育体系”的目标。习近平总书记在 2018 年 8 月 30 日给中央美术学院 8 位老教授的回信中更是对美育的重要性给予了充分肯定，还对做好美育工作提出了明确要求：“做好美育工作，要坚持立德树人，扎根时代生活，遵循美育特点，弘扬中华美育精神，让祖国青年一代身心都健康成长。”“弘扬中华美育精神”这一命题一经提出，关于“中华美育精神”的内涵及其与中华美学精神的关系辨析便成为理论界进行学理阐释的重要命题(刘琴，2023)。中华民族拥有优良的美育传统，长期以来，对中华美育传统的认识主要集中在以礼乐传统为主体及其所涵摄的各种文艺思想及文艺实践的客观形态方面(冯学勤，2022)。从

① 孟令豹：《孔子：中国最早的美育思想构建者》，《教育家》2017 年第 33 期。

这个意义上说，以儒学为核心的中华优秀传统文化是中华美育精神的思想源泉，也是新时代进行美育研究的所来之径。因此，新时代美育工作的愿景不仅是构建一个满足现代化发展育人诉求的中国特色美育体系，很大程度上也是对中华美育传统的复归。

新时代加强美育工作的理论意义

相关学科理论研究的“新赛道”。尽管美育实践的历史比较久远，但从现代学科意义上而言，美育是一个由教育学与艺术学、美学、文艺学等学科交叉产生的后发研究领域，其在学理上由于自身的交叉属性略显定位不明，美育研究也由于没有明确的学科归属而显得较为边缘化。值得关注的是，自 20 世纪 90 年代末我国“素质教育”推行以来，美育逐渐成为教育学界关注的学术领域，研究成果进入稳步提升阶段(见图 1)。特别是 2020 年 10 月 15 日中共中央办公厅、国务院办公厅印发《关于全面加强和改进新时代学校美育工作的意见》以来，美

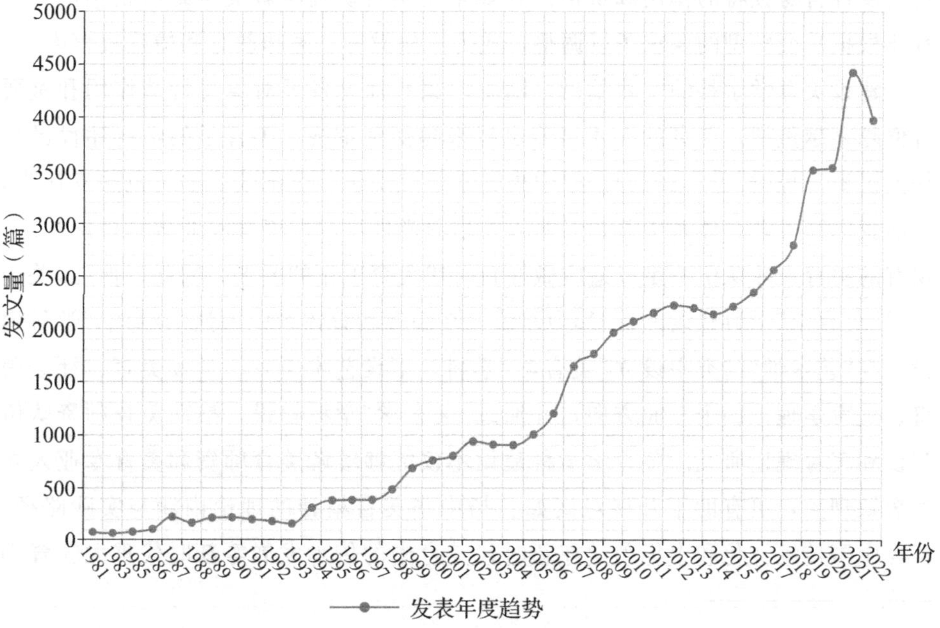

图 1　1981—2022 年美育相关研究文献发表趋势图(数据来源：中国知网)

育研究迎来了新一波热潮，美育已然成为教育学、美学、艺术学等学科领域新的学术增长点。

教育现代化的“助推器”。教育现代化通常指一个国家教育发展与现代社会发展相适应的较高水平状态。教育的目的是人，教育现代化的核心是实现人的现代化。那么，何为人的现代化呢？对于当代中国而言，人的现代化的终极目标是马克思所设想的共产主义社会新人，即实现自由而全面发展的个体。有学者提出，人的发展的内涵包括五个维度，即认知和情感发展，道德和公民性发展，个性、社会性与人格的发展，健康与安全发展和艺术与审美发展①。席勒说：“美育可以恢复人们完整、和谐的个性，可以促进人的全面发展，可以帮助受教育者得到智的启迪，德的升华，美的感染。”因此，我们在不断挖掘学生的智力潜力，将智育、体育和劳动教育纳入学业考核范围的同时，绝不能忽视对他们的艺术与审美能力的养成和良好个性的培养。

对于美育工作自身而言，美育也必须参与到教育现代化进程之中，积极探索教育理念、教育生态、教学手段等方面的转型升级，才能找到自己的位置，持续发挥自身独特的作用和价值。正如早期美育研究学者樊美筠所指出的：美育要根据社会转型的要求予以调整，成为人格教育、趣味教育和情感教育②。

建设美育学学科的实践基础。随着国家和社会各界对美育特殊作用和重要价值越来越重视，美育的人才培养也越来越受到重视，美育学的学科建设已被提上议事日程(杜卫，2021)。原中央美术学院院长、全国政协委员范迪安认为，目前我国高等教育体系中美育专业人才培养尚处空白，美育专业教师极度缺乏，现有的美育人才队伍不足以适应做好新时代美育工作的要求。因此，他在《关于加强“美育学”学科建设的提案》中建议：在高等教育体系中加强“美育学”学科建设，在“艺术学”门类中设立“美育学”学科，下设艺术美育、学校美育、社会美育、美育学理论四个专业方向，并通过“美育学”学科建设，推动美育师资队伍建设和美育理论研究。美育学学科建设不仅能够缓解美育师资和美育专业人才的短缺现象，更有助于开展对诸如弘扬中华美育精神的理论内涵与实践路径、优秀中国传统文化和中华美学在新时代美育中的传承发展等新时代重大美育理

① 朱旭东：《论教师专业发展的理论模型建构》，《教育研究》2014 年第 6 期。

② 陈文忠、孟瑞：《近二十年审美文化研究回顾与思考》，《中州学刊》2007 年第 6 期。

论问题的深入研究。

当前，已有部分高校设置了专门的美育教学科研机构，如中央美术学院美育研究中心、清华大学美术学院美育研究所、首都师范大学艺术与美育研究院、西南大学美育研究院、浙江大学美育中心、北京中医药大学美育中心等。近年来，这些专设机构在美育教学实践和美育理论研究方面取得了显著成绩，为高校美育工作的开展凝聚了专业化力量。

新时代加强美育工作的实践意义

落实立德树人根本任务的必然要求。作为党中央对于教育工作的重大政治宣示，党的十八大报告首次提出“把立德树人作为教育的根本任务”。立德树人是人才成长的根本规律，是对人类社会教育本质的全面回归①。美育作为教育体系的重要组成部分，承担着培养学生审美能力，形塑完整人格的重要任务。正如蔡元培先生所说：“美育者，与智育相辅而行，以图德育之完成者也。”德育是美育的归宿，落实立德树人根本任务是新时代美育工作的价值旨归。

长期以来，由于受到以高考为终极目标的升学选拔制度的影响，美育未能在学校教育实践中得到应有的重视，在“德、智、体、美、劳”五育中一直处于“靠边站”的边缘地位。为推进新时代学校美育工作，2019 年 3 月，教育部印发了《关于切实加强新时代高等学校美育工作的意见》，要求普通高校要强化面向全体学生的普及艺术教育；2020 年 10 月，中共中央办公厅、国务院办公厅印发了《深化新时代教育评价改革总体方案》，其中专门针对美育评价提出“推动高校将公共艺术课程与艺术实践纳入人才培养方案，实行学分制管理，学生修满规定学分方能毕业”的明确要求；在随后印发的《关于全面加强和改进新时代学校美育工作的意见》中，进一步指出要把美育纳入各级各类学校人才培养全过程，贯穿学校教育各学段，培养德智体美劳全面发展的社会主义建设者和接班人，将美育的地位提升到新高度。

推进中国式现代化的必由之路。有学者提出，亟待提高的国民审美素养与

① 张志勇：《立德树人是党的教育方针的重大理论创新》，《教育研究》2019 年第 3 期。

时代发展需要之间的巨大落差是当前美育面临的主要问题(易晓明，2019)。改革开放四十余年，我国经济社会发展已经取得了蔚然可观的成就，与2035年"基本实现社会主义现代化"的阶段性目标愈加趋近，但思想精神层面却存在与物质水平不相匹配的滞后现象。党的二十大报告提出了"中国式现代化"的宏大命题，并指出中国式现代化的特征之一是"物质文明和精神文明相协调的现代化"。这意味着，中国式现代化不仅是"物"的现代化，更应是"人"的现代化。随着现代化建设进入新阶段，传统的智育很难解决思想观念和人的发展问题，单纯的德育手段在价值观多元化的现代社会也往往存在现实局限性，而美育作为感性与理性的桥梁，"入人也深、化人也速"①，具有不可替代的独特育人功能。

因此，美育现代化首先应理解为人的现代化，即人及其本质的现代化，要努力克服人的分裂、扭曲与异化，把人培养成全面发展的"完整的人"(高华平，2001)。苏联教育家苏霍姆林斯基说："美育是一种心灵体操——它能使我们精神正直、心地纯洁、情感和信念端正。"美育正是通过提升教育对象的审美认知、培养教育对象的审美情感来提升其能力，完善其人格，帮助其抵达"第三王国"即"审美的王国"，进而推动其趋近于"完整的人"。

结　语

随着近年来"双减"政策推向深入，教育数字化转型高歌猛进，人工智能引领时代浪潮，美育越来越成为我国当代教育应对时代诉求、培育时代新人的有力抓手。美育工作的开展，是一个系统性工程，需要政府、社会、学校和家庭多方主体的合力推进，更需要教育工作者的笃行不怠。新时代教育工作者应充分重视美育、研究美育、实践美育，推动美育从"应然"走向"实然"。在此之上，要关注新时代新形势新环境对美育工作提出的新诉求，积极回应时代课题，担负起美育的时代使命。

① 王敏、曾繁仁：《高校大美育体系的现代化建构》，《中国高等教育》2017年第7期。

参考文献

[1]中共中央办公厅，国务院办公厅．关于全面加强和改进新时代学校美育工作的意见[EB/OL]．http：//www.moe.gov.cn/s78/A01/s4561/jgfwzx _ zcwj/202010/t20201019 _ 495584.html? eqid=e76b5edb001fe6360000000464297ee6.

[2]习近平．坚持中国特色社会主义教育发展道路　培养德智体美劳全面发展的社会主义建设者和接班人[N]．人民日报，2018-9-11.

[3]孟令豹．孔子：中国最早的美育思想构建者[J]．教育家，2017(33)：69-71.

[4]曾繁仁．礼乐教化与中和之美——中华美学精神的继承与发扬[J]．山东大学学报(哲学社会科学版)，2016(4)：1-11.

[5]宋修见．中华美育是中国人的生存美学[J]．民艺，2020(5)：49-60.

[6]刘琴．2022中国美育研究述评[J]．美育学刊，2023，14(3)：7-19.

[7]冯学勤．论“中华美学精神”与“中华美育精神”的内涵与关系[J]．美育学刊，2022，13(5)：13-21.

[8]朱旭东．论教师专业发展的理论模型建构[J]．教育研究，2014(6)：81-90.

[9]陈文忠，孟瑞．近二十年审美文化研究回顾与思考[J]．中州学刊，2007(6)：234-239.

[10]杜卫．论中国美育学建构的问题和范畴体系[J]．美术研究，2021(1)：10-15.

[11]范迪安．建设中国美育学的学理思考[J]．美术研究，2020(5)：7.

[12]教育部发布会介绍《关于全面加强和改进新时代学校体育工作的意见》和《关于全面加强和改进新时代学校美育工作的意见》有关情况[EB/OL]．http：//www.gov.cn/xinwen/2020－10/16/content _ 5551853.htm．2020-10-16.

[13]张志勇．立德树人是党的教育方针的重大理论创新[J]．教育研究，2019，40(3)：19-22.

[14]易晓明．当代美育复兴的意义及其研究趋向[J]．美育学刊，2019，10(2)：1-8.

[15]王敏，曾繁仁．高校大美育体系的现代化建构[J]．中国高等教育，2017(7)：7-10.

[16]高华平．论中国传统哲学美育与素质教育资源的现代转换[J]．中南民族学院学报(人文社会科学版)，2001(1)：115-118.

高校美育通识课程中学科交叉融合研究

刘　菲
（扬州大学）

美育内涵与外延的变迁

溯源美育，它自诞生起便具有促教化、正人伦的实践意义，这已经是中外自古就有的共识了。在西方，古希腊先哲们用戏剧、诗歌、绘画、雕塑等审美形式教化广大民众；在中国，同样也很早就借用人民大众喜闻乐见的艺术形式为媒介进行教化，将人们从平凡的生存层面提升到尽善尽美的理想境界。

柏拉图就曾提出过人格的养成要从和谐的艺术教育入手，或者说美育是整个教育的基础。国外对美育的研究发端于康德和席勒。康德将美学作为一门独立的学科进行研究，它是美育学的逻辑起点，审美即政治、审美即道德思想的提出很好地体现了康德美学的启蒙性。席勒的《美育书简》不仅构成从康德美学到黑格尔美学的中介和转折，而且是古典美学迈向马克思美学思想的一座桥梁。它在康德主体性哲学的基础上，从历史的高度提出确立感性在人性构成中的基础地位、培养发展完整人格的理论，由此突破了原有素质教育的局限，把德、智、体、美四育并列联系起来。他要求从人性的高度把握美的本质，从人的需要和活动来认识人性发展的特性。这样美育就成了解决当下人的生存危机以及文化危机的又一种途径，也是席勒美育理论的重要特征。

在此基础上，关于美育的理论研究出现百家争鸣之势，可划分为以兰格(Lange)和灵德(Linde)为代表的“美的享乐说”：认为美育深切地注意自身的修养，是个人得到幸福的源泉；以德莱斯德纳(Dresdner)为代表的“美的创作说”：

以为美育的价值在于养成被教育者富有制作的意志及创造能力；以伟勒(Weler)为代表的“以艺术视教育作用说”：认为美学的教育应当作鼓舞的改良原则而占据支配学校全部的地位；以希雷尔(Schiller)和赫尔巴特(Hirbert)为代表的“伦理意义的美育说”：更为关注美的道德修养，主张把教育学的系统建筑在最根本的审美的伦理学上。英国赫伯·里德(Herbert Read)撰写的《通过艺术的教育》阐扬柏拉图创见的主题，认为人类的不幸是由于个人的自发创造力受到压制，是现行教育制度的缺失产生的后果。

中国自古有以艺修身的传统，孔子教育思想便已有了“诗教”“乐教”美育思想的体现。20世纪初，席勒的美育思想传入中国。在中国，蔡元培的美育思想一直影响至今，他于1912年正式提出将美育列入国家教育方针，1916年以科学和美术作为人道主义教育的重要内容，1917年发表“以美育代宗教”的演说，1919年提出“文化运动不要忘了美育”，1920年提出了健全人格包括体育、智育、德育、美育四个方面，1921年提出“文化归宿到教育，教育不外科学与美术”，1922年提出美育实施的方法。这些美育思想对于当今教育和文化事业都有着不可忽视的借鉴意义，都是中国现代思想文化的重要组成部分，并对引导大众形成正确的世界观、人生观、价值观有着积极的引导作用。

当代的德育美育观形成于1996年，集成于檀传宝的论著《德育美育观》；赵宋光在《论美育的功能》中第一次提出“立美”的概念；冯国文在《立美教育简论》中提出：启发学生主动去认识隐藏在美后面的真与善，在教师的启发下主动获得知识，在实践中加以检验，形成主动性和创造力。这些文献都从美育的德育功能方面探讨了美育的重要育人意义。杜卫2022年出版的《美育学》以及钟仕伦、李天道2008年出版的“美育丛书”中的《中国美育思想简史》都为美育领域研究提供了较为全面的理论依据和史料线索。

新时代对美育的关注比历史上任何时候都高，政府相关部门出台了一系列关于加强美育教育的相关文件，把美育提升到了新的历史高度。在前人实践的基础上，当下的美育工作者将如何担负起这一使命，是我们要不断努力探索的重大课题。

高校通识教育与美育的关系

通识教育的思想，在我国源远流长。古人一贯认为博学多识就可达到出神入化，融会贯通。《易经》中主张，“君子多识前言往行”；《中庸》中主张，做学问应“博学之，审问之，慎思之，明辨之，笃行之”。因而通识教育可培养通才，即博览群书，知自然人文，知古今之事，博学多识，通权达变，通情达理，兼备多种才能的人。

现代意义上的通识教育源于19世纪。当时有不少欧美学者有感于现代大学的学术分科太过专业、知识被严重割裂，于是创造出通识教育。其目的是培养学生能独立思考且对不同的学科有更为全面的认识，以至于能将不同的知识融会贯通，最终培养出完全、完整的人。自20世纪以来，通识教育已广泛成为欧美大学的必修科目。通识课程作为高校教育课程的重要组成部分，包含学生生活各个领域的知识和技能的教育。开展通识课程教学的目的是培养健全的人格，造就眼界开阔、情感丰富、知识多元的高素质全面人才。

现代国际知名大学中，较早开展自由教育的耶鲁大学倡导学生选修人文艺术课程；哈佛大学则在通识课中极力打造通识核心课程，在教育计划中倡导文理交叉；北京大学的“通识教育文库”与芝加哥大学的“名著课程计划”在通识教学中有异曲同工之妙，都试图把“全人类的文明经典”介绍给学生；清华大学的“新雅书院”更是将通识教育另立学院进行教学探索。在通识教育中，试图增加学生知识的广度与深度，开阔学生视野，使学生兼备人文素养与科学素养，把学生培养成“全面发展的人”。

美育并不是单纯的美术教育，它包含了艺术美、自然美、社会美、科学美这四个方面。从中不难看出，这本就是提倡培养全方位对美的感知能力的教育，使学生具有正确理解和善于欣赏美的能力。

美育还是一个终身沁入式教育体系，它是由家庭、学校和社会组成的全面贯穿式的整体教育。这样的教育并不是简单层面地被理解为把每个人都培养成为艺术家，而是拥有艺术审美鉴赏能力的全面人才，并从美育的层面促教化、正人伦，让我们形成善良端正的人格和对美好事物的向往。

美育与通识教育在培养学生全面发展这个层面上是殊途同归、不谋而合的。需要强调的是，它不同于高校艺术类专业课程，美育通识课程是以艺术专业技能作为培养艺术人才的基石，更多地以艺术作品赏析能力的培养方式为主，普及审美观念，陶冶情操，从更多元的视角认识美、感受美，从而创造美。这就明确了高校美育的有效路径与现实意义。

新文科建设背景下，美术、艺术、科学、技术相辅相成、相互促进、相得益彰。新时代的科技革命和产业变革离不开美育的参与，其相互间的交叉融合更需要德智体美劳全面发展的人才、需要能够将艺术与科学有机结合的“全才”。其中，美育的核心是不变的，要不断变化的是美育的方式和方法。美育要始终结合时代和社会的需要进行“匹配”，甚至更为超前的调整，以满足人民日益增长的物质文化需要。

新工科建设背景下，美育将在高等教育中，尤其是综合性高校中发挥更大的作用。它不是某一个学科的工作，也不是某一个学院的责任，而是学校从宏观层面须重视的一项工作。要将文科与工科、艺术与科学形成相互促进的交叉研究体系，美育就是彼此之间交叉融合最“恰逢其时”的纽带。综合性高校的通识教育开展已久，美育与通识教育可谓是相得益彰，在高校推进美育工作时与通识教育相结合，形成通识美育课程，开发通识性的美育教学体系，能够使美育发挥更广泛的价值。

新时代高校美育的社会责任

由于当下市场经济的影响，人心浮躁、物欲膨胀，同时也深深地影响了大学生健全人格的培养。学生进入大学后，学习的方式由应试学习变为主动学习。面对这样的变化，很多学生将其理解为毫无约束和压力的自由生活，开始肆无忌惮地尝试各种新鲜事物，张扬自己并不成熟的个性，接触自己并不能辨别是非的社会现象，甚至导致处于身心成长关键阶段的大学生出现了人格缺失、心理失衡、创造力匮乏等问题。而这些均与人文教育的缺失不无关系，尤其是美育。美育的本质在于使人成为一个身心皆美的完整的、全面的人。因此，大学教育强调以人为本，以学生为本，以文化为本，以美育为本，实现人自身的全面成长变得日益迫切。

正因如此，时隔百余年后，在蔡元培提出现代美育后的新时代，美育再次被推向新的历史高度。2015 年，《国务院办公厅关于全面加强和改进学校美育工作的意见》中规定：普通高校要在开设以艺术鉴赏为主的限定性选修课程基础上，开设艺术实践类、艺术史论类、艺术批评类等方面的任意性选修课程。2017 年，习近平总书记在中国共产党第十九次全国代表大会上的报告中指出，“要全面贯彻党的教育方针，落实立德树人根本任务，发展素质教育，推进教育公平，培养德智体美全面发展的社会主义建设者和接班人”。2018 年，习近平总书记在《给中央美术学院老教授的回信》中指出，“美术教育是美育的重要组成部分，对塑造美好心灵具有重要作用”。“加强美育工作，很有必要”。2018 年，习近平总书记在全国教育大会上强调，“要全面加强和改进学校美育，坚持以美育人、以文化人，提高学生审美和人文素养”。2020 年下发的《关于全面加强和改进新时代学校美育工作的意见》中明确要求：应把美育全面纳入中考改革。2021 年，习近平总书记在清华大学考察时强调，“美术、艺术、科学、技术相辅相成、相互促进、相得益彰。要发挥美术在服务经济社会发展中的重要作用……把美术成果更好服务于人民群众的高品质生活需求。要增强文化自信，以美为媒，加强国际文化交流”。从国家层面的这一系列举措不难看出，国家对美育的重视程度达到了新的历史高度，对于美育工作者，可谓生逢其时、责无旁贷。

当然也会有传统的思想质疑美育的现实功能性，而以美育作为切入点并不是要让美育置于其他各类教育乃至各个学科之上，只是立足于美育，开发和探索艺术与科学之间更多的可能性。与此同时，提倡运用大众美育的传播学规律，以文化软实力由内而外地去引导高校各学科专业大学生树立正确的世界观、人生观、价值观，在思想活跃的年龄培养高尚的审美意识和道德情操，以教为辅，以育为主，这是比专业学习更能影响其一生发展的内在因素和驱动，因此需要具体落实，让美育观念润物细无声地产生社会影响进而普及大众。

信息技术作用下的美育

现代信息技术，尤其是网络对美育的影响是之前任何时代都不曾出现过的，它使教育及信息的传播不再受时空的局限，让世界各个地区的最新艺术资讯能够以最快的速度传播。并且最主要的，其广泛的覆盖面、高效的传播方式，使得受众面不断最大化。这就是现代信息技术的发展带给美育方式的改变。这种改变在当下还是优点更多一些，但随着发展的深化，难免会有偏离。因此，在今后的发展中，美育要如何合理地运用现代信息技术、要如何把控质和量都是需要深入研究的课题。

此外，线上教育的迅速发展，不仅改变了传统的教学方式，还改变了人们的审美方式，更改变了美育的教学传播方式。与线下教学活动不同，线上教育最大限度地整合了优势资源，打破了地域教育资源的壁垒，促使美育教学活动形成“良性竞争”，受众接触美育的途径也更多元化和自主化，可以根据自身的喜好选择所需的艺术形式。但也要看到，线上教学无论如何都与线下教学存在巨大的差异。毕竟很多需要学生参与动手实践的技法在线上教学中都如“隔靴搔痒”，教师的投入度和学生的参与度都没有得到最大限度的释放，这是线上教学没有办法通过技术更新来弥补的。

从表面上来看，线上和线下的美育教学是两种不同的形式，但也正是这两种不同的形式导致了其各自内容上的侧重亦有所不同。其实，日常教学中，在课程内容相同的情况下，以何种教学方式输出，才能够让学生更好地接受与“吸收”，是教学活动始终在探索的教法问题。但我们在教学实践中却发现，当形式出现创新，抑或是与时代的发展紧密结合时，学生往往只关注了教学的形式，而忽略了本该掌握的学习内容，所以线上和线下教学形式只有与教学内容有机结合，才能更有效地进行美育教育及传播。此外，美育受众人群的不同，也是教学活动采用不同形式的主要原因之一，年龄和角色不同，对不同教学形式的接受度也不同，模式化地采用单一的教学形式，而不考虑多因素的差异性往往不会达到美育的预期效果。文艺领域所倡导的“百花齐放、百家争鸣”的论点，其本质就是为了实现不同受众、不同审美理想而存在的，同时也是满足不同人群对不同文艺作品需求的一种方式。

诚然，前文提到当今现代信息技术的空前发展，打破了全国乃至全世界信息传播的壁垒，无论身在何处都能够第一时间通过网络获得最新的资讯，利用好这个传播途径，优质的美育教学资源也能够最大限度地释放其在精神和审美方面的教化作用。在教学过程中，国学大师们的思想通过网络及线上的教学平台传递给学生，任课教师的角色则改变为引导者、启发者，激发学生思考的鞭策者。作为一个从事过多年少数民族地区美育工作的人，深深地体会到人们对美的向往、理想和渴望是平等的，是不分民族和贫富的。那么，我工作中曾经积累的少数民族地区的优秀传统文化和审美知识，也是一种教育资源，用来与大众进行分享，也是一种美育活动，至少这样做发挥了其作为美育教学资源的知识传播和感染作用。切身的经历使我认识到，合理地利用每个美育工作者身边的、特色的艺术资源，并进行美育传播，其效果也是能够发挥事半功倍的作用。

高校美育之我“建”

基于多年从事高校专业美术教育的经历，我认为，仅通过专业美术教育对社会进行美育的输出，与真正发挥美育活动应有的教育意义存在很大差异，也是远远无法满足社会对全面人才美育能力要求的。特别是部分当代的大学生在大学期间往往缺乏健康积极的人生观、价值观的引导，因此在心智未成熟时就会出现报复性地尝试各种新鲜事物、不能明辨是非、出现创造力缺乏等种种行为和乱象。鉴于此，培养身心皆美的、具有健全人格的当代大学生，美育责无旁贷。我希望能够推广一种大众美育，在综合性大学中开展一种通识美育，全面提升大学生的综合素质，即在原有通识课程中融入美育课程并加大美育课程的比例，使当代大学生德智体美劳全面发展的思想落到实处。

同时，我还在思考高校美育工作者们可否在美育工作中发挥好平台作用?成为连接大中小学美育、学校美育和社会美育的桥梁和纽带。专业教学中培养出的专业过硬的美育人才，发挥自身的优势在学校通识教育中将美育融入各个学科，实现交叉融合，为当地的中小学及校外美育教师提供不断的知识更新培训，为社会搭建更多的美育交流平台，全方位、多层面地构建完整的美育教学体系，从而使美育形成一个多维度的良性循环闭环，以常态化的方式及发展模式来服务社会。通过高校美育工作的推动，带动社会美育的同步推进，从而以美育为“梭”，科学技术相关学科为“经”线，文化艺术相关学科为“纬”线，织就出能够培养综合素质过硬的毕业生，各学科齐头并进、百花齐放、各美其美的综合性大学的美育体系蓝图。

参考文献

[1]教育部课题组．深入学习习近平关于教育的重要论述[M]．北京：人民出版社，2019.

[2]李四达．艺术与科技概论[M]．北京：中国铁道出版社，2019.

[3]杜卫．美育学[M]．北京：人民出版社，2022.

[4]林清凉．2015年中国美育研究述评[J]．美育学刊，2016(4).

[5]李睦．美育教师手册[M]．北京：清华大学出版社，2022.

[6]约翰·杜威．学校与社会(英文版)[M]．北京：中国传媒大学出版社，2018.

历史自信融入大学生美育思政教育的三重向度

邓瑞玲
（哈尔滨师范大学）

作为新时代把握历史规律、抢抓历史机遇、增强历史主动的重要基础，历史自信彰显中国共产党对自身创造的历史成就、传承的伟大精神、总结的历史经验、开辟的光明前景、抱有的坚定信念以及对在历史发展进程中的作用持有的高度认同，具有强大的理论穿透力和实践指引力，其必将为实现第二个百年奋斗目标提供强大思想武器，为激发当代中国青年积极投身实现民族复兴历史伟业的历史实践提供不竭精神动力。将历史自信有机融入大学生美育思政教育是以正确党史观树立四个自信的基本前提，是以百年奋斗历程激发奋进伟力的必然要求，更是以伟大创造精神激活创新动力的应有之义。历史自信有机融入大学生美育思政教育与高校立德树人的原则、标准和方法高度契合。坚持以抓牢课堂育人为核心、以推进文化育人为关键、以强化实践育人为依托，对于推进高校立德树人具有重要的实践价值，对于有效提升历史自信融入高校美育思政教育的实效性与针对性有着重大现实意义。

历史自信融入大学生美育思政教育的重要意义

历史自信有机融入高校立德树人全过程，是引导学生以科学的历史观增强明辨是非的洞察力和免疫力的基本前提，是引导学生以伟大奋斗精神增加理想信念的感染力和驱动力的必然要求，是引导学生以伟大创造精神激活创新原动力和意志力的应有之义。

（一）以科学的历史观凝聚发展合力，树立正确“三观”为基本前提

作为人们对社会历史的根本观点和总的看法，历史观与世界观、人生观和价值观相互影响、相互制约。在唯物主义历史观和唯心主义历史观这两种根本对立的历史观的支配下，人们对于历史人物的功绩过错、历史现象的必然偶然、历史发展的主流支流会形成截然不同的认知与评价，并会对是非、善恶与美丑等总观念的系统形成产生深远影响。当前，国内全面深化改革的持续推进在推动社会转型变革的同时也带来了更为多元的价值冲突，世界观、人生观和价值观尚未完全成熟的大学生极易陷入难以科学鉴别和理性选择的困惑中，部分大学生受错误思潮的蛊惑，在社会历史观上滑向唯心主义，有的陷入绝对精神与自我意识的思想窠臼，有的学生在认识论上陷入以偏概全的历史虚无主义误区；有的否认历史发展的客观规律性，把历史发展归结于各种偶然因素，在方法论上误入投机取巧、敷衍浮躁的机会主义歧途……因此，将历史自信有机融入大学生美育思政教育是引导大学生自觉抵制各种错误思潮渗透并正确把握中国共产党历史的重要基础，更是推动大学生树立正确“三观”并实现由自在向自为超越的思想根基。

党坚定历史自信是对其百年奋斗史的充分肯定，也蕴含着对唯物史观这一始终推动党掌握历史主动的思想武器的高度认同。只有引导大学生树立全面系统的历史认知，以“中国共产党关于历史问题的三个决议”为依据学习党的不懈奋斗史并辅之以“历史支流”的理性辨析，才能推动大学生实现由零散了解历史现象的经验性认知向系统把握历史全景的理论化认知的升华并从历史纵深中准确把握党史发展的主题主线和主流本质，才能引领时代新人以全面系统的眼光正视历史、镜鉴现在、规划未来；只有引导大学生以人民至上的历史立场将人民群众根本利益、社会发展根本方向作为自身价值判断的依据，才能滋养大学生与祖国共奋进、与人民共命运的情感，才能推动大学生超越个人本位的狭小天地并以历史唯物主义的立场把握个人与社会、个人与国家、个人与历史的辩证关系，才能引导大学生在复杂多样的价值选择中将个人的奋斗置于集体和全体人民之中，在新时代广阔的时空坐标系内找准人生发展的定位与价值；只有引导大学生以联系发展、辩证统一的历史思维审视历史过程、评析历史人物、把握历史必然，才能使大学生对近现代中华民族的奋斗历程做出客观公正的评

价并自觉建构起抵制历史虚无主义的铜墙铁壁，才能使其摒弃孤立静止、个别片面的单一范式并以马克思主义辩证发展的思维方式把握历史现象的原因、矛盾、规律进而在感性与理性、理论与实践、思维与方法的良性互动中自觉提升人生观、世界观、价值观。

(二)以百年奋斗历程激发奋进伟力，坚定理想信念为必然要求

习近平总书记指出："理想指引人生方向，信念决定事业成败。没有理想信念，就会导致精神上'缺钙'。"①作为一种精神发展与价值认同需要，理想信念集中表达了人们超越现实生活、追求理想世界的深层次价值追求，集中体现了个人对其所处社会的发展愿景及人生奋斗目标，对建构人的精神世界和引导人的正向行为具有重要的引领和激励作用。当前，一种以理想沉沦、颓废放弃、安于现状、随波逐流等为价值取向的"躺平"心态在大学生群体中滋生蔓延，一部分大学生在面对高担当、高竞争、高消费、高压力、高风险的现实境遇时主动选择不参与、不学习、不升学等放弃奋斗的方式逃避；一部分大学生固守狭小的利益藩篱，只顾眼前的及时享乐及个人利益的获取，将追求个人利益放在首位……大学生对共产主义的坚定信仰、对中国特色社会主义道路的坚定信念、对中国共产党治国理政的坚定信心事关党和国家事业的发展全局，事关中华民族的前途命运。

党的百年历程始终是党坚定理想信念的历史，历史自信内嵌于党对奋斗精神的高度自信。只有引导大学生树立对共产主义远大理想的崇高信仰，结合百年奋斗历程了解共产主义远大理想是支撑党从弱小走向强大、从坎坷走向成功的不竭动力，是共产党人经受任何考验的精神支柱，透过共产主义运动的艰辛跋涉把握其走向胜利的历史必然；只有引导大学生将党的发展历程置于中华民族大历史、资本主义演进史和国际共产主义运动史的大背景下并将党史、新中国史、改革开放史和社会主义发展史融会贯通，引导大学生系统感知党百年以来带领人民相继实现从站起来到富起来、再到强起来的伟大成就，才能使其深刻认识到红色政权来之不易、新中国来之不易、中国特色社会主义道路来之不易，深刻理解"中国特色社会主义道路，是实现我国社会主义现代化的必由之

① 习近平：《在同各界优秀青年代表座谈时的讲话》，《人民日报》2013 年 5 月 5 日。

路，是创造人民美好生活的必由之路”①，才能使其对中国特色社会主义道路及其光明前景抱有必胜信念；只有引导大学生深刻认识中国共产党的执政地位是历史的必然和人民的选择，深刻认识党在探索建立社会主义市场经济、发展全过程人民民主、推进美丽中国建设、妥善应对国际局势和处理国际事务中取得的经验成就，深刻认识以习近平同志为核心的党中央在成功应对金融危机、脱贫攻坚等一系列风险的同时推动党和国家各项事业历史性变革，才能使其深入认识坚持党的集中统一领导是中国特色社会主义制度的优势以及做好各项工作的根本保证和命脉所在，引领大学生在政治立场、政治原则、政治道路上与党同心同向，使其树立对中国共产党治国理政的充分信心。因此，历史自信与大学生美育思政教育的有机融合，有助于大学生从党的百年奋斗历程中自觉认识到个人命运与国家命运紧密相连，从而激发其自觉投身中国特色社会主义伟大事业的热情和动力，有助于其在自觉树立共产主义远大理想的崇高信仰、中国特色社会主义道路的必胜信念、中国共产党治国理政的坚定信心的共振互动中厘清小我与大我、理想与现实、当下与未来等根本性问题，成为民族复兴伟业的奋进者、开拓者、奉献者。

（三）以伟大创造精神激活创新动力，勇于担当历史使命为应有之义

习近平总书记指出：“以数千年大历史观之，变革和开放总体上是中国的历史常态。”②作为一个国家、民族发展的强大动力，创新是推动社会生产力发展和劳动生产率提升的核心要素，是引领教育、文化、体育、卫生、艺术等事业发展的重要力量，更是影响一个国家或民族在世界竞争位势中调整的重大条件。当前，围绕智能信息、生命健康、现代制造、能源安全、海洋探索等新领域原创性突破竞争为主要表征的创新能力竞争成为国际战略博弈的重要场域，创新能力日益成为推动人类生产生活方式的历史性变迁及人类福祉增进的关键变量，日益成为影响全球价值链分工格局和国际政治经济格局重塑的重要因素。作为思想最富活力、最具创造性的群体，大学生是创新人才的重要储备力量，理应走在创新创造前列。

① 习近平：《在党史学习教育动员大会上的讲话》，《党建》2021年第4期。

② 习近平：《在庆祝改革开放四十周年大会上的讲话》，《人民日报》2018年12月19日。

坚持开拓创新、弘扬伟大创造精神是支撑党树立历史自信的智力源泉，也是激励大学生在创新创业创造中升华理想的思想基础。引导大学生了解百年以来党始终基于现实的世情、国情和党情不断冲破传统观念束缚，扫除掣肘发展的思想障碍并为改革发展注入不竭动力的思想创新史，了解党创造性地提出“马克思主义中国化”的时代命题为新民主主义革命事业挣脱经验主义禁锢，通过“真理标准问题”讨论为推进中国特色社会主义道路的成功开辟挣脱教条主义禁锢，通过勇于破解“姓资姓社”之争为发展社会主义市场经济挣脱主观主义禁锢，有助于大学生以实事求是的科学态度树立敢想、敢闯、敢试的变革精神，有助于其在正确认识世界政治经济现状以及中国所面临的机遇挑战的基础上明确自身历史定位和使命并将自身奋斗目标与国家发展目标相统一；引导大学生了解百年以来党始终牢牢把握科技发展的时代脉搏，以科技创新自立自强推进我国经济社会发展进步的科技创新史，了解党在新民主主义革命时期以自然科学成功粉碎敌人的经济封锁，在社会主义建设时期，在内有困难、外有重压的极端条件下自主建构起整套国民经济工业体系，取得了“两弹一星”、发现青蒿素等重大成就，在改革开放以后特别是新时代以来，党中央把科技创新摆在党和国家事业发展全局的核心位置并推动我国科技创新不断取得新突破，有助于引导大学生以逢山开路、遇水搭桥的意志，将创新精神内化为驱动探索求新的心理活动、外化于提出新问题并开创新境界的实践行为，将求真务实的科学精神和国家战略目标导向的爱国奉献精神相结合，并树立“坐得住冷板凳”“十年磨一剑”的科学价值追求；有助于引领大学生以探索未知、勇于创新的积极思维模式和精神状态在服务国家战略大需求的时代浪潮中增长智慧才干并最终成为活跃市场经济、推动高质量发展的中坚力量。因此，将历史自信有机融入大学生美育思政教育是激励大学生在变中求新、新中求进、进中突破，自觉将创新意识、创业热情、创造精神融入实现民族复兴历史伟业的精神动力。

历史自信融入大学生美育思政教育的内在逻辑

“培养什么人、如何培养人、为谁培养人”是一个具有严密内生逻辑的系统性命题，培养什么人是教育的目标和根本，如何培养人是路径与渠道，为谁培养人是立场与方向，三者共同组成党的教育方针的核心要义。坚定历史自信为培养社会主义合格建设者和可靠接班人提供了深厚的历史滋养，与高校立德树人在人才培养的标准、资源和原则方面高度契合。坚定历史自信为回答“为谁培养人”指明育人方向，为回答“如何培养人”提供育人资源和实践确证、为回答“培养什么人”构筑育人标准。

（一）“为谁培养人”：历史自信融入大学生美育思政教育的逻辑起点

习近平总书记在论及教育方向性问题时明确指出，“古今中外，每个国家都是按照自己的政治要求来培养人的。”①“为谁培养人”这一涉及教育属性及战略方向的根本问题是中国特色社会主义教育区别于其他教育的本质特征，正确把握“为谁培养人”是限定“培养什么人”的先决条件，更是影响“怎样培养人”的重要基础。历史自信是党对自身发展历程的肯定，始终坚持党的全面领导是中国特色社会主义制度的最大优势，始终将人民群众作为党执政的根基所在与力量之源是党树立历史自信的最大底气。坚定历史自信蕴含着对中国共产党执政领导核心和以人民为中心的充分笃定，彰显了党性与人民性高度统一的理论特质，这与美育思政教育“为党育人、为国育才”的初心立场同频共振，与“为人民服务、为改革开放和社会主义现代化建设服务”的历史使命深度契合。

一方面，坚定历史自信为高校美育思政教育指明“为谁培养人”的党性原则，即美育思政教育必须坚持和加强党的领导，确保社会主义方向。坚持党的全面领导是中国特色社会主义最核心、最本质、最关键的特征，也是中国最大的国情、最大的特色、最大的优势。当前党正带领人民走上全面建设社会主义现代化国家的“新的赶考之路”，因此将党百年奋斗的历史意义和历史经验融入美育思政教育教学全过程，让党史在美育思政教育教学全过程中展现出更强大、更有说服力的真理力量是坚守为党育人、为国育才的初心立场的题中之义，更是培养“一代又一代拥护中国共产党领导和我国社会主义制度、立志为中国特色社会主义事业奋斗终身的有用人才”②的必然要求。另一方面，坚定历史自信为高校美育思政教育指明“为谁培养人”的人民性原则，即美育思政教育必须为人民

---

① 教育部：《习近平在全国教育大会上的讲话》(2018－09－10)[2022－11－30]，http：//www.moe.gov.cn/jyb_xwfb/s6052/moe_838/201809/t20180910_348145.html。

② 同上。

服务。为人民服务是党在不同历史阶段教育方针中一以贯之的基本思想，更是党能在近代以来各种政治力量反复较量中脱颖而出、赢得人民信任、取得重大成就的重要原因，因此，将党为民造福的光辉历程融入美育思政教育教学全过程，是引导大学生将人民对美好生活的向往作为自身的奋斗目标，使之成为服务人民、一心为党的优质人才的基本要求。

（二）“如何培养人”：历史自信融入大学生美育思政教育的逻辑进程

习近平总书记针对“如何培养人”这个命题从“坚定理想信念、厚植爱国主义情怀、加强品德修养、增长知识见识、培养奋斗精神、增强综合素质”①六个维度系统论述了立德树人的实践进路，为推动高校美育思政教育教学高质量发展指明具体方向。历史自信形成于对党带领人民百年奋斗积累的历史经验、取得的历史成就、做出的历史贡献中，凝结于党百年以来形成的奋斗精神，具有强大的历史穿透力和思想感召力，可为美育思政教育“立德树人”提供系统的育人资源，为美育思政教育“资政育人”提供深厚的历史滋养。

一方面，坚定历史自信具备的理论指引力为高校美育思政教育指明“如何培养人”的根本立场，即美育思政教育必须坚定马克思主义根本立场。历史和实践证明，党之所以能够领导人民在历次求索与开拓中完成中国其他政治力量不可能完成的艰巨任务，根本在于党始终以马克思主义基本原理指导中国人民不断推进伟大社会革命。因此，将党百年以来推进马克思主义中国化时代化的不断探索史和理论创新史融入美育思政教育教学全过程，为大学生系统理解何谓马克思主义、为何学马克思主义、如何学马克思主义等一系列理论问题，深刻领会马克思主义的内涵意蕴与精神实质，真正做到真学、真懂、真信、真用马克思主义提供深厚的历史依据。另一方面，坚定历史自信具备强大的思想感召力，为高校美育思政教育提供“如何培养人”的精神滋养，即美育思政教育必须以伟大精神为引领。百年艰苦奋斗孕育的党的伟大精神以精神形态记录并呈现了中国共产党的不懈奋斗史，集中彰显了中华民族和中国人民长期以来形成的伟大奋斗精神、伟大团结精神、伟大创造精神、伟大梦想精神，集中体现了党的坚定信念、根本宗旨，内嵌着中国共产党人不怕牺牲、甘于奉献、开拓进取的伟

---

① 教育部：《习近平在全国教育大会上的讲话》（2018－09－10）[2022－11－30]，http：//www.moe.gov.cn/jyb _ xwfb/s6052/moe _ 838/201809/t20180910 _ 348145.html。

大品格。党的伟大精神是新时代坚定历史自信的精神力量，更为高校美育思政教育教学提供了丰厚的精神滋养。因此，以党的伟大精神引领美育思政教育教学全过程，能以强烈的思想感召力增强青年学生的历史使命感、社会责任感和民族认同感，必将为实现中华民族伟大复兴凝聚起奋勇前进的强大精神力量。

(三)“培养什么人”：历史自信融入大学生美育思政教育的逻辑目标

作为一个国家政治、经济和社会发展对各级各类学校培养人才质量标准的总目标和总要求，教育目的具有鲜明的政治性、时代性和方向性。百年以来，中国共产党始终立足不同历史时期的不同主题和中心任务并以此制定和实施符合世情、国情、党情和民情的人才培育战略。党的十八大以来，习近平总书记站在实现中华民族伟大复兴的战略高度围绕新时代“培养什么人”的重要命题提出一系列重要论述，从“立大志、明大德、成大才、担大任”到“有理想、敢担当、能吃苦、肯奋斗”，形成了培养“德智体美劳全面发展的社会主义建设者和接班人”和“自觉担当民族复兴大任的时代新人”的育人目标。历史具有鉴往知来的价值功能，百年党史中既有中国共产党对自身开辟的历史前景抱有必胜信念，也有一代又一代奋斗者为国家富强、民族振兴、人民幸福书写了可歌可泣的壮丽篇章。因此，将历史自信有机融入高校美育思政教育教学能为高校立德树人构筑育人标准。

一方面，坚定历史自信明确了高校德育需要以党的奋斗目标为指向培养全面发展的社会主义事业的建设者和接班人。培养社会主义合格建设者和可靠接班人是国家对高校培养人才的基本要求，这一目标要求内在规定了高校德育要把引导学生培育和践行社会主义核心价值观作为基础工程，社会主义核心价值观在目标、内涵、核心精神等方面与党实现中华民族伟大复兴的奋斗目标一脉相承、高度契合。另一方面，百年党史中涌现的先锋模范及其高尚的道德标准又为高校立德树人提供无穷力量。党的百年奋斗历程中涌现出无数为实现国家富强、民族振兴、人民幸福而艰苦奋斗的英雄模范，他们用智慧和汗水，甚至鲜血和生命构筑起共产党员的崇高形象和道德标准，更为培养担当民族复兴大任的时代新人提供无穷力量和至高标准。只有引导大学生汲取并赓续革命先辈的理想信念和担当品质，感悟英模人物的家国情怀和奉献精神，才能激励大学生爱党之情和报国之志，才能推动大学生在不断检视自己、完善自己、提升自己过程中锤炼勇于担当的伟大品格。

历史自信融入大学生美育思政教育的具体路径

推动课程思政与思政课程同向发力、促进隐性教育与显性教育有机融合、实现实践育人与理论教学高度统一是推动历史自信融入大学生美育思政教育的必然路径。高校美育思政教育教学工作者要综合运用多种方法，增强学生对于历史自信的理论认同、情感认同、价值认同。

(一)以抓牢课堂育人为核心，在课程思政建设中厚植历史自信

1. 固本培元，在思政课程建设中根植历史自信

作为高校立德树人的主渠道和主阵地，思政课要跨越百年历史维度，将历史自信以章节细化的方式融入各门思政课程之中，探索建立多维时空协同发力的资政育人新形态。“纲要”课要引导学生从大视域、大历史、大体系三维视角构建起全面系统的历史认知，引导学生全面认识并系统评价党史上的重大事件、重要会议、重要人物，立足党史全貌与历史规律，深刻领悟党的初心使命和理想信念。引导学生基于民族复兴的历史主题系统认识革命、建设、改革的伟大历史进程，从而“用党的奋斗历程和伟大成就鼓舞斗志，用党的光荣传统和优良作风坚定信念、凝聚力量。”①“原理”课要引导学生从整体性的视野、发展性的视角、批判性的思维三重维度建构辩证的历史思维，引导学生以深邃的历史眼光、严谨的历史思维和严密的历史逻辑从历史长河、时代浪潮、全球风云中分析演变机理、探究历史规律，在历史的连续性和阶段性、客观性和必然性的统一中把握历史发展的内在逻辑、本质规律以及党和人民创造历史的主观能动性。“概论”课要引导学生从道路、理论、制度、文化多重维度深入阐释马克思主义中国化时代化理论成果，从而引导其坚定中国特色社会主义制度必胜的历史信念。引导学生了解毛泽东思想、中国特色社会主义理论体系特别是习近平新时代中国特色社会主义思想的生成逻辑、形成过程、核心观点、主要内容、历史地位、现实价值，引导学生了解新时代十年以来党和国家事业取得的历史性成就、

① 习近平：《在党史学习教育动员大会上的讲话》，《党建》2021 年第 4 期。

发生的历史性变革根本在于以习近平同志为核心的党中央的坚强领导和习近平新时代中国特色社会主义思想的科学指引，从而教育引导青年学生从历史和现实的对比、理论和实践的结合、国内和国际的比较中深化认识、强化认同，不断增强“两个维护”的思想自觉、政治自觉、行动自觉。

2. 协同发力，在课程思政建设中融入历史自信

一是要将各学科专业的学术演进史、专业发展史、不懈奋斗史与党的百年光辉历程有机融合。引导学生在专业课程学习的同时正确把握各专业在实现民族伟大复兴总体布局中的角色定位、全面认识本专业百年以来为党和人民的事业建立的历史功勋、系统了解各专业百年以来诞生的杰出榜样和孕育的伟大精神，如物理学科可将钱学森、邓稼先、程开甲等科学家放弃优渥生活而选择隐姓埋名为我国尖端国防事业奋斗终生的伟大事迹并由此孕育的“两弹一星”精神融入知识体系，如医疗卫生领域可将以钟南山、张定宇、张伯礼等医学家为维护人民生命健康而勇毅前行的抗疫精神与专业课程有机融合，进而从学科专业发展的历史维度、典型人物的主体维度、建设成就的实践维度滋养家国情怀、增进历史自信。二是要围绕各学科专业的培养目标和实施方案深入挖掘思政元素，推动学生在专业课程、选修课程、实践课程的学习中树立坚定的历史自信。在专业课程中，要深入探寻各学科专业所蕴含的思政元素并推动其与前者的学科逻辑、知识逻辑、价值逻辑有机融合，以全新的思维方式创造性地设计专业课教学内容，树立历史自信的契合点和生长点，促进政治性、思想性、学术性和专业性在专业课教学中的有机融合，实现知识传授与价值引导的有机统一。在选修课程中，可紧扣学生广泛关注的时事热点和集中出现的情绪堵点开设“时事热点评析”“大学生社会观察”等课程，切实解答大学生思想的困惑点并引导学生以马克思主义历史分析方法全面系统把握社会热点的主流本质，增强大学生以“功成不必在我，功成必定有我”之决心投身中国式现代化的历史主动。

（二）以推进文化育人为关键，在校园文化建设中感悟历史自信

1. 以文育人，融入高校多维文化环境

一是要将历史自信有机融入校园文化建设。校园文化作为一所学校办学特色和办学理念的文化积淀，蕴含物质文化、精神文化、行为文化等多种表现形式，是高校立德树人的重要渠道。要以红色文化作为行为文化环境建设的底色，

重点围绕中国共产党百年历程中所形成的伟大精神、伟大人物和伟大事迹，将其丰厚的文化底蕴有机融入教学楼、艺体馆、中心广场等人文景观的环境设计，以浓郁的红色文化氛围塑造高尚的校园精神，发挥校园文化环境的价值引领和精神滋养功能，使大学生在党史的耳濡目染中坚定历史自信从而凝聚大学的人文精神和传递的教育理念，实现审美功能和党史教育有机融合。

二是要深入挖掘校史中蕴含的红色资源。高校校史根植于党的教育血脉之中，与“纲要”“四史”等思政课程紧密契合，而且同各高校各学科的专业课程也存在有机融入的内在联系，因此，可将学校校史置于党百年奋斗历程的大背景下，依托各自学校的独特发展历程、长期服务社会形成的特色办学理念以及杰出校友等人物身上积淀的精神特质，引导学生在了解党为办好人民满意的教育而不懈奋斗的历程中感悟百年党史的积淀与厚重。

2. 以文化人，融入高校群团文化活动

绚丽多彩的大学校园文化活动将爱国主义、集体主义、社会主义理想信念等教育寓于各种活动载体和活动的各个环节之中，其迥于课堂教学的模式和特点不仅能最大限度地满足和提升青年学子的内在素质和精神面貌，还能在广大学生中潜移默化地发挥着学习功能、引导功能和陶冶功能。要把马克思主义历史思维通过组织者有计划、有目的地贯穿于精心设计的各项活动中，使学生在无意识的心理状态下内化于心并外化于行，形成正确的世界观、人生观和价值观。要积极开展内容丰富、形式多样的党史常识群团文化活动，以庆祝建党、新中国成立、改革开放等重大历史节点以及纪念抗战胜利、长征胜利、“五四运动”等重大事件为契机，组织党史专题报告会、党史知识竞赛、党史人物话剧等文化活动，引导学生主动讲述党的光辉历程和党的优秀奋斗的光辉事迹，有助于引导大学生在深入学习党史知识和优良传统的同时充实精神生活、升华思想境界，激发其自觉成为理想远大、信念坚定的时代新人的使命感和责任感。

（三）以强化实践育人为依托，在丰富教学载体中践行历史自信

1. 精准施策，提高实践育人的亲和力

目前，部分高校开展党史教育实践活动囿于走马观花式拍照打卡、蜻蜓点水式调研走访为主要内容的单一形式而忽视活动的主动参与性、实践体验性、人文关怀性，这将导致学生降低对党史学习教育的整体评价和未来期待，弱化

历史自信的育人功能。因此，在开展党史教育实践活动前，应精准把握并科学分析大学生对党史教育实践形式的偏好、对实践主题的构思、对实践环节的架构等的真实想法并聚焦大学生的思想新动态、行为新变化、成长成才新诉求，挖掘存在于历史与现实之中的教育资源，创新理论与实践相统一的教育模式和叙事语境，充分发挥学生对实践活动的主观能动性，让学生通过易于接受的方式在多种选择中把握历史自信的现实意义。如，通过师生共讲思政课的形式，以“透过百年生活看变迁”为切入点讲述各个时期党领导人民开创的历史伟业，让学生真正对党的领导以及开创的光明前景树立高度信心；还可以大学生创新创业的形式，引导大学生掌握社会调查的方式方法去发现身边最美的共产党员，深刻体会共产党员先进性与革命性所给予的感动与震撼，进而坚定自己的理想信念。

2. 丰富载体，增强实践育人的实效性

当前，互联网作为共享性的传播载体已然成为环境育人的重要着力点，互联网资源已成为课堂教学的有力补充。要运用虚拟与现实相结合的教育手段，拓展学校与社会相协同的教育场域，增强大学生党史学习的兴趣，提升大学生正确党史观教育的有效性。要强化传统教学与云教学平台等现代信息技术的融合并以当代大学生喜闻乐见的语言表达方式承载党史内容，营造爱党知史的互联网学习氛围。要将数字科技、网络教学平台等新兴技术融入教学，使学生得到全方位、多层次、全覆盖的思想浸润和价值感染并推动其自觉成为党史信息传播的主体力量。例如，要积极探索建立以虚拟全景技术为依托，各地历史博物馆、爱国主义教育基地、红色纪念馆、历史文化遗址保护单位与各高校共同参与的虚拟教学平台，让学生登录手机客户端即可个性化线上实景访问各类展馆，满足其学习了解党史和学习先辈楷模的精神需要，从而增添历史学习的生命力、增进理想信念的驱动力、增强历史自信的感染力。

结　语

历史自信是新时代坚持和发展中国特色社会主义的必然要求，是实现中华民族伟大复兴历史使命的精神动力，更是引领当代中国青年丰富历史认知、培养历史思维、把握历史主动的精神火炬。历史自信有机融入大学生美育思政教育是引导学生以科学的历史观增强明辨是非的洞察力和免疫力的基本前提，是引导学生以伟大奋斗精神增加理想信念的感染力和驱动力的必然要求，是引导学生以伟大创造精神激活创新原动力和意志力的应有之义。坚定历史自信与高校立德树人的原则、标准和方法同频共振。高校美育思政教育教学工作者要坚持以抓牢课堂育人为核心、以推进文化育人为关键、以强化实践育人为依托，为切实提高历史自信融入高校美育全程的针对性与实效性而不懈努力，为培养德智体美劳全面发展的社会主义建设者和接班人而团结奋斗！

参考文献

[1]习近平．在纪念五四运动100周年大会上的讲话[N]．人民日报，2019-5-1(2).

[2]中共中央文献研究室．习近平关于青少年和共青团工作论述摘编[M]．北京：中央文献出版社，2017.

[3]王宝鑫．大学生坚定理想信念的时代任务与实践逻辑[J]．东北师大学报(哲学社会科学版)，2021(5)：145-150.

[4]毛军吉，吴桂韩．从党的百年历史中汲取丰厚的精神滋养[J]．红旗文稿，2021(9)：8-11.

[5]刘元春．在总结中国共产党百年奋斗史中认识中国道路[J]．教学与研究，2021(12)：6-10.

[6]陈小波，周国桥．新时代大学生创新精神的生成及其培育[J]．学校党建与思想教育，2022(4)：69-71.

[7]肖贵清，张鉴洲．中国共产党坚定历史自信的理论探析[J]．思想理论教育，2022(4)：45-51.

[8]翟博．新时代党的教育方针理论创新与重要经验[J]．人民教育，2022(11)：6-12.

大学美育教学的系统认识

张　卉

（内蒙古师范大学）

美育教学是大学教育的一项重要内容。在大学校园中，让学生充分接触文学、音乐、美术等人类文化生活领域的优秀成果，不但有助于学生的专业素养教育训练，而且有助于学生在校期间形成（或重新形成）一个完整且积极向上的人生观，具备良好的审美意识。应该说，大学美育教学在贯穿大学教育的过程中有着不可替代的作用。今天，在教育深化改革的新时代，应该以系统思维重新认识和审视当前大学教育存在的种种问题，以全新的视角来深入探讨大学美育教学，真正实现高等学校教育“依托本校相关学科优势和当地教育资源优势，拓展教育教学内容和形式，引导学生完善人格修养，强化学生的文化主体意识和文化创新意识，增强学生传承和弘扬中华优秀文化艺术的责任感和使命感”①。

大学美育教学要处理好系统化和单元化的关系

当今教学，离不开大纲和教案。但是，美育教学需要在科学性的基础上再加以调整，兼顾系统化和单元化的关系。从系统的角度看，任何事物都是由不同部分组成的整体。整体功能则是由不同部分的各自功能集成起来而形成的。从乌杰先生所著的《系统美学——一种新的美学思想》的观点认识出发，美是发

① 国务院办公厅：《关于全面加强和改进学校美育工作的意见》，2020－10－15，http：//www.gov.cn/gongbao/content/2015/content_2946698.html。

展的系统事物。人类可以通过发现自然之美而逐渐形成美感，即审美经验、审美意识、审美鉴赏和审美判断的集合。人类可以通过自己的感悟逐步形成审美，还可以通过主动接受美学教育而更加直接全面地认识自然美、艺术美和设计美。古今中外，自然历史都无时无刻给我们以启迪教育。因此，大学美育教学应该更加自觉地把这个观念加以全面阐述，达到事半功倍之效。系统美学给予大学美育教育一个全新的思路，即把美育教育作为一个系统来认识，使文学、艺术、书法、绘画等学科教学形成统一、目的明确、方法多样的教育活动。由分散独立走向统一汇集，即系统与局部、系统与单元的有机结合。在单元教学过程中形成受教育者的审美系统。这是因为美育教学健康不仅是传授知识技能，而且更是一种感情教育和趣味教育，它是对受教育者人格和意识的完善和矫正，它更需要“随风潜入夜，润物细无声”的功力。同时，美育教学还更应因人施教，照顾受教育者的层次和感知能力。目前，在校大学生在美育教学上所接受的内容是有着很大差别的。与个别受过系统的专业训练的学生相比，大多数学生在文学艺术方面受到的教育十分有限。若是过于系统化、复杂化，不但达不到塑造学生美好心灵的效果，反而会使学生感到高深莫测、遥不可及，失去了学习的信心与兴趣。因此，应认真研究学生的学习心理和接受能力水平，需照顾大多数学生对美育教学的认知水平，在充分考虑学科特点的基础上，突出美育教学内容的吸引力和鲜明特色，使接触美育较多的学生能够将自己的原有知识加以系统化、深入化；而对美育教学知之甚少的学生也可以通过了解美育教学的精彩片段、华美乐章来“初识庐山真面”举一反三，触类旁通，得到美育的滋养哺育。

再则，美育教学的系统化应该建立在不同门类、不同学科知识相对分散的基础之上。美育观既然是对学生心灵的重塑再造，首先需要去无知化、去空白化。美育教学的内容庞大繁杂，不是一个学科一门技艺所能涵盖住的。所以，高校美育教学首先应建立大系统观念，把文学、器乐、绘画、书法、舞蹈都作为一个集合体。让受教育者在一个较短的时间内有所接触，有所涉猎，从每一行文字、每一段音乐、每一幅图画中选取其精粹和主旨填补充实自我。发现最美好的事物成就了支撑自我的审美基石，不求精专，但求广博。让学生在广泛接触的基础上，选择精要，再塑自我。

接触艺术门类的单元化往往可以事半功倍，使得我们的教学可以直取精华，让学生们在较短时间内欣赏最美好的作品，体会美育之魅力。而且通过广泛的接触，学生能够在品鉴的过程中触类旁通、获得灵感、体会美感。欣赏优秀，提升自我审美能力，充实完善审美素养。从而达到教育家蔡元培先生所说的“陶养人的感情，认识美丑，培养高尚的兴趣、积极进取的人生态度”，“引导孩子净化心灵，养成高尚纯洁的人格，追求一切美好的事物”这一美育教学的根本目的。

大学美育教学要处理好专业化和专题化的关系

现代教育十分注重课程设置的专业性，强调每一门课程自身的独立与完整。但从发展的角度来讲，课程之间的相互融合、相互渗透又是一种不可避免的趋势。唯有融合才会发展，唯有交流才会创新。一个固守藩篱、不思创新的课程设置断无发展的可能。就系统而言，美育教学的创新发展是离不开多学科之间交流融合的。因此，每个美育教学专业都应该突出自己的专业特长，从专业角度来培育受教育者的审美意识。但是应该强调的是，这种专业教育并不仅限介绍和使用一种技艺、一门学科，更重要的是在专业基础上加以引导使得受教育者可以从多个角度理解补充自我的审美意识，无论是诗词歌赋，还是书法绘画，或是音乐舞蹈，各艺术门类都应该集合为一体，全力打造出一个健康积极向上的人格，用不同种类的艺术手段使受教育者“品尝”到丰富多彩、美不胜收的人类文明的瑰宝，从而使自己懂得以至善至美的心灵来对待万事万物。

所谓专题化，是不拘泥学科本身的主流性，以择其精要的方法来精炼课程，用较少的篇幅来展示一门美育教学科目的重点特点，尽可能顾及受教育者的不同层次和接受能力，突出审美意识的培育这一根本目的。就高校整体而言，专题讲座应该是比较好的一种选择。所谓专业就是一个系统工程，专业课要把一个学科全面深入地介绍给受教育者，使受教育者对一个学科的发生发展过程有一个详尽的认识，明确其发生发展的全过程。而对非专业学生来讲，这种方式占用的时间长，在一个时段中难以窥其全貌，而且容易产生厌倦心理和畏难情绪。那么，通过一个讲座，特别是有相当高水平和质量的讲座，可以为学生开启一个便捷途径，使其更好地观察体会文化艺术之美，体会人类文学之美，领悟品味那些蕴含在文化艺术作品之中前人的创造力和想象力所产生的审美力量。实际上，这种精华品鉴也反映出“听君一席话，胜读十年书”的哲理来。美育教学不应该等同其他类别的学科学习教育，其更应该避免冗长枯燥繁杂的灌输，避免日久生厌倦，审美的疲劳完全是精神上的，一旦产生审美疲劳，将会祸及日后，反而产生厌恶与反感，这是和美育教学的目的相背离的。

2020 年，国务院办公厅印发的《关于全面加强和改进学校美育工作的意见》中指出，“学校的美育课程主要包括音乐、美术、舞蹈、戏剧、戏曲、影视等。各级各类学校要按课程设置、课程标准和教学指导纲要，逐步开齐上足美育课程。”而在高等教育领域“要在开设的艺术鉴赏为主的限定性选修课程基础上，开设艺术实践类、艺术史论类、艺术批评类等方面的任意性选修课程”。“面向人人，建立常态化学生全员艺术展演机制，大力推广惠及全体学生的合唱、合奏、集体舞、课本剧、艺术实践工作坊和博物馆、非遗展示传习场所体验学习等实践活动，广泛开展班级、年级、院系、校级等群体性展示交流”。“各级各类学校都要有侧重点，要从实际出发，重视和加强艺术经典教育，根据自身优势和特点，开发具有民族、地域特色的地方和校本美育课程”。这种富有民族、地域特色的课程，更应该注重展现厚重的文化积累，切实把富于民族、地域特色的美育课程以专题方式表达出来，切实把尚待开发却又富于魅力的学科逐渐发展起来。这更需要高等教育部门充分发挥各自的优势，办好符合学生需要，能够在讲座这样一种形式下充分表现审美内容要求的课程来。国家对学校美育教学的要求十分明确，也充分考虑到不同层次、不同地域、不同民族间的审美差异，这些差异正是高等教育美育教学的发力重点。能够在充分理解认识国家政策要求的基础上，认真负责地搞好美育教学课程设置安排，这必将对整个美育教学产生一个整体提升作用。

大学美育教学要处理好科学化和趣味化的关系

既然美育教学是一门学科，其必然体现出科学逻辑，必须按照教学规律来进行。但是通过美育教学使受教育者具备良好审美情趣的过程是富于情感的，也就是说有着双重的标准，即科学标准和感情标准。审美教育更多的是一种情感教育，因为审美本身就是一种超越客观功利和目标确定的、个性十足的自重自爱的主观活动。它的最大特征就是自由自在，无拘无束。唯其如此，才能造就丰富多彩、具有个性张力的健康的人格。而其他学科所讲究的规律、范式，因果及严谨性反而显得苍白无趣。但是，这并不表示美育教学就可以不讲规律、不讲科学逻辑、不讲常识。我们首先要尊重美育教学的科学规律，遵循教育学的普遍方法，使美育教学具有坚实的理性基础和科学态度，使其在科学基础上得以发挥变化，成为一门真正能吸引受教育者，使其在自身产生兴趣的基础上逐渐受到美育训练、矫正审美缺陷、培养审美情趣。

有人认为，兴趣是学习的基础。作为人皆有之的爱美心理应该是与生俱来的，追求真善美理应成为一个受过高等教育人士的基本素养，但现实所反映出的问题却不尽如人意。大多数受教育者所接受的美育十分肤浅，不仅不能体会优秀作品蕴含的美，更无动手动笔能力。我们可以感受到，一些毫无美感的东西大行其道，整个社会对于美好的东西追随不足，对丑陋却追捧有余。这是美育教学的不足与缺陷所致。我们的美育教学问题究竟言出自何处？这个问题不容回避。可以断言，这之中既有指导思想方面存在的偏差，也有方法途径的谬误。而没有引发大多数受教育者的兴趣则是根本性、基础性的。首先，我们的美育教学缺乏基础性、连贯性、系统性。从幼儿园到大学本科，都有不同的美育教学科目在其中，但是，低水平的重复和目的不准确分割了不同类型、不同层次的受教育者的整体审美形成。一个一以贯之、方法先进、目标明确的美育教学体系才能完成学科的历史使命，而缺乏整体构思、片面强调单元独立性的教学只能完成所谓课时教学计划，远离了兴趣培养这一根本目的，缺乏系统的观念和方式方法。其次，从教学本体来讲，“寓教于乐”是一个最基本的要求。古代的教育家都十分注重这一方法，而且多有精辟见解。古罗马诗人、文艺理想家贺拉斯曾指出，就诗歌而言，诗者应该带给人乐趣和益处，同时也对读者有所劝谕和帮助，把诗对人的教育寓于读诗的乐趣之中。哲学家柏拉图则认为“音乐不在于娱乐和享受，而在于对人起到道德规范的作用，音乐净化心灵，使人从善”。先哲们的认识，今天看来还有很好的启发借鉴意义。

更重要的一点是，美育教学担负着培养学生热爱祖国、热爱人民的历史重任。热爱祖国、热爱人民并不是靠空洞的说教、抽象的言辞所能完成的。这种情感更多的是靠形象化、具体化的方法内容来培育的①。譬如说，要养成人对大自然的热爱和崇尚，首先应该通过儿歌和童话故事打开儿童的心灵之窗。使他们领悟感受大自然之美，唤醒他们与生俱来的爱美之心，这比任何说辞都更加有效。同样，对祖国的热爱，对人民的热爱也必须通过文学艺术作品来高度升华祖国之美，人民之美。所以说，美育教学一定要把学生的学习主动性，自觉性调动起来，必须要从历史高度认识自己的使命，以有效的教学方式提高学生对于祖国和人民的认识，从而使学生能够发自内心地产生出与时代、祖国、人民同呼吸共命运的真实愿望和不懈追求。这是何等的使命，又是何等的光荣高尚。

大学美育教学要处理好外来文化和传统文化的关系

伴随市场经济的急速发展，缺乏传统文化素养，一味追求金钱权力，美丑不辨，善恶不分，已然成了一种社会通病。这种丑陋不堪的文化现象，成为阻碍国家发展、迷失民族历史发展目标的沉疴痼疾。一个没有历史的人，也绝对没有未来。不除此病，中华民族伟大复兴的宏伟蓝图将无法实现。中国的美学思潮始于东周，这里与其他诸多文明的善学思潮开端一致，也就是雅思贝尔斯所说的“轴心时代”，而后在魏晋南北朝时期中国的美学思想得到了进一步的发展，逐渐地成为人类精神文明的重要组成部分，如今传统文化的继承与发扬是大学美育教学要处理的一个重要问题。

美的源泉是多样性的和谐与差异，同时它也是美学的根本原则。“系统事物差异的多样性、方向性、多时空性是和谐美的根源”②，因此，美育教学一个更重要的使命就是要在现代文明的教育体系中，追寻被遗失遗忘的传统美德美育并发扬光大。这一使命任重道远，需要几代人努力，才有可能达到目标。其中方法和途径十分重要。不讲求方式方法，无疑是缘木求鱼，结果必定是南辕北辙。固守自己的文化传统，并不排斥对外来文化的吸收与借鉴；同样，接受外

① 杜卫：《美育三义》，《文艺研究》2016 年第 11 期。

② 乌杰：《系统美学——一种新的美学思想》，人民出版社，2017 年，第 75 页。

来文化，也必须先坚守自己的文化传统①。西方的文化与文明，有着自己的方法途径，十分重视体系、逻辑、理性，有着鲜明的体系特征。中华文化的优秀特征自不待言，就其体系和逻辑上看，与西方文化有着很强的互补性。诚如前人所言，体现在美术上，西方的油画注重精准，中国画注重写意是无可辩驳的事实。但是，从历史发展的角度看，二者之间的借鉴与融会贯通也是题中之义。因此，在我们的美育教学中，在现代学科教育体系中大力融入传统文化因素，不断突出传统文化在美育教学中的主导地位，也是十分必要的。没有传统文化的滋养浸润，我们的美育教学会丧失根本，丧失民族特征与个性②。

大学美育教学要处理好实用性与艺术性的关系

一门课程，无论是文科、理科，还是工科，都有自己的实用价值。换言之，学习一门功课，首先要考虑丰富受教育者的知识并提升其技能，而美育教学也必须正视这一问题。但是，知识和技能的增长与精进，并不意味着学习已经完成了对人的塑造③。美国国家教育科学院曾经做过一个调查，在对 1999—2000 年度与 2009—2010 年度的艺术教育进行对比研究。经过对一个广泛样本的分析，即对 5 万多名毕业生的问卷调查中的一个问题的答案进行统计，得出了一个出乎意料的结论。对于这些毕业生来说，他们认为在社会能够安身立命，生存得更好的主要因素选项是：毕业 1—5 年学生的答案是“基本技能”；毕业 6—10 年学生的答案是“人际关系”；而毕业 16 年以上学生的答案则是“艺术最有用”。这个调查结果充分说明教育的核心问题及终极作用。蔡元培作为一个大教育家，对此也有精辟论述。他认为，美育的问题在于培养人的感情，辨别美丑，培养文学艺术兴趣，积极的人生态度④。也就是说，艺术从来就不是艺术本身，

① 杜卫：《美育论》，教育科学出版社，2014 年，第 155—163 页、第 167—171 页、第 205—210 页、第 219—224 页。

② 刘新洲、王明阳：《人文素养教育实用读本》，辽宁人民出版社，2001 年，第 1—36 页。

③ 李泽厚：《美学四讲》，天津社会科学院出版社，2004 年，第 24—44 页。

④ 李泽厚：《华夏美学》，天津社会科学院出版社，2004 年，第 66—108 页、第 125—169 页。

而是整个人生观。所谓“艺术最有用”的结论，是在社会上反复磨炼之后，才会产生的一种领悟，一种对社会和人生更深层次的理解和认识。当人超越凭体力和技能能吃上饭的阶段后，就要进入感知世界和思考人生的历程。在这个历程中，美育唤起人对审美的需要，形成人的审美情趣、审美观念，就会发挥出潜在优势，帮助人们用积极的心态和向上的人生观世界观来塑造自己，改造客观世界。在积极向上的审美观念指导下个人的创造能力也可以得到极大发挥，成为精神财富和物质财富的拥有者、创造者①。因此，美育教学必经遵循这一规律，在注重实用性的基础上，增进多学科教学的艺术性，不断使受教育者感受到艺术之美、创造之美；感受到丰富多彩的人类文明所培育出来的灿烂之花，美妙之果。这种感受与领悟才是美育教学的真谛所在。多年来，我们的美育教学没有达到理想状态，没有取得尽如人意的效果。原因就在于没有把实用性和艺术性完美结合起来，施教者不能很好地把握艺术教育的灵魂，没有达到美育的根本要求。强调实用性本身并无大碍，关键是不能舍本逐末，把实用性作为衡量一切的标准。比较而言，美育教学更应该突出艺术性，这本应该是题中之义。

当然，论述美育教学冠之以“艺术性”有其特殊意义。德国艺术家马库斯·吕佩尔茨一语中的，“艺术是生命的表达，而不是概念”。在美育教学过程中，处理好实用性与艺术性的关系，犹如中国传统文化中形与神的关系。处理好形神关系基本上也就解决了实用性与艺术性的矛盾。有了形似，还应该有神似，形神皆似就是形神兼备，达到了物我齐一的境界②。

英国学者蒂姆·丹特在分析“物质文化”概念时曾提出，我们在论证“物”的时候，所涉及的不仅是关乎我们基本生存需求的物质存在，更牵涉到“我们对于自我的确认和表达”。而后者正是形成一个社会整体过程中的关键力量。在古代中国，生活、观念和文化传统之中“物形”无处不在，它可以表达古人对生存、感官、欲望、认识、审美、政治、伦理、道德等问题的思考。这些历久弥新的话题互相关联，共同构筑了古代中国的宇宙观念、社会秩序、生活规范和审美观

① 曹延华、许自强：《美学与美育》，高等教育出版社，2011年，第14—43页。

② 杜卫：《当前美育和艺术教育关系的若干认识问题》，《美育学刊》2019年第3期。

念的基础。一言以蔽之，“我们塑造我们创建的事物，然后由它们塑造我们”①。

党的十八大以来，以习近平同志为核心的党中央高度重视社会主义文化建设，牢牢掌握社会主义文化建设的主导权，在弘扬中华民族传统文化的基础上，大力培育和践行社会主义核心价值观，提高全民族思想道德水平，推动社会主义文化事业全面繁荣和文化产业快速发展，为实现中华民族伟大复兴的中国梦提供思想保证、精神力量、道德滋养。习近平总书记指出，要切实把社会主义核心价值观贯穿于社会生活方方面面。要通过教育引导、舆论宣传、文化熏陶、实践养成、制度保障等，使社会主义核心价值观内化于人们的精神追求，外化为人们的自觉行动。努力实现中华传统美德的创造性转化、创新性发展，引导人们向往和追求讲道德、遵道德、守道德的生活，让每一个人都成为传播中华美德、中华文化的主体。2020 年 10 月 15 日中共中央办公厅、国务院办公厅印发《关于全面加强和改进新时代学校美育工作的意见》，象征着全国的学校美育工作已进入关键时期。

综上所述，大学的美育教学将迎来新的发展机遇，进入一片新的天地，更需要我们不忘初心，继续前进。充分运用美育的潜移默化的方法来净化受教育者的心灵，使他们在进入社会工作之前得到比较充分的美育教育，增强辨别是非美丑的能力，把握正确的人生发展方向，以美好的心灵和崇高的理想信念为伟大祖国的发展做出应有的贡献②。当然，我们的美育教学更应该与时俱进，不断调整充实内容，改进创新方法，要求美育教育工作者时刻保持清醒的头脑，进行系统的分析和审视，以期在政治建设、经济建设、生态建设、社会建设、文化建设多方面发挥好基础性作用。清洁美化人的心灵，消除丑陋与腐败，还社会一个风清气正的面貌。

---

① 赵思童：《美国雷德兰兹大学美育做法与启示》，《中国高等教育》2019 年第 5 期。

② 周宪：《知行张力、多媒介性与感同体验——当前大学美育的三个问题》，《美育学刊》2019 年第 5 期。

向美而生

——新时代美育培养全面发展的美好人格

刘锦诺　杨　丽

（哈尔滨师范大学）

培养德智体美劳全面发展的社会主义建设者和接班人是新时代我国教育目标的人才需求规格与政治属性。① 新时代美育应立足于全面发展中人的解放这一根本旨趣，培养向美而生的美好人格。在美育的现实困境中寻求人性的解放与个体生命和谐、终身的全面发展。

全面发展的时代新意呼唤新时代的美育

新时代全面发展观由德智体美劳五育融合构成，共同促进人的解放。新时代美育作为全面发展的重要一维，具有培养学生审美鉴赏力、调和五育、促进学生终身全面发展的关键作用，以此提升个体生命的精神境界，养成向美而生的美好人格，促进人的解放与全面发展。

（一）新时代人的全面发展

我国教育方针的全面发展观是以马克思主义理论为根本指导，立足于我国新时代基本国情，对我国新时代教育发展目标提出了总体要求。继承了马克思主义理论经典文本中关于全面发展观的“理论旨趣”，同时与新时代我国教育方针中对全面发展的要求相一致。

---

① 石中英：《努力培养德智体美劳全面发展的社会主义建设者和接班人》，《中国高校社会科学》2018 年第 6 期。

首先，马克思主义理论中全面发展观的“理论旨趣”是新时代人的全面发展的根本理论内核。按照孙正聿先生的观点“解放的旨趣”也就是“把人从一切‘非人’的或‘异化’的境遇中‘解放’出来的价值理想的承诺”是马克思主义全面发展学说最为根本的理论旨趣。① 从马克思主义理论中全面发展的理论旨趣出发，实现人的全面发展在于通过消除人的异化境遇，实现人的解放。因此通过教育实现人的全面发展，关键在于通过教育帮助学生消除“在自己的劳动中不是肯定自己，而是否定自己，不是感到幸福，而是感到不幸”的异化状态，② 实现对学生整全人性的解放，最终引导学生实现“作为一个完整的人，占有自己的全面本质”的全面发展。③

其次，新时代党的教育方针中对全面发展的定位，是新时代背景下对作为我国教育目标的全面发展的直接要求。新时代我国教育方针中对全面发展的定位，是以马克思主义理论、中国特色社会主义理论为基础，立足我国新时代的实际国情，对我国教育目标提出的根本要求。与作为“马克思的全部学说所承诺的最高的价值理想”④的马克思主义经典文本中的全面发展理论相比，具有鲜明的时代性，并且更为直接地提出了教育发展的要求。习近平总书记在全国教育大会上提出“培养德智体美劳全面发展的社会主义建设者和接班人”的要求，⑤为新时代教育发展目标做出了明确、直接的定位，实现德智体美劳五个方面“全面、均衡、可持续”的发展，是新时代语境下对教育目标的直接要求。

综上所述，新时代语境下对全面发展的理解既要以马克思主义经典文本中提倡的消除人的异化、促进人的解放为理论内核，也要以新时代教育方针中提倡的“培养德智体美劳全面发展的社会主义建设者和接班人”为直接要求，这两个方面的要求构成了在新时代语境下定位教育目标、理解人的全面发展问题的根本依据。

---

① 张烁：《坚持中国特色社会主义教育发展道路　培养德智体美劳全面发展的社会主义建设者和接班人》，《人民日报》2018 年 9 月 11 日。

② 马克思、恩格斯：《马克思恩格斯全集：第 42 卷》，人民出版社，1979 年，第 93 页。

③ 同上书，第 123 页。

④ 孙正聿：《马克思主义的智慧》，现代出版社，2016 年，第 25 页。

⑤ 张烁：《坚持中国特色社会主义教育发展道路　培养德智体美劳全面发展的社会主义建设者和接班人》，《人民日报》2018 年 9 月 11 日。

（二）全面发展观下的新时代美育

习近平总书记指出“把青年一代培养造就成德智体美劳全面发展的社会主义建设者和接班人，是事关党和国家前途命运的重大战略任务，是全党的共同政治责任”，① 实现人的全面发展是新时代教育发展的根本目标，是理解新时代美育的根本依据。因此应当从推进学生德智体美劳五个方面“全面、均衡、可持续”的发展的要求定位新时代美育。

首先，从将美育作为人的全面发展的必要维度来定位新时代美育的功能。按照马克思的观点，“动物只是按照它所属的那个种的尺度和需要来构造，而人却懂得按照任何一个种的尺度来进行生产，并且懂得处处都把固有的尺度运用于对象；因此，人也按照美的规律来构造。”②“按照美的规律来构造”是人实现对“所属的物种的尺度”，达到自身的完善和超越的一个重要方面，是体现人的主观能动性的重要维度，因而“按美的规律来构造”是实现人对自身的超越、自身的解放的重要维度，是全面发展的必要构成。按照这一定位理解美育，就不应将美育简单地理解为某一“特长”“技艺”的习得。而应当将美育理解为以一定的审美活动为载体，以消解人的异化、消除人的片面发展为精神内核，以引导学生能够“按美的规律来构造”，进而“按美的规律来生活”为基本追求，最终以实现学生人格的丰富、人性的升华为根本指向的教育。在教育实践中，美育以美育人、以文化人，通过自然美、艺术美、社会美等积极内容陶冶学生情感、树立正确审美观念、提升审美鉴赏力，净化心灵疏泄消极情感，使学生以和谐的情感状态寻求人性的解放与全面发展。

其次，应当从德智体美劳“五育”和谐发展的要求理解、定位新时代美育。德智体美劳的全面发展应当是“五育”处于和谐状态的发展，从这一角度出发定位新时代的美育，一方面美育应当与其他四育处于和谐的关系之中。既不能片面夸大美育在人的全面发展中的地位与作用，如将美育作为教育的本质。也不能彻底地将美育融入其他四育之中，完全消解美育作为一门学科的独立地位。另一方面应当通过美育融合五育，协调德智体劳关系，实现学生全面发展。早

① 习近平：《在纪念五四运动100周年大会上的讲话》，《人民日报》2019年5月1日。

② 马克思：《1844年经济学哲学手稿》，中共中央马克思恩格斯列宁斯大林著作编译局编译，人民出版社，2018年，第53页。

在春秋时期我国传统教育理念就关注到了“乐者敦和”方可“和实生物”的问题，意在美育具有调和的功能。发挥美育的调和功能，以美育促进五育融贯相互适应，使个体生命和谐而全面地发展，是从全面发展的目标出发对新时代美育提出的要求。

最后，从美育促进个体生命可持续地追求全面发展理解新时代美育。正如顾明远先生所指出的“终身教育是促进人的全面发展、可持续性发展的唯一途径”。① 一方面，全面发展不是人在某一阶段的发展要求，而是贯穿人的一生的核心教育目标，在学生发展中任何一个阶段的学习都要以全面发展为要求。另一方面，全面发展对人的发展提出的至高要求，需要经过不懈的努力才有可能实现，因而实现全面发展离不开人的终身学习。新时代美育，应立足于人的可持续性发展实现终身美育，当德智体劳四育在发展过程中逐渐隐没在个体生命自觉中时，美育依旧能够以社会美育的形式陶冶人们的情感与精神。同时，在发展过程中不能以损耗学生后续阶段学习的热情与渴望为代价，促进学生在某一阶段的教育目标的达成，这不利于全面发展的可持续性。因而从终身发展的角度看，新时代的美育一方面要促进自身可持续发展，另一方面也应在发挥美育调和五育功能的同时促进五育整体的可持续发展，为人的全面发展提供终身美育的精神氛围。

综上所述，新时代的美育应当发挥调和五育的功能，注重自身的可持续发展以及推动五育整体的可持续发展。在唤起生命的情感中孕育不断追求美，追求美好事物、美好精神的积极、崇高的人性品质，促进人格的提升与解放，最终以引领学生“按美的规律去生活”实现个体生命的“向美而生”，通过美育促进学生的全面发展。

全面发展观下当代美育的实践困境

美育应促进人的解放，培养向美而生的美好人格，而美育实践中存在技艺化、美育独立地位错置以及美育节奏错位等现实问题，导致美育目标偏失、五

① 顾明远：《终身学习与人的全面发展》，《北京师范大学学报(社会科学版)》2008 年第 6 期。

育失和以及学生审美庸俗化，阻碍美育促进人的全面发展。

（一）美育技艺化导致美育目标的偏失

正如柏拉图所言“音乐教育的最后目的在于达到对美的爱。”①通过美育促进学生的全面发展，关键在于通过感受自然美、艺术美等美育形式启发学生对美的爱，进而激发学生对美好事物的欲求，② 引领学生向美而生。而当代美育中技艺化倾向使其背离了全面发展的根本目标，造成了美育目标的偏失。一方面表现在定位美育的教育目标时，忽略了美育目标是促进人的全面发展，忽略了应以美育的目标规范各类艺术教育目标。另一方面表现在美育实践过程中以艺术教育的技能训练取代了通过美育引领学生向美而生。

上述美育的技艺化倾向给我国当代美育造成了许多危机。首先，美育技艺化使美育影响的外在化，即将绘画、乐器等艺术技能的习得当作个人生活水平精致的外在表现或是展示个人能力的途径。比如在生活中常见的家长让孩子在亲戚、朋友面前“表演”刚学会的乐器，或是将家中有一个钢琴并能够进行弹奏当作某种“优雅生活”的体现。这样艺术技能的习得对个体而言就成为“自我人性的优雅装饰，而不是实现人格完善”③的必要途径。这种现象会造成美育的成果变为外在于人的装饰性“资本”，而不能真正成为有助于完善人格、提升人性的内在的“为己之学”。其次，美育的技艺化倾向会加深人的异化。实现人的全面发展根本在于消除人的异化，实现人的解放。美育的技艺化倾向使艺术生专业技能的学习以及普通学生艺术特长的学习成为美育的主要方面，为了使孩子不输在起跑线上，种类繁杂的艺术特长班充斥了学生课余生活，并在追求竞赛、高考加分的功利目的下，尽可能快、尽可能好地实现学生对艺术技艺的习得成为“美育”的追求，这种追求进一步使机械训练成为美育的重要方式。柏拉图在《理想国》中谈到音乐等技艺的教育时建议学生当“如坐春风，如沾化雨，潜移默化，不知不觉之间受到熏陶”，④ 真正的美育应当以潜移默化的方式浸润、陶

① 柏拉图：《理想国》，郭斌和、张竹明译，商务印书馆，1986年，第113页。

② 刘铁芳：《从苏格拉底到杜威：教育的生活转向与现代教育的完成》，《北京大学教育评论》2010年第2期。

③ 刘铁芳：《重申知识即美德：古典传统的回归与教养性教育的重建》，北京师范大学出版社，2015年，第5页。

④ 柏拉图：《理想国》，郭斌和、张竹明译，商务印书馆，1986年，第107页。

冶、触动学生的心灵，使学生在对美的感悟中实现向美而生。而训练化的“美育”以单调、枯燥的重复练习，限制了学生活泼的身体、规训了学生充满朝气蓬勃的心灵，以灌输性的教学方式取代了学生对艺术潜移默化的感悟，以功利化的现实目标代替了“无利害关系的和自由的愉快”①，从而使学生在接受“美育”的过程中“不是感到幸福，而是感到不幸”，加深了学生的异化。当前，我国美育实践中一定程度上存在的技艺化倾向，导致了美育的上述危机，使美育与推进全面发展的追求相背离，造成了美育目标的偏失。

（二）美育独立地位错置导致五育失和

全面发展是五育之间均衡、协调的发展，当前我国教育中存在过度消解美育的独立地位与片面夸大美育的独立地位两种倾向，造成了美育与其他四育的失和，不仅影响了美育自身的良性发展，还影响了学生的和谐发展，不利于全面发展的实现。

首先，过度消解美育独立地位表现为将美育错配于其他四育之中，提倡在德智体劳四育中渗透美育的内容即可，取消作为独立课程的美育。这种趋势主要表现为两个方面：第一，认为美育主要是培养学生的审美素养，文艺作品是培养学生审美素养的重要载体，因而强调以智育中的文艺作品教育替代美育。第二，认为美育是以完善学生人格为根本指向的教育，因而美育本质上应当是一种人格教育，强调以德育替代美育。完整的美育应当包括培养学生的艺术素养、提升学生审美感受的“审美教育”与提升学生人性、完善学生人格的“立美教育”两个方面，② 究其根本，美育独立地位的消解是因为片面地夸大了美育两个方面中的一个方面而忽视了另一个方面。将美育置于智育之中，夸大了美育的“审美”之维，会造成美育对学生人格发展的忽视，不能真正促进学生的“向美而生”。将美育置于德育之中，夸大了美育的“立美”之维，会造成美育对审美鉴赏力的忽视，不利于激发学生的美感。前者将造成美育对人格完善的忽视，后者会造成学生完整人性中审美维度的缺失，难以实现真正的全面发展。

其次，片面夸大美育的独立地位表现为割裂美育与德智体劳四育的关系而“就美育谈美育”，忽略了从美育与其他四育的互补以及以美育促进其他四育的

① 康德：《判断力批判》，宗白华译，商务印书馆，1964 年，第 46 页。

② 周庆元、胡绪阳：《走向美育的完整》，《教育研究》2006 年第 3 期。

发展角度考虑美育，使美育限于自身，而非置于五育和谐的全面发展之中。正如柏拉图所提到的“那些专搞体育锻炼的人往往变得过度粗暴，那些专搞音乐文艺的人又不免变得过度软弱”①，片面地重视美育，忽视美育与其他教育的联系与互补，容易造成学生感情用事、心灵过度柔软、情感过于丰沛，不利于培养学生强健的意志与坚韧的毅力。正基于此柏拉图强调只有达到品质的“和谐存在的人”，他的心灵才能“既温文而又勇敢”。② 德智体美劳五育中的任何一个方面都对促进学生发展具有不可替代的作用，但对某一方面教育的过分重视会造成学生品性中某几个方面的过度发展，正如勇敢超过限度就会变成鲁莽、温柔超过限度就会成为懦弱，人的各方面品性只有彼此调和处于适度的状态才是健康发展的人，因此美育只有立足于全面发展与其他四育彼此和谐、形成互补才能真正有利于促进个体生命向美而生。

（三）美育节奏的错位导致学生美的追求的庸俗化

怀特海(A. N. Whitehead)提出教育应当以“浪漫—精确—综合”的节奏来促进学生的可持续发展，③ 对我国新时代美育的展开具有重要启发。我国当前美育在一定程度上存在教育节奏的错位现象，导致了学生对美的理解庸俗化，使美育无力促进学生向美而生。

怀特海提出“浪漫—精确—综合”的教育节奏，意在强调在教育的开始阶段应当以“浪漫”化的教育调动学生的感官，激发学生学习的兴趣；在随后的“精确”阶段促进学生“知识的增加和补充”，④ 使学生扎实地掌握知识；最后在“综合”阶段引导学生将“精确”阶段掌握的知识运用转化为生活的智慧，使知识真正地对学生的生活产生影响。而在美育的实践中，一定程度上存在着教育节奏的“错位”现象。具体表现为为了使学生赢在起跑线上，在应当激发学生学习兴趣的浪漫阶段，过早地以特长教育、专业技艺教育的方式对学生进行艺术技能训练，使“浪漫”阶段的美育“精确化”。这种趋势导致学生心智成长周期上升，使美育中机械化的训练压抑了学生身体、精神方面对美的直观感悟，功利化的目

① 柏拉图：《理想国》，郭斌和、张竹明译，商务印书馆，1986年，第123页。

② 同上书，第124页。

③ 怀特海：《教育的目的》，徐汝舟译，生活·读书·新知三联书店，2002年，第26页。

④ 同上书，第27页。

标扼杀了他们对“美”的纯粹兴趣，影响了美育发展的可持续性。受学校教育中应试化倾向的影响，在“精确”阶段专门的美育大量被智育挤占，造成“精确”阶段的美育空缺化。这种趋势使学生难以真正习得关于美育的系统知识，不能形成对“什么是美”的深刻理解。学生缺乏对关于美的知识的系统学习，只能凭对美的直观感受去体会什么是美好生活，造成“综合”运用阶段的“浪漫化”。这种趋势将导致难以在对“什么是美”的深刻理解的基础上树立正确的“对美好生活的向往”，学生在审美标准多元化的时代里丧失对美丑积极、正确的鉴赏力与辨别力；面对社会娱乐化的发展倾向，造成“‘韩流’‘日流’的艺体明星受到热捧，素质不高的‘小鲜肉’‘网红’取代舍生忘死的英雄烈士、无私奉献的道德模范成为学生争相模仿的偶像”①等模仿对象庸俗化的倾向；面对达达主义、波普艺术的风靡导致高雅艺术被冷落、崇高精神被消解的后现代艺术，学生难以真正建立起对美好事物与崇高精神正确的价值认知。

上述美育“浪漫”阶段的“精确化”、“精确”阶段的“空缺化”、“综合”阶段的“浪漫化”，造成了美育发展节奏的错位，压抑了学生对美的兴趣，造成了学生对“什么是美”的理解的庸俗化，难以树立对美好生活的正确向往，最终影响美育对学生“向美而生”的指引。

新时代美育促进个体生命全面发展的实践路径

面对教育实践中现实的美育困境，从全面发展解放人性的根本立意出发，按照个体生命发展阶段的节奏，从开设美育课程、融合五育、促进学生终身全面发展三个方面，寻求新时代美育培养向美而生的美好人格，促进人性解放与追求全面发展的实践路径。

（一）按学生生命发展节奏开设美育课程

美育课程的技艺化，导致美育目标偏失，无法实现人的解放与全面发展。学生越锻炼技艺反而越不幸福，所以为了人的解放、培养向美而生的崇高人格，促进个体生命的全面发展，有必要专门开设美育课程。2019 年，全国教育工作

---

① 喻聪舟、温恒福：《重归人生境界教育：我国现代德育的返本开新》，《中国教育学刊》2019 年第 4 期。

会议中强调体育、美育要有刚性要求①，突出了专门的美育课程设置的必要之义。美育不仅仅是艺术教育，还蕴含着学生对自然美、社会美、科学美、艺术美等审美意境的感知，在美感的获得与积淀中向美而生。生命成长具有内在规律性与秩序性，新时代美育课程设置应踏准学生的发展节奏，为向美而生的人格养成辅助生长的土壤。

首先，浪漫阶段美育课程游戏化，在自由氛围中促进孩童身体与情感的健康发展。浪漫阶段是开始领悟的阶段，是个体直接认识事实的阶段②，覆盖了儿童最初生命的12年。浪漫阶段的美育课程在游戏中创设自由发展空间，在游戏化的美育课程氛围中引导孩童对世界最初的直接感受。于是这一阶段的美育课程以自然美的直接感受为主要内容，在自然的环境中探索未知的事物，播种人与自然合一的审美情怀，以自然最为原初的形态引导孩童感受自然生命的蓬勃之美。同时孩童在游戏中交往，在游戏中模仿，美育将基本的品德、常识性知识、身体活动与劳动寓于游戏活动中，在游戏中通过模仿形成良好的习惯。“只有当人游戏的时候，他才是完整的人”③，美育正是在游戏中呵护孩童的好奇本性、引领孩童的全面发展。

其次，精确阶段美育课程专门化。这一阶段是大量习得系统性知识的阶段，包含了青少年在中等学校接受教育的整个时期。怀特海认为“精确阶段代表一种知识的增加与补充”④，在这一阶段中学生大量学习专门的系统知识，通过专业训练而实现知识的扩展与累积。同样，美育课程能够为学生累积美的知识，以培养学生形成正确的审美鉴赏能力。精确阶段美育课程须从自然中回到课堂，以文艺作品为载体培养学生的审美意识与观念。例如，在中国水墨山水画的欣赏中感受万物一体的生命世界；在《断臂的维纳斯》等古希腊雕塑欣赏中感受人物美的神态与风姿；在科学案例、事迹中感受科学之美……美的知识就是在审

① 教育部：《攻坚克难 狠抓落实 推动新时代教育实现新发展新跨越——2019年全国教育工作会议召开》(2019－01－18)[2019－03－25]，http://www.moe.gov.cn/jyb_xwfb/gzdt_gzdt/moe_1485/201901/t20190118_367390.html。

② 怀特海：《教育的目的》，徐汝舟译，生活·读书·新知三联书店，2002年，第26页。

③ 席勒：《美育书简》，徐恒醇译，社会科学文献出版社，2016年，第115页。

④ 怀特海：《教育的目的》，徐汝舟译，生活·读书·新知三联书店，2002年，第27页。

美过程中获得关于“美”的基本认识，从而逐渐形成对美丑的价值区分与判断。

最后，综合运用阶段美育课程通识化。这一阶段青年逐渐迈向成人，在“补充了分类概念和有关技能后又重回浪漫”①。在精确阶段累积美的知识之后，综合运用阶段里需要将美的知识进行内化养成向美而生的人格品质。于是，在综合运用阶段中以相对自由的通识性美育课程助力学生实现人格的提升。在选修课程中开设或侧重艺术技能，或侧重专门的文学、诗画、戏剧鉴赏等不同层面、不同类型的美育课程，为学生提供多种、个性化的审美体验。通识性的美育课程，在一定程度上能够防止学生在专业化的训练中异化人性，为学生留有情感疏泄的自由空间，进而使学生以向美而生的方式不断地追求全面发展。

(二)遵循教育节奏发挥新时代美育调和五育的作用

美育独立地位的错配导致全面发展构成要素间的失和，一方面消解美育，以德智体劳四育课程取代专门的美育课程；另一方面高扬美育，忽视五育间的融会贯通。新时代美育应发挥调和作用，明确美育课程的独立地位，在和谐的五育关系之中妥置美育课程，遵循教育发展节奏，促进学生向美而生。

首先，强调美育课程的独立地位，在学生发展的不同阶段开设美育课程，寻求“立美”与“审美”的交融。美育独立地位的消解根源于将美育的功能错置于德育与智育之中，解构美育存在的必要性。而包含着“立美”与“审美”两个维度的美育课程，应发挥其培养学生审美素养提升学生人格的重要作用，在全面发展之中培养学生向美而生的人格品质，使学生能够不断地追求美好生活促进终身发展。于是强调美育在人的全面发展构成中的独立地位，在社会主义核心价值观的指引下，在丰富美育内容营造更高层次的艺术氛围中，唤起学生的美感，培养学生的审美鉴赏能力。在贯穿个体生命始终的多样美育形式中，积淀美好的情感，逐渐形成向美而生的美好人性，以审美的态度创造诗意的人生。

其次，在美育课程中融合德智体劳相关内容，以社会美、科学美、自然美、艺术美等内容丰富与滋养人性。美育的内容丰富多样，不仅局限于艺术技能的学习，还包括了自然中的生命之美、社会中的人物风俗美、科学中的理性美、艺术作品的意境美等多种形式。美育课程应融合全面发展的各要素中表现的美

① 怀特海：《教育的目的》，徐汝舟译，生活·读书·新知三联书店，2002年，第28页。

感，引领学生的向美而生。其一，浪漫阶段凸显美育的自由本性，以自然美为主辅以社会美、科学美等内容，在美的情感中呵护孩童的好奇心与求知欲。其二，精确阶段美育应重视“美”的知识累积，在社会主义核心价值观的指引下，为学生塑造积极、正确的美的形象，培养学生的审美鉴赏力。其三，综合运用阶段中美育应引导学生养成向美而生的积极人格。正如信仰的形成需要历经情感、信念以及理性化①的过程，向美而生的人格养成亦是需要在美育唤起情感的基础上，形成对美好事物的认识，在美的知识积累中形成正确的审美鉴赏能力，在综合运用阶段的美育中逐渐形成向美而生的积极人格。

最后，美育以情感为纽带，联结审美与理性、德性、身体发展间的相互适应与和谐共生，使五育交融促进学生的全面发展。由于“知识总是伴随情感、目的等附件”,② “个体道德发展的过程，首先是道德情感的发展”③，所以在美育中通过唤起学生情感来联结五育，实现美育促进全面发展的终极目标。在学生发展的节奏中，美育在浪漫阶段中注重对身体直接感官的呵护；在精确阶段唤起学生对知识的热情；进而在综合运用阶段养成学生向美而生的人性品格。在这一过程中，美育通过唤起学生求知、向善、向美的积极情感以寻求全面发展中情感与理性、自由与纪律的平衡。在浪漫阶段给孩童提供自由的探索空间，避免学前教育小学化对浪漫精神的束缚；在精确阶段不占用美育课程，调动学生积极参与审美活动的兴趣，为紧张的知识训练留有疏泄情感的余地；在综合运用阶段，要求每位学生须修满学校规定的公共艺术课程学分方能毕业，④ 以此引导学生超越专门化的、狭隘的存在方式，以审美式的整体视角感受世界，成就“鸢飞鱼跃”式的生命境界，朝向生命的解放与全面发展。进而养成向美而生的人格理想，摆脱被职业化束缚的工具人而逐渐发展为一个懂得感受生命、

① 刘锦诺、杨丽：《以情感渐生信仰——怀特海过程哲学视域下对教育仪式的审思》，《中国教育学刊》2019 年第 1 期。

② 怀特海：《观念的冒险》，周邦宪译，译林出版社，2012 年，第 9 页。

③ 刘铁芳：《追寻生命的整全：个体成人的教育哲学阐释》，高等教育出版社，2017 年，第 165 页。

④ 教育部：《教育部关于切实加强新时代高等学校美育工作的意见》(2019－03－29)[2019 － 04 － 15]，http：//www. moe. gov. cn/srcsite/A17/moe _ 794/moe _ 624/201904/t20190411 _ 377523. html。

享受美好，构建个体与社会、人与自然和谐发展的，不断追求全面发展理想的积极生命体。

（三）新时代美育促使学生踏准生命的节奏终身全面发展

美育节奏错位导致学生审美的庸俗化，所以在按生命发展节奏开设美育课程，以调和五育促进全面发展的基础之上，关注生命发展的可持续性，在每一个发展阶段中不损害下一个阶段的发展，使美育踏准生命的节奏，养成向美而生的崇高人格，以积极的情感状态不断追求人性的解放与终身全面发展。

首先，转变教育观念，以可持续性的发展目标促进学生全面发展。教育的目标指向个体生命的终身全面发展而非为了功利性的考试与升学，教师在教育实践中不能只顾眼前的“升学压力”而忽视学生全面发展的持续性。明确教育的发展性目标，在浪漫阶段呵护学生的好奇心与想象力，在游戏的美育课程中孕育对求知、向善的美好的情愫，为下一阶段的知识训练埋下好奇的种子，不能以幼儿阶段小学化扼制学生的创造本性；在精确阶段的美育课程中，通过美的知识累积审美材料，培养审美判断鉴赏能力，为向美而生的人性养成奠定基础，不能高扬智育压制美育，阻碍美育知识的累积，影响学生形成正确的审美鉴赏能力；在综合运用阶段中，在美育中提升人性，养成向美而生的崇高人格，为学生的终身全面发展与美好生活奠定基础，不能以专业课程消解美育，阻碍美育对终身发展的引领。

其次，在美育中点燃生命的热情，呵护学生的创造本性，培养冒险精神。创造本性是个体生命与生俱来的好奇与欲望，是促进学生不断发展的动力源泉。而在教育实践中忽视教育的节奏性特征，导致学生精确阶段延长，扼制了创造力与想象力发展，异化成呆滞的思想。于是在学生发展过程中，以美育呵护学生的浪漫精神，为想象力、创造力的发展留有自由的空间，在创造性与知识间架起桥梁。此外，在美育中培养个体生命的冒险精神，为向美而生提供动力之源。创造本性赋予个体生命不断探索的发展性本能，驱动着个体生命对全面发展终极目标的不断追求。在生命成长的过程中，总是伴随着不和谐的因素，全面发展不是静止的阶段性目标，而是在不协调中不断进取寻求更完善的发展性目标。在这一过程中，冒险精神就是个体生命的天性中珍藏的优良行为①，它促使生命不断蓬勃发展。冒险精神的培养需要美育提供自由的空间，尤其在学生发展的精确阶段中，在知识训练的理智发展中，美育对情感的净化、对想象力的激发、对审美判断力的锻炼，为冒险精神提供了生长空间。

最后，在美育中实现个体生命的自我发展之路，养成向美而生的崇高人格。“自我发展才是最有价值的智力发展”，② 它不仅关注当下学生的身心成长，更指向学生终身对终极性理想的追求。在促进学生不断走向自我发展的过程中，美育以自由平衡纪律，为学生学习生活提供必要的审美观照，调动学生的积极情感，成为学生终身追求全面发展的不竭动力。此外，美育突破学校教育的界限，在社会美育的氛围中，为个体生命铺就终身追求全面发展之路。社会美育的表现形式多样，博物馆、美术馆、体育馆、城市建筑、环境美化、广告宣传等多种途径共同构成社会美育的环境氛围。而在此种比学校更加活跃自由的氛围中，需要学校美育对学生正确的价值信念的引导，养成向美而生的积极人格，使学生在步入社会之后以社会主义核心价值观为精神旨归，在多样的社会之中能够明辨美丑，追求美好的事物，寻求正确的自我发展之路，朝向人的解放与全面发展，真正成为社会主义的建设者和接班人。

美育是全面发展的重要一维，为人的解放与向美而生人格的养成提供情感的基础、五育和谐的教育氛围以及终身发展的动力指向。对美好的追求是生命的本性，新时代美育为生命的全面发展孕育了向美而生的崇高人格，为生命摆脱异化、寻求解放提供了美好方向。

本文原载《中国教育学刊》2021 年第 5 期

① 怀特海：《观念的冒险》，周邦宪译，译林出版社，2012 年，第 302 页。

② 怀特海：《教育的目的》，徐汝舟译，生活・读书・新知三联书店，2002 年，第 1 页。

知行合一，以美育人

周　源

（中国人民大学）

当前，学校美育是校园思想政治建设的关键一环，也是落实“立德树人”根本任务、强化“以美育人、以文化人”成效的重要载体。党和国家领导人高度重视美育问题，在全国教育大会、教育文化卫生体育领域专家代表座谈会等发表的重要讲话中多次指出要全面加强和改进学校美育，坚持“以美育人、以文化人”。2020 年，中共中央办公厅、国务院办公厅印发的《关于全面加强和改进新时代学校美育工作的意见》强调“美是纯洁道德、丰富精神的重要源泉。美育是审美教育、情操教育、心灵教育，也是丰富想象力和培养创新意识的教育，能提升审美素养、陶冶情操、温润心灵、激发创新创造活力”。教育部在《关于切实加强新时代高等学校美育工作的意见》中明确“高校美育要以艺术教育的改革发展为重点”，强调“把美育融入各级各类学校人才培养全过程”。一系列政策文件的出台，为学校特别是高校美育工程构建了“四梁八柱”。

“美育”一词，是 18 世纪德国诗人、剧作家、美学家席勒最早提出的。他在著名的《美育书简》中，从“完满人性”的角度系统而深刻地阐述了美育。我国近代提出美育的第一人是蔡元培，他认为，“美育者，应用美学之理论于教育，以陶养感情为目的者也。”“美育之目的，在陶冶活泼敏锐之性灵，养成高尚纯洁之人格。”①可以说，美育的核心与关键是“美感作用于情感的机制”。美育就是通过美的感受来激发情感，从而陶冶品格，培养高尚人格的素质教育。

① 高平叔：《蔡元培美育论集》，湖南教育出版社，1987 年，第 208 页。

“知行合一”之于美育的重要地位

“做好美育工作，弘扬中华美育精神”是新时代高校美育突出的重点，要重新去审视、思考和践行。认识其宏观上的育人功能——即美育的普遍性和适用性；体察其在微观上潜移默化的育人价值——这是美育之于其他教育形式的特殊性。高校美育工作要传承优秀的文化思想，发挥“培根铸魂”的作用，“以美培元、以美育人、以文化人”。在中国传统文化中，美育渊源丰富，可以说：中国传统的美育思想，就是艺术教育不可忽视的理论源泉。

在众多中国传统文化中，“知行合一”的思想理论始终贯穿在美育之中。“知行合一”的思想也是中国古典哲学关于认识论与实践论关系的重要命题，在审美教育中，有着独到的体现。千百年来，中国历史上著名的哲学家和思想家们都对这一命题给出了自己的独特诠释，不断将其内涵补充和发展。正是得益于此，这一思想被哲人先贤们赋予了丰富而独到的内涵，在当今的审美教育中，尤其是艺术教育中，我们有必要进行一个回溯，梳理“知行合一”的相关概念，探索一条具有中国特色，坚定文化自信的现代美育之路。

“知行合一”概念的梳理

所谓“知行合一”，在现代普遍意义的解读中，“知”与“行”的合一，既不是以“知”来吞并“行”，认为“知”便是“行”；也不是以“行”来吞并“知”，认为“行”便是“知”。即认识事物的道理与在现实中运用此道理是不可拆分的一回事。中国古代哲学家认为，不仅要认识（“知”），尤其应当实践（“行”），只有把“知”和“行”统一起来，才能称得上“善”。

“知行合一”的概念最早的记载出现在春秋战国时期的史书《左传》与《尚书》之中。《尚书》中有载：“非知之艰，行之惟艰”①，在《左传》中也有相似的“非知之实难，将在行之”②一说。其中“知”是指人的“认知”或“良知”，“行”指人的

① 孙星衍：《尚书今古文注疏》，中华书局，1986年。

② 杨伯峻：《春秋左传注一》，中华书局，1990年。

“行为”或“行动”。而后世对这一概念具有“创新性”发展的当数我国明代著名的思想家、哲学家、“心学”大家王阳明。

“知行合一”是王阳明提出的重要哲学思想。“知中有行，行中有知”；“以知为行，知决定行”；“知之真切笃实处便是行，行之明觉精察处便是知”认知与实践不可割裂，知行关系辩证统一，知行工夫中“行”的根本目的就是要彻底克服“不善的念”而达于善。这一理论传承至今，也深刻地存在于美育的核心“艺术教育”领域中。

贯穿于艺术教育始终的“知行合一”，大致有两重含义：一是强调在学习过程中，艺术理论与艺术实践互为表里，不可分离。艺术理论是艺术实践的支撑，艺术实践是艺术理论的表达，二者结合才能真正实现艺术技能的提高；二是强调在审美境界上，真正的艺术创作不是单纯的炫技，更需要情感的体验，心灵的共鸣。

艺术技能与“知行合一”的关联探析

艺术，作为人类审美的永恒话题，始于生活，源于自然，生活中普普通通的器物，简简单单的乐音都蕴含着艺术的美好。艺术以新颖的视角对人们熟知的事物做出独到的诠释。“艺术”陪伴、引导、推动着人类文明的进步与社会的发展，因此，艺术技能的学习和审美的取向具有重要意义。艺术技能的学习不是信手拈来，简单轻松的。它需要我们经历基础知识的学习、基本技能的训练、艺术素养的培育等，并且需要不断实践、不懈努力。其中最重要的便是在艺术技能的学习中践行“知行合一”。

艺术的创造与表现，是依托实践的技艺而存在的。艺术技能是艺术家在创作中对社会生活的观察、实践和审美认知的经验与才能，优秀的艺术作品蕴含了艺术家的情感和气韵，所以具有独一无二的审美价值。艺术技能是将创作灵感中抽象的思维与具体的物象结合，通过细致灵巧的表现手法，实现艺术作品的完美。从此意义上讲，艺术技能作为手段和路径，是为艺术表现而存在的，其终极目的是艺术创作。没有技能的支撑，“艺术”只是停留在想象中的海市蜃楼。

“致良知，知行合一”是“阳明文化”的核心，先有“致良知”，而后有“知行合一”。此观点深化了自觉性和实践性的关系，为后人的实践行动提供了理论依据和模板。“知行合一”作为实践哲学，随着时代变迁，社会发展，其内涵不断丰富，内容不断充实，应用领域不断扩大，对后世影响深远……著名教育家、思想家陶行知先生，就从“知行合一”中悟道，他将“行是知之始，知是行之成”这一理论应用到教育领域，提出了“学习与实践相结合”的科学教育方法，并进行了教育理论创新，使无数的学子从中受益，为中国的教育事业做出了开创性的贡献，可谓后世之典范。

在艺术教育领域，“知行合一”作为方法论，指导艺术学习及创作的始终。从两方面分析：一是在艺术技艺提高的过程中，理论与实践相结合；二是在审美鉴赏的层面上，艺术的精神内涵与美学意义相结合的艺术技能，才是有审美灵性的、有艺术价值的技艺。

正如中国美学家宗白华所言：艺术不仅要满足美的要求，而且要满足思想的需要。① 一件艺术作品缺了任何一部分，都将失去它完整的艺术价值，故而艺术家应该从这两点出发来提高其艺术技能。

提升艺术技能是“知行合一”的体验

（一）艺术理论与艺术实践的“合一”

没有“行”的“知”是妄想臆断，没有“知”的“行”是冥行盲索。艺术理论学习中的“知”，是几百年来人们总结出来的艺术表现的思想内容和相关理论以及指导学习的经验方法；所谓“行”，则是指艺术技能的实践与锤炼。

艺术的学习与其他学科不同。通晓了众多艺术理论并不能成为艺术家，必须通过个体无数次的琢磨探索、实践磨砺，且在理论指导与审美高度及文化修养不断提升的前提下，才能淬炼出精湛的艺术技艺。这个孕育的过程是漫长的、艰难的、曲折的。

一般说来，理论知识是实践的基础。一切实践结果都将归结到某一理论或

① 参见宗白华：《美学散步（彩图本）》，上海人民出版社，2015 年。

命题。对于某些学科，如，自然科学中的一些基础研究，实践更多的作用是辅助理论的推导。但是，艺术创作与表现的规律则更注重实践体验，艺苑“百花争妍”评价标准多元化，艺术理论常幻化于无形……所以，“理论与实践哪个更重要”一直是艺术家及艺术学者们长久以来争论的话题。

当代许多艺术理论家和批评家都在艺术鉴赏和审美层面上积累了丰富的学识，但是他们却不一定创作过气韵生动、感人至深的艺术作品，甚至有一些“艺术学者”更是从未有过艺术专项学习与实践的体验……这令人不由得想到陆游的两句诗：“纸上得来终觉浅，绝知此事要躬行。”纸上谈兵、只谈理论，终究是浅薄的。只有投身其中，实践体会，才能品出个中滋味。

抽象表现主义的代表、美国20世纪极简主义画家巴尼特·纽曼认为：“艺术理论(美学、艺术史)和艺术的关系，就像鸟类学跟鸟的关系一样。”即：鸟类学不过是人类为研究鸟类所创设的学科，而鸟类不需要懂什么鸟类学照样可以翱翔天际。对于艺术理论与艺术实践也是如此，有些艺术家会这样想：艺术理论只是那些艺术学界的人自己研究归纳总结出来的，艺术家不需要懂什么艺术理论，他们的天赋自然可以依托自身的才华创造出艺术精品。那么问题来了，真的是这样吗？不然。没有理论作为指导与支撑的实践是盲目的；过分单一地把实践结果或者“技能技巧”作为学习的效果进行评估是偏颇的。艺术技能的提高在从学习方法的理解到运用实践的过程中，经历了一条螺旋式的曲线，一次次不断地肯定与否定、再肯定与再否定的深刻领悟，每一次都是对“真理标准的检验”。这种实践是在理论指导的前提下完成的，是运用科学严谨的态度并结合丰富生动的想象力塑造出来的。

综上所述，艺术理论与艺术实践的“合一”是相辅相成的。只重视理论而忽视实践，艺术理论就失去了其产生的根源和存在的意义。不从实践中提炼、不到实践中检验，经不起推敲、不能作用于实践的理论最终是不能成立的。反之，忽视经验总结、理论指导，盲目地注重实践，容易陷入主观性和随意性，难以经受住审美的批评和时间的考量。艺术理论的“知”与实践的“行”必须统一起来，互为表里地推动着人类艺术的进步和发展。

(二)精神感悟与艺术技能的“合一”

艺术技能的学习是“知行合一”的体验，在鉴赏艺术作品的过程中，也同样体现着精神与技艺的“合一”。

对艺术作品的鉴赏，最重要的是产生思想感情上的共鸣，即对艺术家审美构思与技能技巧结合的认同。艺术家艺术技能的硬核，是指在方法与实践的“合一”中提炼出精湛的技艺手段；而更高一层的含义则是在其技艺水准的基础上，将艺术家的思想境界与所要表达的精神倾注到作品中，即艺术家的软实力。

艺术作品为什么要有“精神”和“灵魂”呢？一部艺术作品最重要的就在于它的“精神价值”。作品在展现艺术家的技能技巧的同时，更要具备使欣赏者内心产生同频共振的感染力。德国哲学家黑格尔在他的美学体系中表达了这样的观点：“艺术的价值就在于借助外在物质形式显示出一种内在的生气、情感、灵魂、风格和精神，这就是我们所说的艺术作品的意蕴。”许多艺术作品之所以能够跨越历史的沧桑流传至今，不单是因为它本身的技艺价值，更重要的在于创作者倾注其中的思想感情以及投射出来的气魄与格局。作品呈现出对“江山如此多娇”的赞美，传递出的是对民族存亡的忧患，对人民罹难的控诉，对美好生活的向往，对时代演进的期盼！振奋着人心，激励着斗志……鼓舞着一代又一代后辈英才继往开来，这才是“艺术”真正价值之所在。举凡艺术精品，闪烁着才华的灵性、充盈着生活的气息，启示着现象背后真实而深刻的意义，抒发着种种真挚的情怀。作品的灵魂恰是艺术家精神和感情的外化，正如列夫·托尔斯泰所言：“艺术不是技艺，它是艺术家体验了的感情的传达。”

“知行合一”方可以美育人、以文化人

思考何为美育的内涵？席勒认为，美育的内涵是“自由”，是审美想象力的自由，是想象力对于自由的形式的追求。美育独有的个性是沟通感性与理性、自然与人文、知识与道德，是感性王国与理性王国的“桥梁”。这就使“美育”成为从“自然之人”成长为“理性之人”的必由之路。席勒认为，美育所凭借的手段是“美的艺术”。他从艺术类型的横向角度论述了理想的美育途径，那就是：由优美到崇高，达到人性的高尚。

“屋中有画，等于悬挂了一个思想。”这是英国18世纪肖像画家乔舒亚·雷诺兹关于艺术启迪人类思想的解读。浪漫主义时期作曲家弗利克斯·门德尔松

也曾表示："在真正的音乐中，充满了一千种心灵的感受，比言辞更好得多。"至美是一种善德，至德是一种善美，人们在欣赏艺术作品的同时，更收获了心灵的陶冶与精神境界的升华。

我们探讨美育的"核心"是"艺术教育"，艺术教育是"知行合一"的教育艺术。

在王阳明"知行合一"的理论中，"知是行之始，行是知之成"——知是行的主意，行是知的功夫，"知"与"行"相互渗透。人们按照道德思想的指导产生良好的道德行为，从而得到"良知"，在道德"良知"的指导下，人们产生了"实际行动"的开始。

综上所述，"美育"的进行时，是"道"的卓越，是在"认知"智慧上更高的擢拔，是品质塑造上健康的熔铸。运用"知行合一"的哲学理念"以美培元、以美育人、以文化人"，是从人文素质到心灵涵养的精修淬炼。

参考文献

[1]李泽厚．李泽厚哲学美学文选[M]．长沙：湖南人民出版社，1985.

[2]魏煌．演奏艺术教学刍议[J]．乐府新声(沈阳音乐学院学报)，1986(4).

[3]赵晓生．钢琴演奏之道(修订本)[M]．北京：世界图书出版公司，1999.

[4]戴勇．浅谈艺术技能[J]．盐城师范学院学报，2000(2).

[5]涅高兹．涅高兹谈艺录——思考・回忆・日记・文选[M]．焦东建，董茉莉，译．人民音乐出版社，2003.

[6]韩文革．黑格尔美学思想的精神[J]．湖北大学学报，2005(3).

[7]魏波．民主教育：陶行知教育思想的内核[J]．清华大学教育研究，2015(4).

[8]张坚．西方现代美术史[M]．上海：上海人民美术出版社，2009.

[9]张立鸿．对培养钢琴演奏者综合素质的探讨[D]．天津音乐学院，2010.

[10]方旭东．意向与行动——王阳明"知行合一"说的哲学阐释[J]．中国社会科学，2012(5).

[11]张明．论二胡演奏艺术中的"知行合一"[J]．乐府新声(沈阳音乐学院学报)，2014(3).

[12]吴光．王阳明"知行合一"论的内涵及其现实意义[J]．贵州大学学报(社会科学版)，2015(1).

[13]谭赟．论钢琴学习中的"知行合一"[J]．大众文艺，2015(10).

[14]周珊．谈扬琴演奏艺术的"知行合一"[J]．音乐生，2016(8).

[15]孙刚．论巴内特・纽曼的不可表现之表现[J]．大众文艺，2016(10).

[16]魏雅文．浅谈春秋战国时期诸子百家的音乐美学思想与古希腊时期音乐美学思想的异同[J]. 西江文艺，2016(16).

[17]夏晓秋．浅谈“以文化人、以美育人”[EB/OL]. https：//www. sanwen. net/subject/3792524/.

[18]中共中央办公厅，国务院办公厅．关于全面加强和改进新时代学校美育工作的意见[EB/OL]. [2020－10－15]. https://www. moe. gov. cn/jyb _ xxgk/moe1777/moe _ 1778/2020/t20201015 _ 494794. html.

第 二 编

高校公共艺术教育改革与创新路径的探索与应用

赫蒙娜
（沈阳师范大学）

我国近代著名教育家蔡元培先生曾说：“美育者，应用美学理论于教育，以陶养感情为目的者也。”高校公共艺术教育作为高等学校实施美育的主要途径，既是高等院校艺术教育工作的中心环节，又是我国高等教育课程体系的重要组成部分。高校中的美育主要通过施行公共艺术教育来提高学生主体的审美素质，从而促进大学生全面素质的发展，以达到培养学生审美意识和陶冶情操的目的。

随着经济全球化、文化多元化、艺术多样化以及互联网大数据时代的到来，社会对于大学生的综合素质与综合能力要求大幅度提高，学生自主学习意识逐渐觉醒，互联网时代下的学习途径越来越广泛，由此导致学生对公共艺术教育的需求和要求逐步严苛，传统公共艺术教育中的“鉴赏类”课程已经无法完全满足学生的所有学习需求，当前阶段面临着教学形式较为单一、教学手段较为传统、教学内容较为枯燥等问题。因此本文主要针对当代大学生的生源特点、学习兴趣与知识需求，从三大方面、六对路径提出改革与创新多渠道、多方式、多样化的具体学习路径。

第一方面：课程教学。当前的公共艺术教育普遍以“课程形式”进入高校公共艺术教育体系，使之“正规化”；逐步将公共艺术课程纳入全校通识选修课程体系，使之“系统化”；面向全校各专业学生开设课程，使之“普及化”；开设课程时间由第一学期贯穿至第六学期，周学时2—4学时，使之“专业化”。课程教学方面所涉及的“两对路径”主要是指课程的教学内容，即“复排经典作品”与“创演原创作品”，以及课程的教学形式，即“课堂基础训练”与“舞台艺术实践”。两对路径在逻辑、内容与形式上相辅相成，为设计“公共艺术教育课程”，构建课外实践路径，奠定坚实的专业教学基础与艺术实践基础。

第二方面：课外实践。当前公共艺术教育的课外实践通常还是以“课堂形式”为主，一般仅通过转换“教学环境”进行室内室外的教学，并不能使所有学生真正亲身体验艺术实践。课外实践方面所涉及的“两对路径”主要是指课外的实践形式，即“大学生艺术团”与“指导教师工作室”，以及课外的实践平台，即“国内外的比赛平台与交流活动”。两对路径通过具体的艺术团体组织进行国内外艺术交流，为实施“公共艺术教育课程”，联动课程设计的两对路径，以期通过艺术实践检验艺术理论，通过艺术展演解读艺术内涵。

第三方面：教学保障。优质艺术教育的实施与其师资力量、教学资源、教学设施密不可分。本文提倡的两对路径主要是指：以“双师型”为主的教师团队，以“综合类”为辅的协同体系；以“跨学科”为动力的教学内容，以“优质性”为保障的教学设施。公共艺术教育的教学群体虽然与专业艺术教育的教学群体在专业能力上有较大的差距，但是通过优质的教学保障体系，可以大幅度地提高学生的艺术教育质量，提升学生的综合艺术水平，增强学生的艺术修养，营造良好的艺术学习氛围。

以“复排经典作品”继承传统文化，以“创演原创作品”发展当代艺术

（一）复排经典作品

“经典作品”是发展与创新艺术文化的源泉，“复排经典作品”既是继承中华民族传统文化的有效途径，又是习得各国特色文化的最佳路径。“经典作品”的分类主要有三大类：即古典作品类、民族民间作品类与现当代作品类。既涵盖了古典文化与民族文化的精髓，又囊括了现代文化与当代文化的特点。

该路径旨在通过复排各国经典艺术作品，了解中外传统艺术文化，突出经典作品的文化功能与民族特色，掌握不同艺术门类的艺术内涵、表现方式、风格韵味，从而开拓学生对各国艺术文化与种类的认知与辨识能力，提高学生掌握各艺术门类的基础专业技能，提升学生驾驭各艺术门类的风格展演能力，综

合培养学生向传统化、国际化、多样化道路发展，为创新与创演原创作品打下坚实基础。

(二)创演原创作品

“原创作品”是培养学生创新创业能力的动力，“创演原创作品”既是解读原创作品内涵与表演的有效途径，又是解构原创作品形式与编创的最佳路径。“原创作品”主要分为三大类：即古典作品类、民族民间作品类与现当代作品类，这是因为“原创作品”与“经典作品”要具备统一性与连贯性，让学生可以通过比较分析二者的艺术风格与特征来培养艺术鉴赏能力、艺术思辨能力、艺术传承能力与艺术创新创业能力。

该路径旨在“在表演原创作品中锻炼创新能力，在编排原创作品中锻造创业能力”。该路径的要求是要根据不同高校的校园文化特色、区域民族特色与学生的自身特点，结合古今中外的艺术文化特征，创编出具备教学功能的原创作品。创编时注重结合课程训练中的重点难点，强调作品的教学性和原创性，为解构与创演原创作品打下坚实基础。

以“课堂基础训练”加强舞蹈专业能力，以“舞台艺术实践”提升舞台表演能力

无论是复排经典作品，还是创演原创作品，都离不开课堂中不断练习的基础训练，以及舞台上不停创作的实践演出。该路径是将经典作品与原创作品的复排与创演细化为具体的实施环节，让每个环节都囊括创新方法与创意理念，以期将高校公共艺术教育恰到好处地在作品的排演中发挥最大功效。

(一)课堂基础训练

该路径的课堂基础教学主要通过四个环节进行基础性训练：第一个环节为分析作品的内涵与形式，结合多媒体影像资料，通过史料辅助和编导阐述两大渠道来解读作品的创作背景与作品内涵，解构作品的表现形式和创作意图，让学生在主观和客观、感性和理性两大层面对艺术作品本体有深刻的认识和理解，让学生知其所以然，创其所以然。第二个环节为解析与雕琢艺术表现手段，因

为每个艺术门类的表现手段都各不相同，不同艺术门类中的艺术品种都包含着各国文化的特色与差异，即便是相同的艺术品种由于不同因素的影响，也会产生不同的表现内容与形式，因此，必须有意识地引导学生在基础教学环节解决基本表现手段问题。第三个环节为技术技巧训练，不同的艺术门类有各自的技术技巧。尤其生源以普通高中生为主的学校，其基本功和专业能力较弱，因此必须拿出时间和精力进行特定的技术技巧训练，方能达到艺术展演效果。第四个环节为风格训练，这也是在掌握基础艺术表现手段和技术技巧之后特别重要的环节，风格是否纯正与个性，在一定程度上决定了艺术作品的水准，因此，该环节须请相关的专家进行示范与指导。

（二）舞台艺术实践

舞台艺术创业实践属于综合性的实践创作环节，因此该路径具有针对性地开设了与舞台展演、创作相关的跨学科学习内容，不同姊妹学科的学习内容都与艺术作品创新创作有着息息相关的联系，从而为接受公共艺术教育的学生奠定深厚的多学科、跨学科基础。

第一个内容为创新创作训练，在解决了基础教学问题之后，“双师型”教师根据创新创业教育内涵与方法，结合自己的艺术实践经验，从复排经典作品与创演原创作品出发，提供不同的创新思路，以开发学生的创新创作意识。第二个内容重点解决艺术表现力，一部成功的教学剧目，不仅要突出代表性和原创性，还要强调突出教学性；不但要考查基础专业能力与技术技巧，还要考验从创作到展示的艺术表现力。即从教室到舞台展演完成两类艺术作品之后，学生在表演、教学与创作能力需要方面得到极大的提升。第三个内容为跨学科舞台艺术实训，在该环节中，加入了大量舞台音效、舞台灯光、舞台美术、服装化妆等相关学科的讲解与实践，并通过层层递进的方式，对比两类教学作品在不同学科的表现形态，为提高学生舞台实践能力与创新创作综合能力提供真实可靠的指导。

以“大学生艺术团”为交流途径，以“指导教师工作室”为其辅助创新

（一）大学生艺术团

“高校大学生艺术团体”是校园文化和艺术教育的生力军和推动者，旨在挖掘与吸收“热爱艺术”的各专业艺术特长生与普通大学生，为热爱艺术的大学生们创造一个互相交流与学习的艺术参与和艺术实践平台，不忽略任何一个拥有艺术专长或是热爱艺术特长的大学生。

该路径下的高校大学生艺术团主要分为两类：一类是由校方组织成立，具备一定的权威性和专业性，主要招收拥有艺术特长的大学生，聘请专业教师进行授课和艺术创作，定期参加校际交流活动与各项大学生专业比赛；一类是由学生自发组织，具备一定的趣味性和创新性，主要招收具有艺术兴趣的大学生，通常由社团组织者（学生）进行授课和艺术创作，不定期参与校园活动与比赛。大学生艺术团的功能旨在：通过大学生艺术团的平台，倡导校园正能量文化，广泛汇聚拥有艺术兴趣和艺术特长的大学生进行艺术教育，丰富大学生课外艺术教育和业余文化生活。

（二）指导教师工作室

“指导教师工作室”是由艺术专业教师组成的团体组织，目的是辅助与指导“大学生艺术团”从事艺术活动，以此提高大学生文化艺术修养，推动学校精神文明建设和校园文化建设，创造轻松自由的文化艺术氛围。

该路径下的指导教师工作室主要分为两类：一类是由各艺术学科专业的专职教师兼任高校公共艺术教育教师，对通识选修课程和官方组织的大学生艺术团进行授课和指导，该类工作室的专业性、持续性和凝聚力较高，可以更好地开展公共艺术教育及其系列活动与比赛；一类是由外聘教师或专家兼任课程教师或艺术指导，该类工作室的权威性较高，但是稳定性、持续性较弱，适用于短期艺术教育。

以“国内外交流活动”拓宽师生眼界，以“国内外专业比赛”提升艺术水平

（一）国内外交流活动

文化艺术是各国精神物质文化的精粹，也是国家软实力的体现。艺术活动是校园文化重要的组成部分，也是实施高校艺术教育的有效途径。积极参与国内外交流活动，可以开阔学生的艺术视野，打开信息交流的窗口，讨论艺术的各种可能，增强学生的艺术实践能力和鉴别能力；组织开展艺术活动，可以调动学生展示艺术才华的热情与积极性，锻炼和提高自身的艺术能力与艺术修养，营造校园艺术氛围，创造丰富多彩的校园文化。

（二）国内外专业比赛

艺术教育也是素质教育的重要组成部分，参加各类型的艺术专业比赛是锻炼和检验自我专业能力和艺术修养的最佳方式之一。通过比赛可以使学生客观认识自己的专业水平，感受他人的艺术感染力，增强自身的艺术实践能力，锻炼良好的心理状态，塑造健康的竞争意识，寻找自己的艺术个性，获得自信与肯定，接受失败与挑战。

以“双师型”教师团队为主导，以“综合类”协同体系为助力

（一）“双师型”教师团队

依托校内艺术专业教师进行基础性教学讲授与艺术实践拓展，并邀请相关艺术专业的“双师型”教师，充分结合“双师型”教师的专业优长与教学经验，在对课程教学进行理论评述的同时，对艺术实践进行实际指导与评价，再聘请有行业影响力的校企合作专家，担任实训课、实践课程指导教师，使学生拥有专业性、艺术性和社会性的艺术能力。

（二）“综合类”协同体系

依托综合类高校多门艺术专业的资源优势，根据舞台艺术实践部分不同的教学内容请相关名师进行授课，以专业角度解决各艺术门类在舞台实践中遇到

的问题与困惑，加强理论与实践的联系的同时，累积多学科专业知识基础，构建多学科知识结构。如戏曲形式和舞蹈内容相结合，打造原创戏曲舞蹈作品；再如将影视手法与舞蹈内容相结合，打磨原创电视舞蹈作品；也可以将舞台美术设计与舞蹈形式相结合，创造原创舞台剧教学作品等。

以“跨学科”教学内容为动力，以“优质性”教学设施为保障

(一)“跨学科”教学内容

依托综合类高校多门艺术专业的艺术形式，可以尝试跨学科的教学内容创新。从内容上看，艺术门类包括：音乐、舞蹈、戏曲、话剧、影视、美术、雕塑、书法、文学等有着相互融合的地方；从类型上看，艺术课程体系囊括：基础、应用、拓展、实践、创新与创作等相关联的逻辑层次，如基础理论教学、艺术鉴赏、技能训练、创作实践、表演实践等。在国际化与科技化的新趋势下，艺术教育趋向全球综合化发展，“科学、人文与艺术，理论、实践与创造”都推动着艺术教育与其他交叉学科相融合。

(二)“优质性”教学设施

不同的艺术专业对于授课环境和艺术氛围有着特殊的艺术要求，相对专业的教室和设备可以保证课程的良性循环，宽敞的剧场及其相关设备的优质设施可以增加舞台展演的实践经验，加强艺术实践能力。因此，“优质性”的教学设施可以为教师在课堂基础教学和舞台艺术实践中提供难能可贵的教学条件，为保证教学质量和展演效果提供了有力保障。

结　语

综上所述，在历经全球经济化、文化多元化、艺术多样化的时代变迁之际，受到互联网的影响，现代高校大学生主体特性、需求与要求也发生着翻天覆地的变化，对现今高校公共艺术教育也提出了更多的要求与更大的挑战。

本文结合当今公共艺术教育的现状，在三个方面提出了六对路径的具体实施建议。期望在高校公共艺术教育工作开展的过程中，贯彻通识教育的理念，

打破艺术姊妹相关学科之间的壁垒，将科学教育、人文教育与艺术教育的基础理念和展现形式融会贯通。

通过“课程形式”深度挖掘公共艺术类课程中的内涵与外延；通过“经典艺术作品”和“原创艺术作品”加大普及公共艺术的传统文化与当代文化；通过“课堂基础训练”和“舞台艺术实践”积极联动公共艺术教育的动脑动手能力；通过“大学生艺术团和指导教师工作室”极力打造公共艺术的交流平台；通过“国内外交流活动和各项比赛”着重拓宽学生的国际艺术视野和增强学生艺术实践能力；通过“双师型教师团队、综合类协作体系、跨学科教学内容和优质性教学设施”为全校大学生提供优质的教学条件；并通过公共艺术教育的持续发展与壮大，探寻公共艺术课程的深刻意蕴与教学规律，开启艺术文化的人文精神和科学精神，从而丰富学生校园文化生活，开展艺术教育实践创新活动，推动学校精神文明建设，为我国高校公共艺术教育实现质的飞跃而努力！

新工科背景下美育课程体系与实施框架研究

安　丛

（北京信息科技大学）

为适应新时代对高等工科教育的需求，复旦大学、天津大学、清华大学等提出了“复旦共识”“天大行动”和“北京指南”，新工科教育的理念应运而生。在新工科教育中，非常强调学生的综合素质和创新能力的培养。美育在高校人才综合素质和创新能力培养中占有独特的地位。2020年，中共中央办公厅、国务院办公厅印发《关于全面加强和改进新时代学校美育工作的意见》，反映了国家对高校美育的高度重视。教育部也研究出台系列改革文件，着力构建全员全过程全方位育人格局，推动将美育纳入人才培养全过程。

由此，新时代学校美育中，结合工科院校人才培养与课程特点，以专业特色为抓手融入高校美育教学对美育课程体系建设、美育落地实施具有重要意义。

工科美育研究与实施现状

作者在中国知网以“美育”并含“大学”进行篇名检索，发现论文700余篇，时间跨度从1984年至2023年，2020年至2023年的论文刊发量近300篇；以“美育”并含“工科”进行篇名检索，发现论文60余篇，近两年的成果占一半；以“美育”并含“新工科”进行篇名检索，总共有2018年至2023年的27篇论文。上面的数据虽然不够全面、严谨，但基本上能够反映出当前工科特别是新工科建设中，美育研究的不足。上述工科美育研究的文献，可以分为三个主要方面。

(1)工科美育教育中存在的问题研究。在目前的工科美育教育中主要存在以下问题：美育观念尚未获得充分的理解和践行；审美教育没渗透到专业中，缺乏与专业的融合；美育的课程体系处于弱势地位，同时开设门类不够丰富、全面，不能激发学生的学习兴趣，在培育学生美的价值观、文化审美观及创新性等方面存在不足；学生认为选修美育课程只是为了混学分，毫无用处，还增加学业负担。①②

(2)美育教学模式与人才培养研究。在美育教学模式与人才培养研究方面，认为要将思想政治、道德意志教育与美育教育相结合，进行人本美育教育；要将工科知识与美育知识相结合，重塑技术发展中技术美教育，合理应用科学技术，为美好生活服务；将美育知识与实践结合，培养学生的观察力、想象力、审美能力和创新能力；增加休闲审美教育，将日常生活的休闲导向审美化。③④⑤⑥

另外，在教学资源和方法上，强调建立适合新工科美育教育的科学美育教育资源平台，将课堂教学、网络资源、实践教学、学校活动、校园环境、社会服务和地方文化等多方面有机结合起来，使美育教育渗透到学生的学习和生活的方方面面，熏陶和陶冶学生，提高学生的审美能力和综合素质。⑦

(3)国外大学美育教育研究。美国雷德兰兹大学美育有如下特点：艺术课程属于通识课程中的“核心课程”；艺术教育课程全面，包括音乐、舞蹈、美术、设计等课程，学时比例科学合理；艺术专业师资教学，教学质量有保障；学生可按自己的兴趣在教师的指导下，自由选择艺术课程；探究式教学方法与小班教学模式(每个班不超过 20 位学生)相结合，在美育课堂上，以教师引导探索，

---

① 邸小松：《工科院校审美教育的现状、问题与实施策略》，《黑龙江高教研究》2014 年第 3 期。

② 孙锐、张鸿浩、席萌：《新工科背景下的世界一流高校通识美育教育模式探索：以天津大学为例》，《艺术教育》2019 年第 1 期。

③ 严珺、计臣：《“4D 互动一体”美育教学模式对工科院校创新型人才培养的作用》，《学校党建与思想教育》2013 年第 21 期。

④ 郭华：《论人本美育在工科院校思想政治教育中的实践支撑：基于苏北七所院校的实地调查分析》，《中国成人教育》2015 年第 24 期。

⑤ 杨林：《新工科背景下的审美教育》，《艺术科技》2018 年第 8 期。

⑥ 朱立元、熊腾：《论美育在“新工科”建设中的作用》，《华南理工大学学报(社会科学版)》2018 年第 6 期。

⑦ 严岩：《基于新工科背景的高校美育体系创建》，《山西财经大学学报》2022 年第 S2 期。

学生自由探索、有计划即兴创作、巩固概念为主线来展开教学，课堂气氛轻松活跃；美育教学跨界融合，对于跨专业辅修艺术的学生，教师会特别强调创新性与学生本专业的交叉性，要求学生归纳和总结，形成自己的想法。①

除了上述的文献梳理和分析，本文还对相关高校进行了初步的问卷调查。调查发现70%以工科为主的院校的美育课程大多以选修课艺术欣赏类课程(约占85%)形式开设，课程类型包括鉴赏类、理论类、技艺类等。在形式上，结合学校艺体师资力量以传统讲授为主展开，也有不少地方高校(约10%)结合当地博物馆、美术馆等公共资源、地域文化资源等开展美育。在这些工科高校中，只有48%的学校开设了专业美育课程，其中开设与专业紧密融合的人文美学、科技美学、工程美学、技术美学等课程的高校约占30%。

通过对上面的文献和初步问卷调查分析可以看到，目前新工科的美育研究还处于起步阶段。大部分文献主要聚焦在工科美育存在的问题与对策、美育的通识课培养模式、美育与学生素质和能力培养之关系等方面，对美育的课程体系和具体课程建设的研究还不多。本文旨在探索新工科教育理念下与高校专业培养系统有机融合的美育课程体系与实施策略。

美育的多维度“关系论”

从2017年2月18日“复旦共识”、4月8日“天大行动”，到6月9日“北京指南”，新工科建设的理念呈递进关系变得明朗、清晰。“学科交叉融合和跨界整合”“科学教育、人文教育、工程教育的有机融合”“完善新工科人才‘创意—创新—创业’教育体系，广泛搭建创新创业实践平台”“完善多主体协同、多学科交叉融合的工程人才培养模式，促进学生个性化发展，强化工程人才的创新创业能力培养，推进新型工程教育信息化”“培养造就一大批多样化、创新型卓越工程科技人才”“培养科学基础厚、工程能力强、综合素质高的人才”成为新工科建

① 赵思童：《美国雷德兰兹大学美育做法与启示》，《中国高等教育》2019年第5期。

设的关键词，为新工科建设指明了方向。①②③

在新工科建设中，交叉、跨界、融合是路径，培养创意、创新、创业的综合素质高的工程人才是目标。归根到底，新工科建设的主要目标之一是培养具有创意、创新和创业能力的综合性高素质工程人才。美育是实现这一目标的重要手段之一。

（一）美育与美学、艺术的基本关系

美学，是1750年由鲍姆加登创立的，是关于感性之学。在其后来的发展中，演化为关于艺术的哲学、关于美感的学问。美育，一般认为是关于美感或审美的教育。如果将美学作为美育教育的理论基础，那么美育首先应该返璞归真，是关于感性的教育，然后才是关于审美的教育。艺术，是借助语言、文字、绘画、音乐、形体等方式表达人对世界的感性认识。艺术与人的感性、审美有着本质的联系。美学是艺术和美育教育的基本理论，艺术是美育教育的基本方式。在高校中，为了培养学生的感性能力、审美能力和人文精神，开设美学和艺术通识课是重要的手段。

（二）美育与创意、创新的关系

人是否能够提出创意，受到个体的心理因素、思维因素的影响，并与个体所处的外部环境密切相关。在心理方面，个体首先要能够打破固有观念，充满激情，还要有百折不挠、不怕嘲讽、勇于探索的意志品质。在思维方面，个体思维要有流畅的发散性、良好的变通性，善于联想和想象，能够提出原创性的构想。创新是在有约束条件的前提下，提出具有使用价值的观点、构想或方案。不论是创意还是创新，都需要人们能够突破固有观念、思想的桎梏，对可能性进行探索；都需要对世界有敏锐的感受力和想象力。

美育教育对培养学生的感受力、敏感力、想象力，对培养学生打破现有观念、探索可能性具有无可替代的作用。

除此之外，美育教育帮助学生发展综合思维和解决问题的能力，这些能力对于创意和创新也非常重要。美育教育注重培养学生的观察力、分析力和判断

① 《“新工科”建设复旦共识》，《高等工程教育研究》2017年第1期。

② 《“新工科”建设行动路线（“天大行动”）》，《高等工程教育研究》2017年第2期。

③ 《新工科建设形成“北京指南”》，《教育发展研究》2017年第Z1期。

力等，这些能力使学生能够更好地理解和解决问题，并为创意和创新提供了必要的思维工具。

（三）美育教育与感性教育的关系

美育教育的核心是感性教育或感性培养，审美的基础是感性力。人的感性力培养的重要方式是实践和体验。尽管美学属于理论课，但它主要是在观念层面促进人们对感性的理解，并不能替代感性本身。美育教育的重点在“育”，在于让学生通过实践用身体和心灵去感受、领悟世界，认识世界和理解世界。

基于传统美学的美育教育强调培养学生对美的规律的把握能力（如美是真与善的统一，形式美法则是对比与统一、均衡与稳定、比例与尺度、节奏与韵律）和对影响美感的多种因素从整体上进行协调的能力。基于现当代美学的美育教育更强调对世界的敏感性、可能性、本真性的领悟力的训练。这些训练本身是对学生思维的变通性、发散性、想象力的培养，是对创意和创新的基本素质的培养。

目前工科院校的美育教育方式基本都是通过艺术通识课来完成。普遍是大班上课，采用理论讲授和多媒体欣赏的方式组织课堂。由于班级的人数太多，很难做到在实践中通过体验的方式对学生进行感性能力的培养。如果要真正践行美育教育，实现人才综合素质的培养，还是要回归美育教育的本源——通过实践的方式培养学生对世界的感性力和领悟力。

（四）美育教育与人才综合素质培养关系

工科人才的综合素质，主要是指在工程素质基础上，融合人文素质。美育教育是提高工科学生人文素质非常重要的途径。人才综合素质培养则是指培养学生的综合能力，包括知识、技能、态度和价值观等方面的全面发展。美育中的艺术教育，不仅能够提高学生的感受力和美感能力，还能够通过美学理念的讲授、艺术实践的体验，使学生在思想上提高人文修养，建立健全圆融的人格，豁达的心态，提高抗挫折能力，提高情商和社会交往能力，提高在团队中的沟通与合作能力。

新工科美育教育课程体系框架

(一)新工科美育教育课程系统建立策略

工科专业培养计划的课程结构模式可以分为三类：基于知识的金字塔模式、基于项目驱动的问题求解模式以及基于知识和项目驱动的混合模式。在上述三种模式中，采取什么样的策略建立美育教育的课程体系，才能有效地发挥美育教育在新工科建设中的作用，是非常值得研究的。

目前，绝大部分工科学校美育教育课程是在第一类知识金字塔模型的底层作为通识课程嵌入的艺术类课程。这种策略的优点是容易实现、便于操作。不足是，承载美育教育的通识或公选艺术课程与专业课联系较少，美育与专业教育各自独立，没有很好地贯彻“交叉、融合”的新工科建设理念。另外，这种方式进行的美育教育往往仅仅停留在学生生活领域，与专业无关，学生会产生美育教育毫无用处之误解。

美育教育必须突破上面这种课程系统模式，采取新的策略，介入、渗透和融入工科的课程体系中，切实可行地为工科学生的创新能力培养和综合素质的提高做出贡献。

本文提出美育教育课程系统的分层介入工科课程体系策略：

(1)观念层介入：对于讲述美学观念的理论课程，可以公选通识课的方式融入，提高学生对感受力和审美理念的理解。

(2)专业层介入：在专业基础课和专业课的教学模块中，设置专业美学或技术美学课程，将美学理念与专业知识学习和能力的训练无缝衔接，让学生在专业课的学习过程中体验和领悟美的真谛。这种策略可以通过课堂教学、实践教学、科技创新第二课堂等路径得以实现。

(3)生活层介入：在学校公选通识课上，全面开展多种形式的艺术教育，让学生在生活中感受、体验和领悟生活美学。这种策略，还可以通过学生社团、校园活动、社会服务等方式实现。

美育教育属于前概念阶段教育，其核心不在于“教”，而在于“育”。“育”的根本保证在于平台建设。因此，工科美育教育课程系统与工科专业培养系统融合的根本策略是建立在生活平台、专业平台、理念平台上的“育”。

(二)美育教育课程系统框架

基于美育教育课程系统建立策略，建构如下课程系统框架：

1. 观念层课程群

本课程群主要从观念、理念层面，讲授美学、美育、艺术的基本概念和理论。在观念层面提高学生感受力、审美能力、想象力、创造力和对人生、社会的认知、理解，打破科学主义和现成性、本质主义的桎梏，面向可能性。本课程群主要包括：中国传统美学、西方传统美学、现当代美学等。

2. 专业层课程群

本课程群主要从专业、技术层面，讲述专业美学或技术美学的相关理论，强调与专业的融合、交叉，不但提高学生在本专业上的审美能力，而且还要培养学生合理应用技术创造美好行业、美好生活的能力。比如机械工程专业，要讲机械美学；信息工程专业，要讲信息美学；工业设计专业，要讲设计美学；管理工程专业，要讲管理美学。本课程群主要包括：科学美学、技术美学、各种专业美学。

3. 生活层课程群

本课程群主要从生活层面，讲述与生活(衣食住行)密切相关的美学知识，强调把美带入生活，将生活审美化。在日常生活中，培养学生的感受力和审美能力，提高学生的审美品质，塑造圆融、通达的健全人格。本课程群主要包括：生活美学、艺术设计、服装设计、绘画美学、音乐欣赏等。

(三)美育实施模式

美育模式，应遵循核心素养要求，以过程为中心，实现教育的导向。美育的根本方法在于实践，在实践中训练、发展学生的感受力、领悟力、想象力，其次是课堂理论教学。在观念层、专业层和生活层的平台上，开展美育的方法在理论与实践方面各有侧重。总的来说，观念层主要是理论教学，解决学生关于美学或审美观念的问题；专业层是理论与实践互相平衡，强调在专业美学或技术美学理论指导下的专业美学实践；生活层面以实践为主，通过与生活密切相关的艺术实践活动，提高学生创造生活美的技能和品位。

有关美育课程实施框架、教学内容、课程组织等见图 1。

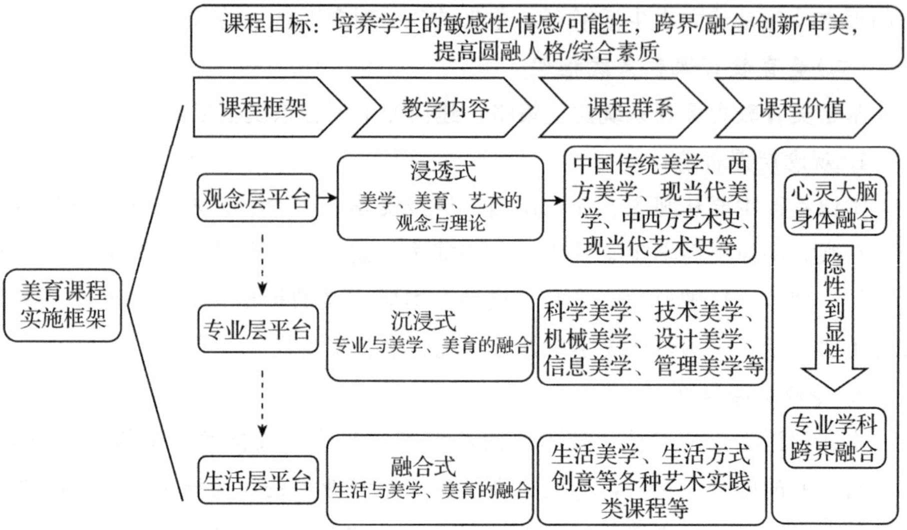

图 1　美育课程实施框架

(四)工业设计专业案例

工业设计专业与美育有着天然的联系。近年来，研究者所在的工业设计系在教学中长期关注设计课程与美育的融合，在设计史、设计语义学、创意与设计实践等专业课程中，设置“校园文化建设”“设计公益”“乡村振兴设计”“红色美育”等主题，通过乡村振兴、红色文化推广、美育帮扶、老龄化设计等实践项目的沉浸式参与，一方面激活学生的自主创新能力，实现从隐性的审美力培养到显性的创造力培养，另一方面将美育课程与高校学生的科技实践活动和社会公益服务活动相结合，通过项目渗透式实践，进行学生价值观的塑造，培养学生学以致用、回报社会的社会责任感。

结　语

2017 年新工科建设理念的提出，如今七年过去了，虽然各高校在诸方面已经取得了长足的发展，但美育方面还是相对滞后，需要深入研究。本文在梳理了工科美育研究的文献后，指出了其中存在的主要问题：美育与专业教育相互脱节，没有形成真正意义上的交叉、融合，不利于创新型、综合素质高的工程人才培养。论述了美学、美育、艺术之间的基本关系，美育与工程人才的创新能力、综合素质培养之间的关系，认为美育的核心是提高学生的感受力、领悟力、想象力和创新力，美育对于工程人才综合素质的培养具有无可替代的作用。基于对现有工科培养计划结构模式的分析，提出了能够融入现有教学课程体系、与专业教育形成真正意义上的交叉与融合的美育课程实施框架，即建立观念层、专业层和生活层平台，以及每层平台上课程群系及其教学方法，经过本教学单位的实施与实验，印证此课程体系与实施框架具有一定可行性，值得推广。

公共艺术教育在理工科大学生综合素质提高中的作用研究

李　梅
（北京工业大学）

2018年9月10日，习近平总书记在全国教育大会上明确强调，培养社会主义建设者和接班人"要在增强综合素质上下功夫"。加强大学生综合素质培养既是时代发展的要求，是深化高等教育改革的需要，也是培育德智体美劳全面发展的大学生的必然举措。

在培育大学生综合素质的途径层面，2019年教育部发布的《关于切实加强新时代高等学校美育工作的意见》指出，"学校美育是培根铸魂的工作，提高学生的审美和人文素养，全面加强和改进美育是高等教育当前和今后一个时期的重要任务。"艺术教育是美育的重要组成部分。其中，专业化的艺术教育，其主要目的是培养高水平艺术专业人才；而通识化的艺术教育则是指面向普通学生的"公共艺术教育"，即将艺术教育作为提升学生综合素质的重要手段。

我国理工科大学生素质的特点

由于当前我国大学生的培养主要围绕特定专业的知识与技能的学习展开①，因此，这必然导致许多理工科大学生在学习过程中形成思维定式，也容易导致许多理工科大学生忽视对人文知识的学习等。这些现象的存在使充分发挥艺术

① 封钰：《大学素质教育中的艺术教育》，《江苏高教》2002年第4期。

教育的功能、提升理工科大学生的综合素质成为十分紧迫的教育任务。

(一)形象思维有待进一步提升

当前在我国理工科高校，由于人文素养不足，学生思维呈现出逻辑思维较强但想象、感悟等形象思维较弱的特点。然而，实现逻辑思维和形象思维的有机统一，是大学生综合素质培养的重要目标，也是理工科大学生更好地实现个人成长与发展的重要前提条件。美国哈佛大学著名的"零点项目"研究计划就是着眼于逻辑思维与形象思维的统一：他们认为，文化艺术素质教育有着重要作用，美国20世纪五六十年代空间技术之所以落后于苏联，正是因为该时期美国文化艺术素质教育相对落后。事实上，艺术助益科学研究的例子也并不鲜见，爱因斯坦曾说："如果我早年没有接受音乐教育的话，那么，无论我在什么事业上，都将一事无成"；李政道曾说道："科学和艺术是不可分割的"；钱学森对此也曾说，他在科学上的成就得益于他的爱人蒋英女士的艺术熏陶。

因此，艺术教育之于理工科大学生并非毫无作用，而是对逻辑知识学习及科学研究有极大帮助的重要思维培养方式。

(二)创新思维有待进一步塑造

形象思维能力的匮乏，直接导致理工科大学生们创新思维不足。他们往往容易被固化思维所局限，缺乏跳出常态化框架思考和探索的能力，因而在学习与科研中也表现出创新思维有待提升的思维特征。

艺术教育是培育理工科大学生创新思维的重要方式与手段①。艺术教育是听觉、视觉等多感官联动的艺术，是情绪与情感的艺术。一段优秀的剧目，会激起观众的情感反应，而这些情感反应在具有不同生活经历的观众身上又会具有不同的表现形式：有的人会联想到自己生活的酸甜苦辣，而有的人却会在脑海中建构出另一幅形象生动的场景；又如一段动听的音乐，听众会产生各式各样的、独具特色的音乐理解。艺术所激发的这些情绪与情感反应，事实上无一不是通过运用形象思维产生联想来实现的。

事实上，通过艺术教育，可以不断培养人的思维的发散性和灵活性，引发学生情感与审美的共鸣，促进想象力的发展，从而有效推进理工科大学生创新

① 别敦荣、夏晋：《论艺术教育的专业化及其通识性》，《高等教育研究》2013年第2期。

思维能力的提升。

(三)人文素养有待进一步提高

由于专注学习理工科专业知识，许多理工科大学生对人文社科知识给予的关注较少。因此，尽管他们的理工科知识较为丰富，人文素养仍有待进一步提高。

艺术教育是培育大学生人文素养的重要途径。艺术教育的过程中蕴含着丰富的人文精神内涵：艺术作品本身就是创作者及其所处的时代的人文精神和社会价值观的集中体现，甚至许多艺术作品就是特定时期的历史、文化的艺术化表现。因此，艺术教育的过程实际上也是人文知识学习的过程。艺术教育有助于在丰富的艺术形式中，使学生直接了解人文知识或潜移默化地提升人文素养，培育全面发展的新时代大学生。

(四)思想品德培育有待进一步推进

当前，思想品德素养的提升和个人性格品质的改善，也成为大学生综合素质培育的重要内容。为进一步在理工科高校中培育全面发展的时代新人，充分发挥艺术教育的功能与作用已成为现实需要。

艺术教育是德育的重要方式，思想性是进行艺术教育的灵魂①。在日常教学活动开展过程中，通过开展更为直观的、更易接受的、形式丰富多彩的艺术教育思政活动，如红色主题文艺活动、重要纪念日文艺活动、思政主题文艺作品展示等，有助于培育理工科大学生积极向上的价值观，帮助他们形成正确的人生观，提升理工科大学生的思想道德素质和个人品质。艺术教育与德育的协同开展，有助于提升德育教育成效，实现艺术教育与德育相辅相成、相互促进的有机局面。

艺术教育提升理工科大学生综合素质实效分析

艺术教育在对学生综合素质的培养方面有着其他学科所不可替代的功能和作用。科学的、优质的艺术教育将对学生的思想品德、人文素养、性格品质、

① 李文婧:《理工科院校艺术素质教育的问题与对策》,《中国高教研究》2003 年第 1 期。

思维方式、创新能力、心理素质等方面产生积极影响。本文将以一所典型的理工科高校——北京工业大学为例，具体考察艺术教育提升理工科大学生综合素质的实效。

北京工业大学在其办学过程中，积极推进公共艺术教育的实施，在艺术通识课程方面，开设了舞蹈、合唱、美术、摄影等多种艺术类选修课；在艺术活动方面①，每年定期举办多场艺术专场演出，并加强与国家大剧院等知名艺术演出单位的交流与合作；在艺术团体方面，学校现有舞蹈团、合唱团、交响乐团、行进管乐团、话剧团等多个学生艺术团体，同时拥有百余个学生社团。在丰富多彩的艺术教育活动中，学生有效实现了个人的成长与提升。

(一)学生个人素养获得提升

在形式多样的艺术教育活动的培育与熏陶下，理工科大学生们的个人素养获得了较大的提升，主要体现在艺术素养和思想道德品质等方面。

在艺术素养方面，通过参与丰富多彩的艺术教育活动，学生们的艺术理论和实践水平实现了较大提升。如北京工业大学学生艺术团自成立以来，多次获得北京市级以上比赛金奖。其中，由非特长生(普通学生)组成的学生舞蹈二团成立后仅一个多月，即斩获北京市比赛金奖；由非特长生组成的学生话剧团参加北京市大学生特长生组比赛获金奖，成为唯一一所非特长生参加特长生组别获金奖的高校。

同时，通过将艺术教育与德育相结合，较好地实现了学生思想道德品质的培育功能。首先，将传统文化教育和思政教育融入艺术教育，通过开展“一二·九”纪念文艺晚会、五四文艺展演、五四青年快闪等文艺活动，排演传统文化类、思政类剧目等，进一步培育了学生们的爱国爱校情怀②，使学生们的信仰更加坚定，对中华优秀传统文化、革命文化和社会主义先进文化更加认同。同时，艺术教育本身即是一个陶冶情操的过程。在艺术滋养心灵的过程中，学生们的情操也得到了升华，生活态度愈发积极向上，更加热爱生活、热爱世界。此外，在参与艺术活动的过程中，学生们吃苦耐劳、坚持不懈的品质也得到了

---

① 立军、梁春早、任宝平，等：《理工科院校开展艺术教育的探索和思考》，《中国高教研究》2006 年第 1 期。

② 王亮：《公共艺术教育课程构建与革新思考》，《教育现代化》2016 年第 30 期。

培育和彰显。

因此，艺术教育对大学生个人综合素质的提升有着显著的作用。

（二）学生思维得到全方位培育

如上所述，理工科大学生往往逻辑思维较发达，但形象思维较弱，直接导致了学生创新思维能力的有待提升。然而，创新思维能力是理工科大学生的必备素质，只有时刻保持对事物创新的灵敏度，才能在科学研究中取得一定的进益。

艺术教育通过色彩、形状、音乐、动作、空间位置的变化等刺激学生视觉、听觉等多感官联动，引导学生情绪和情感的变化，启发学生的想象力和创造力，从而使学生的形象思维、创新思维得到发展。

在北京工业大学，接受了形式多样的艺术教育的学生，在理工科专业知识的学习中，往往能取得更好的成绩。如舞蹈团历届团长均保研或考研成功，舞蹈团学生就业率和升学率共达到100%，同时校文体部常务副部长、学生合唱团团长、社联主席等更是考取或保研了哈佛大学、清华大学和北京大学等国内外名校。因此，艺术教育一定程度上有助于全方位培养学生思维能力，增强学生创新能力，使理工科大学生在专业知识学习中思维更加开阔、视野更开放。

（三）校园文化生活变得更加丰富

艺术教育活动形式多种多样，其中就包括举办丰富多彩的校园文化活动。北京工业大学每年都定期举办艺术团专场演出、器乐与声乐音乐会、观影活动、文艺类比赛和主题美术展览等多种形式的艺术文化活动①，形成了浓厚的校园艺术文化氛围。这些活动的举办不仅能帮助同学们在学习之余，通过或高雅或通俗的艺术形式感受文化艺术的魅力，从而提升自身审美能力和综合素养，实现个人成长与发展。同时，也有助于缓解同学们的课业压力，使学生们能在课余时间的艺术文化活动中，获得心情的放松与愉悦，实现生理与心理的调节。

① 施群、周灵、洪沛，等：《应用型大学公共艺术类通识课程教学研究与实践》，《教育现代化》2019年第74期。

当前理工科高校艺术教育存在的问题

尽管自进入21世纪以来，我国高校艺术教育实现了快速发展，但从总体上来看，仍存在着许多缺陷与不足。尤其是在理工科高校，这些艺术教育发展过程中存在的问题尤为突出。

(一)忽视艺术教育的通识教育作用

在学科发展和课程设置过程中，往往把艺术教育视为高高在上的亭台楼阁，仅仅关注艺术教育的专业化发展，而忽视了艺术教育本身作为素质教育的通识教育作用，这是当前我国许多高校在艺术教育发展过程中存在的共同问题。这一问题往往源自于在思想层面未能认识到艺术教育在提升学生综合素质方面的重要作用。这一做法不仅导致了艺术教育与其他学科教育的疏离，也未能给予公共艺术教育必要的重视，未能有效发挥公共艺术教育在大学生素质教育方面的重要作用。

普通大学生是否需要艺术教育，答案毋庸置疑。然而，当前在功利性教育理念的影响下，许多大学仅仅注重学科内专业人才的培养，不可避免地将艺术教育置于可有可无的地位①，不开设或少开设艺术教育课程。此外，虽然部分大学开设了艺术教育课程，但由于缺乏重视、师资力量不足等原因，这些课程在数量与质量上仍存在较大不足，真正受益的学生不多，公共艺术教育成了应付式教育。此外，我国理工科高校的公共艺术教育也存在着未能与其他学科教育相融合的问题。②

(二)艺术类师资不足且有待整合

由于缺乏重视，许多高校在公共艺术教育师资配备方面仍显不足。这导致艺术类教师往往身兼数职，更有甚者需兼顾艺术教育管理与教学工作，使艺术教学质量下降，艺术教育的效果难以有效实现。

---

① 别敦荣、夏晋：《论艺术教育的专业化及其通识性》，《高等教育研究》2013年第2期。

② 李文婧：《理工科院校艺术素质教育的问题与对策》，《中国高教研究》2003年第1期。

同时，部分高校对艺术类师资缺乏统一的管理[①]，师资来源一般分布于校团委、人文学院、艺术学院等，既不便于课程的统一安排与管理，也不利于艺术教育工作的长期推进。

此外，由于艺术学科在理工科高校内的边缘化，部分学校的艺术类教师在考核上仍存在盲区，使得教师们的积极性备受打击。

(三)艺术活动结构单一、开展乏力

在许多理工科大学，公共艺术教育的实施仅局限于公共艺术课程和校园文化艺术活动。然而，艺术教育课程教学的内容是有限的，因而其所能达到的效果也是有限的。充分发挥公共艺术教育的功能，也必须对校园文化艺术活动的举办予以重视。尽管如此，许多高校在校园文化艺术活动的开展上仍尽显乏力，通常仅靠艺术团、社团或其他零星的活动来点缀，没有体现公共艺术教育辐射、影响全体学生的宗旨，这使得学生的艺术素养难以得到提升，艺术教育的功能难以实现。

理工科高校艺术教育发展的对策与建议

当前，为进一步在理工科高校中培育全面发展的时代新人，充分发挥艺术教育的功能与作用已成为现实需要。因此，本文结合当前我国理工科高校公共艺术教育发展困境，提出以下对策与建议。

(一)更新艺术教育观念

由于艺术教育观念的落后，我国部分理工科高校往往在学科设置中将艺术教育的目的局限于培养艺术专才。然而，艺术教育不应只是艺术专业化教育，它还可以辐射每一位大学生，服务于学生综合素质的培养。因此，高校推进艺术教育发展的首要前提是转变艺术教育的观念，将艺术教育定位为“面向全体学生”的一种教育，并给予充分的重视。应当更新学校教育教学要求，修订学生培养方案，使每一位大学生都能接受到科学的、高质量的艺术教育。

---

① 黎晓明、杜沛尧、苏泽丰：《在校大学生综合素质的科学界定及对其新问题的思考》，《教育现代化》2016 年第 17 期。

（二）推进公共艺术教育课程建设

开设通识类艺术选修课是推进公共艺术教育十分重要的一环。理工科院校公共艺术教育课程的对象是普通的理工科大学生，其艺术基础大多较为薄弱。因此，在课程类别的设置上，理工科院校的公共艺术课程应当丰富、全面，可包括舞蹈、声乐、器乐、戏剧、美术等多个艺术类别。同时，要兼顾赏析、理论、实践等多种授课方式，充分满足不同学生的需求。

（三）培育浓厚校园艺术文化氛围

理工科院校的艺术教育，应当是全面渗透的教育。校园艺术文化的建设，是开展公共艺术教育的另一重要环节。理工科高校应重视校园艺术活动的举办，给予学生艺术团、学生艺术社团等的发展更多的关注，营造生动活泼的校园艺术氛围。良好的校园艺术氛围，不仅能使学生在日常学习生活中潜移默化地形成对艺术感知、审美的能力，也有助于培养学生对艺术的兴趣，使学生更加自觉地参与到公共艺术教育中来。

（四）推动科学与艺术的结合

当前，在理工科院校发展艺术教育也应注重结合校情，加强艺术与理工科的交叉融合，构建艺术教育与专业教育协同发展、相互促进的良好局面。正如上所述，艺术教育具有突出的培育学生综合素质的功能，因而也有助于在理工科学习过程中的思维构建与成果创新。因此，在推动艺术教育发展的过程中，不能忽视科学与艺术的结合。理工科院校可以开设艺术与科学相结合的课程，如化学与音乐、建筑与艺术等，发展有特色的理工科高校公共艺术教育。

总而言之，当前我国理工科大学生综合素质的提升亟待发挥公共艺术教育的作用，这需要学校在结合学校特色的基础上，在教育观念、课程设置、校园文化建设层面做出努力。

新时代职业院校美育改革模式与实践研究

苗　崧　姚立泽　李志鸿
（北京交通运输职业学院）

新时代美育背景

2020年，中共中央办公厅、国务院办公厅印发了《关于全面加强和改进新时代学校美育工作的意见》，明确指出："美育是审美教育、情操教育、心灵教育，也是丰富想象力和培养创新意识的教育，能提升审美素养、陶冶情操、温润心灵、激发创新创造活力。"2022年北京市委办公厅、北京市人民政府印发《关于全面加强和改进新时代学校美育工作的行动方案》，提出美育要以提高学生审美和人文素养为目标，美育要融入人才培养全过程，实现以美育人、以美化人、以美培元的目的。

为了全面提高学校美育育人效果，北京交通运输职业学院高度重视学生音乐美育工作，深化教育教学改革，深挖音乐课程美育功能，使音乐艺术课程在培养学生音乐基础知识与技艺的同时，将美育素养与课程内容有机融合，提高美育育人课程思政效果；推出"课社交互"的美育育人新模式，促进音乐公共课程、选修课程与社团融通发展，发挥课程美育与社团美育叠加效果，推动美育功能全面融入第一课堂、第二课堂全过程，促进多维度参与、深度融合互通，打造全方位的音乐美育体系，引领学生树立正确的社会主义核心价值观、审美观，厚植爱国主义情怀、培根铸魂，实现以美育人、以美化人，培养德智体美劳全面发展的社会主义建设者和接班人。①

职业院校“课社交互”的美育改革模式创新

“课社交互”的教学模式是指艺术课程、专业课程与艺术社团交互发展；引导教师承担美育类课程的同时承担社团指导工作，充分挖掘教师美育潜能，实现课程与社团之间的师资交互；音乐器材支持课堂教学使用，课堂教学之外用于学生第二课堂实践、展演等活动使用，充分提高设备设施利用率，实现课程与社团之间的设备交互；将课程资源用于社团组织成员的技艺提升，丰富学生课外体验，提高艺术水平，实现课程与社团之间的资源交互；将学习社团活动中产出的艺术成果引入课堂，有效促进课程教学内容与应用场景的对接，提高课堂教学效果，实现课程与社团之间的成果交互。通过师资交互、设备交互、资源交互、成果交互，促进课程与社团的融通，高效提升学生审美素养、人文素养，促进学生从思想美到行为美的转化，实现以美育人、以美化人，提高美育育人效果。

“课社交互”模式下音乐美育改革实践

北京交通运输职业学院积极开创音乐美育新格局，在“课社交互”美育育人模式下，构建了目标分层的音乐美育课程体系，创设多样化音乐社团，形成“课社交互”的音乐美育格局。将音乐教育与学生的思想品德、审美素养、创新思维培养融为一体，通过多维度、多角度、多层次渗透融合教育，有力促进音乐必修课程、音乐选修课程、专业课程与社团建设、校园文化活动、社会实践活动美育功能的互融互通与相辅相成。具体做法如下：

（一）立足全方位教育，构建目标分层的音乐美育课程体系

1. 公共基础课程激发学生音乐兴趣，选修课程满足多样化美育需求

公共基础课是学生“认识美”的初始阶段，目的是使学生了解基本音乐常识，

① 余锦秀：《审美教育视域下高等院校公共艺术教育课程体系建设研究》，《西部素质教育》2019年第9期。

激发学生音乐兴趣；感受音乐的形式美与内涵美的统一，自觉培养高尚的审美情趣；感受音乐艺术真、善、美的融合，促进自我完善健康人格。教师采取灵活多变的教学方法，借助多媒体技术让学生接触美、感受美，同时引导学生主动获取基本音乐知识。如“聆听与感悟”单元，讲授《义勇军进行曲》时，由浅入深，兼顾理论、技能、实践等多个层次，循序渐进开展教学。通过讲授国歌背后故事，引起学生情感共鸣，激发学生民族自信心和爱国情怀。

音乐选修课程是对公共基础课的延伸与补充，通过音乐公共课聆听与感悟、美妙的歌声、璀璨的器乐、舞蹈的魅力 4 个课程单元，延伸出多门选修课，以满足不同兴趣、不同层次的学生多样化的美育需求。各门选修课程贯穿红色主题，涵盖歌颂党、赞美祖国、赞美人民美好新生活等方面，使“课程思政”教育工作的开展更具有新鲜的活力，从而提升学生创新及审美能力，培养其健康的心灵和优秀的艺术品质。①

2. 结合专业课程特色，促进专业教学与美育教育融通

我校公共艺术教研组与二级学院共同组建了美育育人专项建设团队，定期开展研讨活动，讨论专业课程中美育教的实施与融合策略。发挥专业教师、艺术教师不同优势，研讨专业课程与美育教育融通的教学改革实施方案。具体落实层面，一是在公共音乐课程中根据各专业学生不同的职业需求，实施差异化美育课程教学。例如，面对空乘专业的学生，选择舒缓悠扬的音乐作为教学素材，打造优雅、大方的形象气质；面对轨道交通专业的学生，选择古典音乐为教学素材以减轻压力和焦虑，培养安静、平和的心态；面对汽车专业的学生，选择节奏感强烈的音乐素材，丰富学生对汽车驾驶音乐的感悟与审美。二是在不同的专业课动画、微课等课程资源建设中，选择旋律适宜的乐曲作为配乐，根据情节特点选取合适的音乐特效吸引学生的注意力，提高专业课程音乐美育成效。通过专业课程教学与美育教育融通发展，实现教学“全过程美育”，提升学生内在修养，促进学生德智体美劳全面发展。

① 骆斯琴：《岭南文化传承视角下高职院校大学美育课程体系的构建》，《太原城市职业技术学院学报》2018 年第 8 期。

(二)发挥社团校园美育引领作用，开展丰富多彩的校内外活动

1. 创设多样化音乐社团，充分发挥校园美育引领作用

依托音乐美育选修课程带动社团多样化发展，由专业音乐教师指导社团联合会组建合唱团、管乐团、舞蹈社、音乐社等学生艺术社团，发挥不同社团音乐美育功能。多社团协同开展大合唱、音乐剧、名家艺术讲堂等丰富多彩的校园文化活动、社会实践活动，实现校园美育覆盖全体学生，充分发挥校园美育引领作用，全面塑造学生文化品格。

以社团为引领，深入班级开展交流互动，与学生分享声乐、器乐、舞蹈等学习心得，吸引学生踊跃参与音乐活动，吸引学生加入社团队伍。倡导不同校区着力打造一项精品艺术活动，指导各教学班利用班会课时间开展班级艺术类活动，形成“院院有特色、班班有活动”的艺术氛围，切实营造有文化、有内涵、有品位的“人文校园”。

2. 开展丰富多彩校园活动，厚植爱党爱国情怀

我校各音乐社团与各级各类学生组织强强联合，面向全校学生按计划开展校园文化活动，三月开展“梦想起航”舞蹈展示活动，五月开展“红五月”合唱比赛，七月开展“歌声献给党”短视频征集活动，九月开展“新学期新启航”社彩青春器乐展演活动，十一月开展“交职院好声音”比赛，十二月开展迎新年联欢会。以红色经典为主线，以活动为载体提升学生美育素养，演绎红色歌曲，传承时代精神，厚植爱党爱国情怀。

3. 开展社会实践活动，彰显“交通人”魅力与风采

我校音乐类社团紧密联合，开展多种社会实践活动。为庆祝中华人民共和国成立 70 周年，与“一带一路”国家学生合作拍摄快闪《我们都是追梦人》；为庆祝建党 100 周年，参加京津沪冀宁晋川职教联盟云端接力《国家》视频拍摄，弘扬爱国主义热情；参加北京市交通行业文化艺术节展演活动，荣获北京市交通行业文化艺术节二等奖；参与北京市交通行业春节慰问演出，通过社团辐射交通行业及全社会，彰显我院大学生文明风采。丰富多彩的社会实践活动作为第一课堂、第二课堂的延伸，为学生提供了历练的舞台，为社会创设了多彩的艺

术氛围。①

(三)以红色经典为主线，促动音乐课程与社团交互发展

教师将美育思政教育根植于课程建设与社团建设中，践行“课社交互”的美育育人模式。将红色经典“基因式”融入课堂，引导学生热爱中华民族经典曲目，力求讲台革新；以社团及活动为载体传递红色经典作品精髓，显隐结合弘扬爱国主义情怀，力争平台创新；依靠社团组织牵头的丰富多彩社会实践活动向社会传承红色经典理念，显性传递红色精神，力图舞台出新。通过音乐课程与社团活动思政育人交互同行，引导学生真正认识音乐美、习得音乐美、展现音乐美，促进学生以审美素养提升带动综合素养发展，最终实现以美育人、以美化人。

(四)倡导“一师一社团，一生一特长”，师生共同架起课社桥梁

我校倡导音乐美育教师每人牵头指导一个艺术社团建设，帮助社团成员形成机制、创建制度，保障社团工作良好平稳运行。发挥艺术教师音乐特长，指导社团开展丰富多彩的社会实践，提升社团活动质量，确保社团活动符合新时代意识形态要求，符合人们对美好生活积极向往的目标。在教学过程中，教师挖掘学生的潜能，吸纳有兴趣、艺术品质突出的学生加入各类社团，充实社团人才保障。倡导每名学生拥有一项音乐特长，选拔特长出众的学生精英，担当“音乐助教”参与教学，为课堂树立美育榜样，激发学生学习热情，促进课堂师生有益互动。教师把社团活动影像素材转化成教学资源，丰富音乐课程资源建设，提升音乐课程的美育效果。教师采用歌伴舞、器乐声乐合作、音乐剧等形式，增强了各社团之间的合作与互动，拓展社团向校园辐射美育功能的深度。通过教师入团指导、学生助教入课、社团活动反哺教学、社团横向合作 4 个方面成功架起了课程与社团交互促进的桥梁。

① 张跃辉、吴广升：《试析艺术类社团在校园文化建设中的作用》，《现代经济信息》2008 年第 6 期。

“课社交互”模式下音乐美育改革实践成效

（一）发挥校园美育“叠加效应”，促进学生从“思想美”到“行为美”的有益转变

我校音乐美育践行“课社交互”模式，课程与社团活动分别以不同的侧重，鼓励学生把课程中学习、体验到的技艺与真、善、美通过社团实践与活动传播到校园内外，让全校师生乃至社区百姓、交通行业人员都能感受到音乐对人心灵净化、陶冶的作用，与校园文化形成合力，共同培养同学们良好的文化品格。将社团形成的美育作品引入课堂作为教学素材，丰富了学生体验，提高了美育教学质量。“课社交互”模式的运用促进了资源互补、资源共享，使课程美育与社团美育形成合力，发挥美育“叠加效应”，为学生技艺赋能、思政素养赋能，引导学生从“思想美”到“行为美”发生有益转变，最终实现校园美育“1＋1＞2”的效果。①②

（二）实现了音乐美育在课程体系中的全覆盖，提高了课程思政效果与质量

音乐公共课激发兴趣，感悟音乐之美；音乐选修课适应学生个性化需求，提升学生的审美趣味和音乐表现能力；音乐美育融入基础课程和专业课程，在基础教学和专业教学过程中传递行为美、语言美、心灵美；音乐与各类课程的全面结合，实现了音乐美育功能全面覆盖。借助“互联网＋”平台，传播悠扬的乐声、优美的歌声、翩翩起舞的青春身影；借助职教联盟平台，宣传我院美育改革经验，发挥音乐美育辐射带动作用的同时，提高课程思政效果与质量。

（三）为校园生活注入活力与激情，使学生心灵得到洗礼

通过合唱团、音乐社、管乐团、舞蹈社等学生组织开展的丰富多彩的校园文化活动，给学生提供展示才艺的平台，使全院师生获得愉悦的审美体验，促进形成乐观心态、健康心境。通过社团合作，发挥不同社团优势，打造多元化

---

① 张琳、晏振宇：《中华优秀传统文化在大学生社会主义核心价值观培育中的实现路径》，《河南教育（高教）》2019 年第 2 期。

② 张廷、杨永杰：《新时代高校美育与思想政治教育融合发展的路径探析》，《大众文艺》2019 年第 24 期。

的音乐艺术作品，为学生提供优质的感官体验，为广大师生提供施展才艺的舞台。通过平台和舞台的搭建，为校园文化注入活力与激情，使全校师生不断受到真善美的熏陶和感染，从而心灵得到洗礼，审美视角得到提升。

(四)实施了差异化音乐美育，提高了美育教育的科学性

针对不同专业学生未来就业岗位的职业特点，制定差异化美育人才培养目标，依据工作岗位需求，围绕美育目标有侧重地实施音乐课程教学。通过差异化美育教学，使音乐美育与岗位审美需求有机衔接，提高学生岗位适应性，铸就学生职业美育品格。差异化的音乐美育教育的实施，充分考虑了学生职业发展需求的不同，提高了美育教育的科学性，提升了美育育人成效。差异化美育培养思路为同类院校提供了借鉴范式。①

新时代职业院校美育改革实践探讨

(一)建立健全的美育育人机制是院校实施美育教育的先行条件和重要保障

职业院校落实国家美育教育改革总要求并践行学校美育工作，建立健全的美育育人机制是先行条件，更是重要保障。首先，学校应制定科学、完善的美育管理制度，明确各部门美育职责，加强部门之间的协作和管理。将美育工作纳入学校章程，通过制度引领各部门的协调合作，促进学院美育工作组在培养培训、科研创新、教学交流等方面的一体化建设；并成立美育管理部门，发挥指导与监管职责，与团委等多部门密切合作，共同提升美育育人效果。其次，应建立资源共享机制。基于移动新媒体技术，搭建校、家、企、社共育平台，整合校内外美育资源，保障学校美育课程教学实施与社团建设，发挥学校官网微博微信、美育教师网课、艺术社团公众号等新媒体矩阵宣传功能，推动美育资源信息共享，依托平台建设促进学校美育“走出去”。最后，创新美育与思政教育融合机制。美育教育不仅是审美教育，更是情感教育，是纯洁道德、丰富精神的重要源泉。美育能润物无声地融入人的思想与情感，引导学生发现事物

① 郭永福：《加强美育，提升青少年人生境界》，《创新人才教育》2020年第2期。

的美，树立正确的人生观和价值观。创新美育与思政教育融合机制，能够保障思政课、专业课、社团活动思政育人的质量与效果，促进学生德智体美劳全面发展。

（二）多元化美育教师团队是美育教育改革的实施者、主导者

基于职业教育定位，提升特色美育素养。职业院校美育有其自身的特殊育人目标定位，既要引导学生完善美的人格修养，又要培养具有审美素养的高素质技术技能人才。职业院校美育教师必须努力提升符合职业教育定位的特色美育素养，打造基于本校人才培养目标和特色专业的个性化美育模块，精准把握社会岗位的实际需求，深度融合美育与专业教育，通过聘请校外音乐家，招聘青年教师，转化、吸纳、培养普通课、专业课教师等方式组建“多元化”音乐美育教师团队，引领艺术类课程体系建设和社团建设，实现校外教师与校内教师双向互通，音乐教师与非音乐教师的密切联系，音乐教育与专业教学隐性融合。激发学生的创新意识和探索欲望，培养学生的创新思维和创新能力。通过教师间合作与协同，实现取长补短，提高美育教师突破学科壁垒的能力。美育教师必须打破固有的思维局限，善于打通美育课程和其他课程之间的学科鸿沟，既能从其他课程中发掘美育元素，又能将美的理念融入其他课程中，从而实现协同育人，达到“1＋1＞2”的教育效果。促进高等职业院校“多元化”教师团队长期紧密配合、保持教师持久合力，是未来实施校园美育教育教学改革的关键。

（三）坚持第一课堂、第二课堂美育同向同行，创设“全课程美育”的教学氛围

学校美育工作应坚持第一课堂、第二课堂同向同行，在第一课堂方面，职业院校要建设普及性艺术教育公共课程、专项性艺术技能训练选修课程、蕴藏工程美学的专业课程互补的多层次系统化课程体系。普及性艺术教育课程应该向全校所有专业、所有年级的学生开设，并应具备兴趣引导、知识普及、丰富艺术体验的功能。在普及性艺术知识教育课程的基础上，院校应该努力建设、挖掘和充分发挥自身的教学资源优势，积极开设各种专项性艺术技能训练选修课程，选修课程应具备艺术拓展、强化训练、传承技艺功能。专项性艺术技能训练课程的教学对象也不再是全校学生，而是一部分对某类艺术有特别爱好并具有一定的艺术特长的非艺术类专业的学生。蕴藏工程美学的专业课程通过课

堂环境、课程资源、教学活动三类载体传递工程美学要素，引导学生在工程技术工作中追求语言美、视觉美、思想美、行为美。在第二课堂方面，通过开展丰富多彩的社会实践活动、校园文化活动、校外展演活动，将优秀文化艺术作品作为提升学生内涵品质的重要载体，引导同学们接近和感受优秀中国传统文化和艺术，并注重强调作品的格调品位、精神高度、爱国之志，促进学生树立和坚持正确的历史观、民族观、国家观、文化观，用美育涵养“美丽心灵”，从而主动发现美、创造美，用心用情拥抱美好时代。只有坚持第一课堂、第二课堂美育同向同行，创设第一课堂、第二课堂“全课程美育”的教学氛围，才能构建校园立体化美育网络，才能更好地促进课程与社团美育功能相辅相成，提高美育育人效果。

（四）注重“互联网＋”技术手段服务美育教学，推动精彩音乐课程“走出去”

“互联网＋”时代下高等职业院校的环境和教学方式发生了巨大变化，引发了课堂革命。教师应以提高学生的审美素养为契机，引导学生正确利用网络学习、体验，提高发现美的能力，正确发挥互联网审美观念在美育教学中的作用。结合最新的互联网平台与技术，重视线上美育价值，创设网络美育环境，发挥信息技术美育作用。高等职业教育美育教学要积极探索借助媒体技术和互联网平台开展美育课程教学策略，丰富美育的具体内容和表现形式，鼓励学生在课余时间预习、重温课堂内容，为学生主动学习美育课程与技艺创造条件；使用电子设备录制学生美育课堂中的表现、社团活动作品，通过短视频平台传播，促使美育成果通过网络“走出去”，激励学生在课堂中积极参与、乐于表现，锻炼学生的艺术思维，同时发挥校园美育面向社会的辐射带动作用，用虚拟的网络世界丰富人们的审美体验。

（五）着力构建系统化美育教育评价体系，实现以评促育、以评促改

美育教育评价既是学校美育的难点，也是关键点。学校美育的难点在于构建系统化美育教育评价体系，形成标准化的评价范式。美育评价体系的构建与实施将有助于检验美育育人效果，促进美育工作整改落实；有助于为教师提供课堂、社团美育效果数据，便于调整教学、指导策略，提高美育效果，达到以评促学的目的；有助于学生自我诊断与反思，制订美育素养自我成长计划，提高鉴别美、认识美、感受美、创造美的能力与素养，实现以评促改。构建美育

评价体系，首先应坚持多样化学生美育素养评价方式，通过学生综合素养测评融入美育评价指标，检验学生美育综合素养，形成学生美育素养评价档案；通过课堂美育定量考核与定性考核相结合、教师评价与学生评价相补充，科学检验学生美育素养；通过社团活动美育调查问卷评价学生艺术成果质量，检验社团辐射带动广大学生美育素养提升的能力。其次，应坚持美育行动方案指导下的课程评价维度设定，充分借鉴学者研究结论、同类院校美育评价做法，与课程内容深度、学生艺术成果水平相适应，确保学生美育素养评价成绩正态分布。再次，应坚持诊断性评价、过程性评价、总结性评价、体验式评价、个体差异性评价等多种评价方式相结合，明确评价的目的是了解和促进学生美育发展需要，防止片面性、忽略情感、体验的评价倾向。最后，承认和关注学生的个体差异，推行差异化美育评价标准，避免用同一标准评价不同的学生，提高美育评价的适应性。

“课社交互”的美育育人模式经过了北京交通运输职业学院音乐美育改革实践检验，其效果显著，能够通过课程教学、社团活动、社会实践三方面，帮助学生发现美、感受美、理解美、创造美，通过健全的机制、多元化教师团队、全课程美育、信息技术辅助美育教育、评价体系构建，能有效促进学校美育效果达成度，更加有效地美化学生的心灵，陶冶情操，实现美育育人目标。①②

---

① 谢志贤：《“互联网＋”背景下高职美育改革创新的策略探讨——以艺术设计专业群为例》，《美术教育研究》2019 年第 3 期。

② 王晓慧：《“互联网＋”时代高职院校开展通识教育的应对策略分析》，《广州职业教育论坛》2015 年第 5 期。

“三全育人”背景下公安院校美育育人困境及实践路径研究

王　瑶　安芳洁

（中国人民公安大学）

美是纯洁道德、净化灵魂、丰富精神的源泉。党的十八大以来，党和国家高度重视美育工作，习近平总书记曾在全国教育大会上指出，要全面加强和改进学校美育；中共中央、国务院《关于加强和改进新形势下高校思想政治工作的意见》中也强调了“三全育人”理念应贯穿在日常教育工作之中，通过德、智、体、美、劳等方面开展全方位的素质教育培养，其中美育是重要组成部分。

公安院校承担着培养党和人民忠诚卫士的重要职责，是我国培养公安人才的主阵地。这一内在本质特征决定了学生思想政治教育工作在公安院校教育中应占有重要地位。美育因其具有生动性、形象性、艺术性等特点，其在思想政治教育工作中占有特殊地位，结合美育则对开辟公安院校思政教育新路径具有创新性意义。通过开展多种形式的美育教育，在潜移默化中引导公安院校学生树立正确的人生观、价值观和职业观，探索理想信念教育新手段，实现立德树人根本任务。

公安院校美育建设工作现实困境

公安院校的主要任务是为党育人、为国育才、为警铸剑，培养忠于党、忠于国家、忠于人民、忠于法律的公安专门人才。公安院校美育是提升我国预备警官人文素养和审美水平的工作，是促进公安学子全面发展、落实立德树人根本任务的重要途径。然而，由于体系不健全、缺少艺术人才培养经验、可供借鉴的样本较少等原因，当前大多数公安院校美育工作仅聚焦在课程设置、艺术社团建设等具体方面，尚未形成健全完备的适用于公安人才培养的美育培育模式。因此，为加强完善共和国预备警官思想道德建设、精神文明建设，构筑政治文化与意识形态的长城，实现文化强警，需尽快认识到当前公安院校美育建设工作的困境所在。

(一)可供借鉴的培养机制样板较少

当前各高校对于美育课程单一、教育模式固化、课程缺乏创新和学生实践能力不足等都有深刻详细的研究和分析。但是对于不同的人才培养类型需要详细划分，针对不同类型的人才建立相应的培养机制，制定专门的培养计划和培养考核机制。长期以来公安院校聚焦公安人才培养工作，对于学生艺术素养方面的重视程度有待提升。在“五育并举”培养模式下，根据学生警察职业规划方向和社会需求方面制定符合国家发展需要的全面发展的公安人才培养机制较少。

目前已有成果大多是从综合类院校出发，对于职业院校、特别是肩负职责使命的公安院校等特殊行业院校、职业院校如何量身定制其美育人才培养方案，如何在结合行业特点的基础上发展美育课程还需进一步探索。

(二)特色美育基础理论支撑不足

公安院校的美育教学相较于其他综合类高校较为薄弱，尚未形成完备的兼具行业特色和美育目标的理论体系。因此，建立结合行业特点的基础美育理论体系是公安院校美学教育的重中之重，以理论为基础开展各类美育活动，有助于提升以美育警效能，筑牢学生理想信念，坚定学生政治信心，培养德智体美劳全面发展的社会主义建设者和公安事业的可靠接班人。

(三)“大美育”与“大思政”融合欠佳

高校是思想政治教育工作开展的主要场合，公安院校是我国高等教育的重要组成部分，承担着输送公安人才的主要任务。加强思想政治教育工作是新时代公安院校的重大任务，而思想政治工作守正创新的要求决定了美育教育作为思想政治工作的主要形式之一必须发挥重要作用。然而，当前多数公安院校仍更注重艺术方面的表现形式，在一定程度上忽略了美育与思政教育的融合联动。因此，有必要在“三全育人”理念下，在大思政格局之中，重塑教学目标，构建思想引导、价值引领、知识传播、能力提升、人格塑造等多位一体的教学目标，创新思想政治教育工作和美育教育相融合的新路径。

（四）现有美育评价体系不完善

目前，绝大多数高校已将美育课程和艺术实践纳入其人才培养方案之中，但针对学生美育培养效果的评价模式仍有待完备，以“美育评价”为关键词在知网进行搜索，得到的论文多数只进行美育工作重要性论述，或只提出宏观的美育评价方向，具体量化的学生美育素养评价模式较少涉及，针对公安院校的、符合公安特点的美育素养评价模式更是亟待丰富。

公安院校美育模式建设的重要性

（一）公安美育思政亟待融合

美育和思想政治教育都是事关学生理想价值塑造、人格养成、素质能力等多方面的重要教育活动。美育从感性层面入手，以“润物细无声”的方式滋养心灵，德育从理性层面入手，以“动之以情，晓之以理”的方式塑造行为。美育课程和思政课程结合，即融合了价值观的塑造与心灵美的形成，通过生动的艺术形式，将公安行业忠诚教育理念、社会主义核心价值观等融入课堂教学和实践之中，达到入脑入心的效果。在培养和塑造当代大学生正确的世界观、人生观、价值观方面具有独特的教化功能。

（二）公安人才培养路径急需拓展

公安院校的培养目标是为祖国培养合格的预备警官，美育的目标是促进人的全面发展，二者相辅相成。美育以丰富的教育形式激发个体情感，提高自我认知，有利于拓展和完善公安院校人才培育工作，践行社会主义核心价值观、人民警察核心价值观。开展公安美育研究有助于拓展人才培养路径，为实践层面打开多维空间。

（三）公安思政建设的关键性

公安文化因其政治性因素，在培育预备警官警察品格、明确警察担当方面具有关键作用。而美育教育作为公安文化的重要传播方式，有助于培育学生践行忠诚可靠、无私奉献、英勇斗争的警察精神，提高学生的政治站位，弘扬继承优秀公安文化，根植中华优秀传统文化深厚的土壤，引领学生增强公安身份自豪感、使命感。

公安院校美育建设实践路径

(一)公安美育基础理论研究

首先，把握高校美育教育的重要意义和时代价值是开展理论研究的前置工作。美育是一个历史的概念，随着历史的发展不断变化，并被时代赋予新的意义，发展高校美育有利于促进高等教育层次的美育实施和普及工作，美育作为人性的教育，立足大学生身心成长规律，发挥美育的育人功能，通过艺术美、自然美、社会美、生活美等多样化途径，在潜移默化中对大学生进行心灵情操的陶冶、健康审美力的培育和人文素养的提升，从而塑造学生健全的人格和全面的发展。① 公安院校美育理论研究的开展有助于推进新时代公安人才培养建设，提升公安队伍思想政治水平、消解警务工作人员因工作压力大、心理负担重等原因造成的不良影响。

其次，要明确美育教育的主要内容。基于理论基础形成完备的课程体系，结合行业特色构建丰富、完善的美育必修、选修课程体系。升级师资力量，引导授课教师挖掘课程中所蕴含的美育元素，教导学生发现专业领域中美的现象，激发学生在专业领域对美的追求和热爱，进而学会发现美、欣赏美、创造美。

再次，健全评价标准。将美育融入教育教学全过程和人才培养目标、人才培养方案的制定之中，体现在教学大纲和教学计划、教学内容之中，体现在课堂教学和课外实践之中。

(二)公安院校美育育人模式构建路径

1. 打造个性化美育课程体系。结合公安院校文化特色，深入推进高质量美育课程体系建设，针对多数学生开好公共赏析类艺术课程，针对公安艺术人才开设多门类艺术选修课，以美育基础课程为先导工作，其他相关学科课程为后续工作，同时将大型活动、文艺汇演等艺术载体贯穿其中，既能发挥出公安院

① 《高校大美育体系的现代化建构》，《中国高等教育》2017 年第 7 期。

校个体优势，又能突出美育育人宗旨，打造公安院校美育文化活动品牌，构建新时代行业院校全方位育人体系。

2. 增强公安美育师资力量。建设一支业务精湛、结构合理的高素质美育教师队伍。根据美育课程开设需要，在美育教育师资方面现实行“专兼聘结合”的方针，加快公共艺术教师队伍建设。“专”指学校设有专职艺术类教师专门负责美育教学及日常训练工作，指导管理各艺术分团；“兼”指由校内各学院具有相关理论研究背景的老师兼任学校美育类通识必修课程的讲授工作；“聘”指学校聘请校外行业专家对校学生艺术团进行额外授课与训练、开展美育讲座等活动。

3. 搭建多元化美育实践平台。以“三全育人”理念为导向，借助学生第二课堂活动实现课内课外贯通，达到公安院校美育全员、全程、全方位覆盖。搭建第一课堂、第二课堂相结合的展现学生艺术风采、开展美育教育的实践平台。

4. 开展规范专业的日常训练。学校艺术教师对学生进行合理有效的日常教学与训练，坚持各艺术团每周固定排练合练。在学生艺术团建设方面，通过搭建艺术展示平台，鼓励学生融入艺术实践，参与各级各类美育实践活动，提升自身素养。

5. 制定科学完善的美育素养评价标准。结合各年级学生特点，制定学生美育素养评价标准及相关艺术类活动清单，以评价为导向，突出强化学生文化主体意识，注重培养学生养成崇高审美追求、高尚人格修养，从文化理解、审美感知、艺术表现、创意实践等多个维度对新生美育素养进行综合评价。

（三）公安美育提能增效实践路径

1. 加强顶层设计。从宏观角度出发，树立科学的公共艺术教育理念，推进高素质、应用型警务人才的培养。坚持以习近平新时代中国特色社会主义思想为指导，贯彻落实《关于全面加强和改进学校美育工作的意见》等文件精神和高校艺术教育的要求，紧密围绕以“忠诚、为民、公正、廉洁”为主要内容的人民警察核心价值观，从审美教育建设的顶层设计出发，不断加强制度建设。

2. 加强组织建设。成立校院两级课程建设领导小组，保证课程建设工作的有效开展，组织制定课程建设规划、方案，建立课程教学质量评估体系，开展课程建设的评估工作，为建设工作的有效开展提供组织保证，进一步加强学生文艺类社团、艺术教研室建设，鼓励学生参加各类文艺活动。

3. 提升课程质量。健全艺术通识课程，使艺术通识课程能够覆盖全校学生。以结果为导向，通过评价学生的学习成效，加强顶层设计、调整教学目标、构建教学内容，再次开展评价与反馈，形成良性循环。关注课程中各部分之间的互动关系，从而形成有机美育教学体系。

结　语

本文立足于“公安院校美育”这一主题，从现状出发，指出当前公安院校美育建设工作所面临的可供借鉴的培养机制和课程内容较少、美育教学基础理论支撑不足、与思想政治教育之间衔接不够紧密、缺少成熟的美育评价体系等困境，进一步论述了公安院校美育建设的重要性，并以上述观点为参考和依据，从综合理论和实践两个层面提出公安院校美育建设的实践路径，以及如何从“三全育人”格局下提升公安院校美育的整体效能。

本文系中国人民公安大学学生工作研究中心2023年“双一流”专项课题“‘三全育人’背景下公安院校美育育人模式及成效研究”(课题编号：2022XSGZ010)阶段性成果。

参考文献

[1]诸云，程慧，李艳．大思政格局下高校研究生“1＋N”培养模式探究与实践[J]．南京理工大学学报(社会科学版)，2022，35(1)：81-85.

[2] 王骞，邓志勇．论当前高校课程思政建设策略[J]．江苏高教，2021(5)：94-98.

[3]陈磊．高职院校美育教育工作协同机制的构建与创新研究[J]．职教论坛，2020，36(12)：148-151.

[4]朱志平，周玲玉，杜超．课程思政视域下高校思政教育与艺术类通识课程的融合建构[J]．中国农业教育，2020，21(5)：96-104.

[5]骞真，段虹．美育在高校思想政治教育中的价值研究[J]．思想政治教育研究，2020，36(3)：115-119.

[6]李丽，周广，臧欣昱．创新高校第二课堂育人体系的实践探索[J]．思想政治教育研究，2019，35(4)：112-116.

[7]张丹．美育视域下高校社会主义核心价值观培育的路径探析[J]．思想政治教育研究，2019，35(4)：48-52.

[8]张译元．美育在大学生思想政治教育中的运用——“互联网”时代背景下的新探索[J]．大学教育，2017(5)：117-119.

[9]王兆婷．“N＋1”模式在高职思政课教学中的应用探讨[J]．科技展望，2016，26(33)：164-165.

[10]席勒．美育书简[M]．徐恒醇，译．北京：中国文联出版社，1984.

[11]卢梭．爱弥儿权威全译本(下)[M]．李平沤，译．北京：商务印书馆，2017.

[12]约翰·杜威．民主主义与教育[M]．王承绪，译．北京：人民教育出版社，2001.

关于构建中医药院校美育课程群的探讨

许大鹏　周晓菲
（北京中医药大学）

课程群是基于一定的学习需求，通过对同学科或跨学科的相关课程进行设计整合，以课程间的知识、方法、问题等逻辑联系为结合点，使它们相互照应、渗透互补，体现群内一门课对另一门课程的意义，形成相对独立的课程系统。① 课程群的构建要遵循中医药院校的专业特色，既要培养学生的审美能力还要深度融合中医药文化。中医药文化在艺术中的表现形式有古籍与名家医方书法、中医药内容绘画、中医药器具的工艺美术、中医药题材影视剧和中医药文创产品等。“美育应是知情意合一的教育，不仅限于情感教育，知识教育和意志教育不能排除在外，只有将理性教育与情感教育结合，才能达到审美教育的目的”。② 以培养情感、意志贯穿整个美育教学，构建从艺术实践体验到审美能力提升有递进关系的课程群，利用丰富的教学手段，深度挖掘美育元素，以艺术视角剖析中医文物之美、中医文化之美及中医人之美，使学生深刻体会崇高信念之美、生命之美、德行之美、包容之美等。

结合教育部《关于切实加强新时代高等学校美育工作的意见》③，以中医古籍与方笺小楷摹写、宋人花鸟、中外美术作品鉴赏、视觉与生活等课程实现以美育人、以美化人、以美培元、以美养德的课程目标，并实现目标互补，组成

① 杨四耕、李春华：《课程群 学习的深度聚焦》，华东师范大学出版社，2017 年，第 1 页。

② 陶行知：《陶行知教育文集》，四川教育出版社，2005 年，第 551 页。

③ 教育部：《关于切实加强新时代高等学校美育工作的意见》[2019－04－02]，http：//www. moe. gov. cn/srcsite/A17/moe _ 794/moe _ 624/201904/t20190411 _ 377523. html。

一个结构合理、层次清晰、彼此配合、相互呼应的连环式课程群（见图 1）。该课程群的总体设计目标是全方位立体地培养审美素养，增强中华文化自信，树立和践行社会主义核心价值观，整体达到和谐，成为健康美、精神美、行为美，“传承精华，守正创新”的新时代中医药人才。

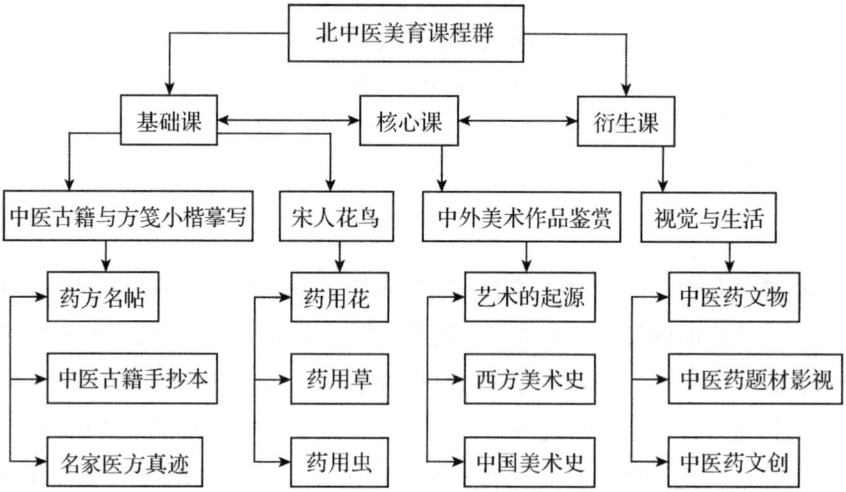

图 1　美育课程群的体系结构

“中医古籍与方笺小楷摹写”：以中医文化深厚底蕴培养学生知性与行为

历史上药方是医家的门面，是文化底蕴、学识学养的体现，大凡名医都非常重视处方的书写工整，中医的望闻问切最后落实到所开药方，一手好字，能看出医生的心境，展现细心斟酌药性配伍，甚至患者也会因医生的药方推测其学术的深浅，赏心悦目的药方给人认真感，容易被患者尊重信任，因此产生很多医家精通书法的案例。“行为知之始，知为行之成”①，最先开设一年级的书法实践课，体验中医书法之美需要动手书写，教学内容为：对经典古籍、名家医方的学习和临摹。目标为：从古老中医发展、天人相应理念、名老中医的勤

① 吴东胜：《美育通论》，暨南大学出版社，2018 年，第 88 页。

奋治学等角度对医学生的启智创新、医德修养、勤劳奉献、健康审美来进行重点培养。

(一)中医古籍与医方彰显着中医人大医精诚的美德

《大医精诚》记载:“凡大医治病,必当安神定志,无欲无求,先发大慈恻隐之心,誓愿普救含灵之苦”。[①] “中医古籍与方笺小楷摹写”虽然是美育实践课程,但为了设计更有针对性的中医之美,引入适合并有利于美育教学的名老中医的成长素材,以人物为案例,教学不局限于临摹抄写,由名老中医的成长经历引入,进而深入研究人物,让学生在潜移默化中领悟名医的人文精神、创新精神、医德修养、勤奋耕耘的美德。古籍医书规整古朴,医方书写规则有序,复诊调整剂量时圈点批画,形成独特的艺术之美,学生在抄写学习秀美的医方时除了体会医家书法的规整讲究,还能深深感受先辈们的精进、勤奋,增强中医药文化自觉性,做到“传承精华,守正创新”。

(二)医案处方展现名老中医的医德修养

药方旁通常配有医案,医案作为中医发展史上的特色,蕴含着丰富的文化美学内涵,呈现出更加多元的特性。中医处方则是医案的重要原始载体,是当时中医诊疗过程的再现,处方是治疗疾病的真实记录,历代名医在记录医案时,患者的姓氏、住址,发病的时间、原因或经过,都会简要地记录。真实是医案的生命,更是医家职业道德的基本要求。所写处方大都内容客观完整,透彻详明,格式规整多样,文笔秀美流畅,同样受精气、阴阳、五行学说的影响,名家的医方讲究阴阳布局、字形变化、笔墨的干湿粗细、笔画的起承转合等。5G融媒体自学打卡游戏,利用学生的课余时间,碎片化欣赏,把名老中医的成长作为案例,把其药方的讲解录成一二分钟短视频,还原真实的阐释缘由和书写过程,学生们容易沉浸其中反复揣摩。据数据记录,每个视频都有千人观看。行动导向教学法将名老中医的成长经历化合五育,从而实现全人塑造。把以教师讲授为中心转向以学生探究为中心,完成学习任务的同时完成审美实践,自我进化,最后作品展示、互评,更容易产生知识碰撞,激发学习灵感。在理论与实践相结合的美育活动中将深刻体会到“字如其人”。

---

① 孙思邈:《备急千金要方》,焦振廉等校注,中国医药科技出版社,2011年,第1页。

书法的规整与线条的流畅，书写的结字布局，都是书法的基本功，从书写规则到创意应用是中国传统艺术审美实践的重要环节。课程中创新实施“一点两线”教学的设计。分层教学，制作微课，线上线下结合授课，零基础需要反复训练基本功，采用线上描红教学法通过社团进行打卡，学生互评量化学分；面授课针对有基础的学生采用临摹法教学，通过学生互评和教师评价认定美育学分。在教学中注重体验式，引入直观式，问题式，培养学生自学能力、动手能力，激发创新能力。

“宋人花鸟”：以自由创作组合来培养学生的自由想象力

自古以来书画不分家，掌握基本书法规则用笔之后，进一步实践传统中国画的线条造型，对深入审美实践体验，提高审美素养具有近水楼台的意义。因此开设了《宋人花鸟》一年级中国画实践课，药用植物辨识是中医药学子们的必备技能，中国画与药用植物学二者结合是本课程的特色。用情景教学和体验教学法在书画教室中静心感受古人对中医药文化的表达方式。教学内容为：挑选宋人绘画中的药用植物花、草、虫，利用宋代绘画的写实技法来表现药用植物的细节，强化中国传统艺术的意境。目标是植根中华传统艺术，结合学科具体特色，增强民族文化自信，落实宋画技法实践，并注重表现生鲜中药之美，培养学生自觉地以审美的态度审视自己、社会、自然、人生。

（一）宋人绘画的意境表现出古人的取象思维

宋代是工笔花鸟画的最高峰，帝王们提倡画院扩充，吸引了大批文人名士参与创作，文人墨客把擅长的诗、词、文学、书法、印融合进绘画，使花鸟画更为生动、简洁、主题突出，表现出自然的美和对生命的赞颂。中国画讲求意境，画面体现出思想感情的境界。意境表现是从触景生情到寓情于景，写景是为了写情，从而达到情景交融，物我合一，体现出创作者崇高的思想境界。中国画的创作，所营造的意境既不是描摹客观物象，也不是天马行空的主观意念，是自然美、生活美和艺术美三者和谐统一，是艺术家对自然的关照和感悟，因观物取象而生发出的精神境界和个人情调，宋人花鸟布局优雅，绘画技法高超精湛，充满悠远、宁静、恬淡的诗意情趣。

（二）绘画中的本草表现出求真的写实精神

古代画家画草药早有历史可鉴，明代著名书画家文徵明孙女文俶曾创作《金石昆虫草木状》；日本江户时代岩崎灌园曾手绘《本草图谱》，这些作品美轮美奂，不仅是本草图谱，更是绘画艺术品，这类著作不仅对植物分类标注，还记载生物学说明和其他信息，而且作者具有很高的艺术修养，构图设计和手绘方式非常讲究，每幅图都是经典的画作。对初学者来说，写生的难度较高，需要较深的绘画功底，描摹画稿是适宜的方法。教师创作画稿立足宋画的写实风格，加之表现药用植物的叶片形态结构与叶片各个角度形态相结合，叶片在茎枝上的排列次序和方式与宋代绘画画面疏密取舍相结合，花的组成构造与花的层次分染立体呈现相结合，果实种子形态与画面疏密遮挡相结合。不仅帮助学生认识生鲜中药的具体结构，还能感受中草药之美。

纵观艺术史，艺术的起源是从实践开始的，亲身实践书法绘画有利于增强审美自觉，从而加强对美术作品的深度赏析，才能将美术史与社会学、伦理学、政治学等深度结合，提升审美能力的同时深化思辨能力。

“中外美术作品鉴赏”：以艺术精神强化学生的感性和精神力量

美育最直接的方式就是接受艺术的熏陶，因为“诗人和艺术家的眼睛是点铁成金的眼睛，生命生生不息，他们的发现也生生不息”①在书法、绘画的实践学习之后，开设二年级美术史课程《中外美术作品鉴赏》，教学内容为：以人类社会发展历程为线索，以艺术起源、西方美术史和中国美术史作品为案例，探讨其创作背景、思想根源等。目标为：从叙事视觉、主体内容和艺术语言三个视角来挖掘作品中的艺术精神，以此来进行审美熏陶，培育中医药院校学生的德行修养，提高其精神境界。

（一）中西合璧的艺术手法传达中华文化的包容

自鲁迅先生倡导新兴木刻运动以后，版画家们积极学习欧洲版画表现技法，利用对比强烈黑白手法，刀刻的有力线条交错，粗放地表现画面的人物造型。

① 朱光潜：《谈读诗与趣味的培养》，出自《朱光潜美学文集（第二卷）》，上海文艺出版社，1982年，第493页。

同时融入中国木版年画的传统语言，朴素而又写实，形成了鲜明的民族风格特色。1937年9月25日，八路军第115师在平型关重创日军，取得了全国抗战开始以来中国军队第一次大胜利，就是著名的平型关大捷。江丰是鲁迅“木刻讲习班”的成员，是最早到达延安的木刻家，在1938年夏秋之际，以黑白木刻形式创作了《平型关连续画》①，共有5幅，采用连续画的方法进行创作，交代会议、决策到如何伏击日军再到取得胜利的过程。《平型关连续画之会议》是最经典的一幅作品，它主要表现光，画面右上方有一盏煤油灯，人物的轮廓线由于朝向灯光而被照亮；《平型关连续画之英勇的伟绩与卑劣的丑态》表现战斗场景，画面采用对角线放射状的构图形式，使画面充满动荡感，表现出激烈的战斗情景，增强视觉冲击力。

（二）中国画的革新传达“传承精华，守正创新”的精神

1956年，海派画家程十发创作了中国画《歌唱祖国的春天》，这幅作品描绘的是工农兵大家庭欢聚在一片桃林中，听一位老妈妈放声歌唱的欢乐景象。程十发先生在画面中设计了群像，传统中国画中很难表现群体人物组合，画面采用分组的方式分布人群，远山采用青绿山水的画法，而人物使用“兼工带写”的技法，把线条的干湿、浓淡、粗细、长短、疏密和皴、擦、点、染等融合利用，画面表现春天的丰富色彩，既有中国画的雅，又有民间美术的色彩艳丽，把写意和工笔有机融合，对中国画进行传承与创新。

利用北京的优势，采用情景教学法带领学生到美术馆、博物馆等参观、听讲解，这对深化美育教育有非凡的意义。与媒体短视频、课堂图片投影相比，原作能够呈现出更丰富的视觉语言。通过中西方艺术的对比，融合传统书画实践经验，使同学们更容易从社会学、图像学的角度认识并理解西方艺术语言的本土化和中国画的改良，中西艺术都是在传承中不断创新，固化审美素养的同时为中医药文化的传承创新打开思路。

① 郝斌、江丰：《〈平型关连续画〉研究》，中央美术学院，2013年。

“视觉与生活”：中医药文化的表现方面以多艺术形式激发学生活跃的思想情感

经过实践体验和理论学习之后，在大美术视域下延展视觉艺术范围，尝试艺术批评，促进创新。因此开设二年级美育理论课《视觉与生活》，教学内容为：艺术手段对中医药文化的创新表现。目标为：阐释、分析、评价现有影视、动漫等大众艺术对中医药题材的创造性表现和创新性传达，尝试提炼艺术作品信息，客观、中立地描述评价作品，从而对中医药文化的传播做深入思考。

（一）大众艺术成为传播中医药文化的新媒介

在“视觉与生活”中使用讨论式教学，来探讨视听艺术对中医药文化的艺术表现。疫情防控期间，中医药发挥了一定的作用，中医药及其文化的独特现实意义、民族意义得到彰显。民众对精神文化、生活质量和健康要求有更高的期盼。中医药文化既有中华优秀传统文化的精神滋养作用，也有简便实用的养生保健方法，科学、正确的中医药文化观，通过影视传媒手段增强全社会传承和发展中医药文化的主动性。① 中国传统文化中的敬畏生命、纯良、谦和的道德观；天人整体、辩证思考的世界观；自然、健康的审美观，通过影视作品被表达出来并产生影响。

在分组观影、研究之后，分享成果，在老师的引导下对作品内容、表达手法、作品立场、素材挖掘等方面进行激烈讨论，同学们一致认为当今中医药题材影视剧依然存在可待提升的空间，在通俗性、艺术性与专业性之间继续寻找平衡。比如中医药文化符号的挖掘，中医内涵的表现，受众需求的关注等。进一步利用影视艺术的多元表达、时空再造、意象构成等艺术表现手法，对中医药文化进行准确并通俗易懂的展现。

（二）中医药文化创意拓展想象空间

中医药学凝聚着中华民族几千年的哲学智慧，健康养生理念，是中华优秀传统文化重要的组成部分。故宫博物院的中医药文物展，其中明万历年间皇家

① 《传承弘扬中医药文化为中医药发展注入源头活水》，《中国中医药报》2021年9月4日。

御用药柜很吸引学生，黑漆描金，原存放于太医院御药局御药库。正面及两侧饰描金双龙纹，背面及柜内饰描金花蝶纹，四足镶铜下脚。药柜外方内圆是对宇宙天地空间的表现，柜为双开门，内有八方旋转式药屉 80 个，两侧各有长屉 10 个，每屉分 3 个药格，屉面贴泥金标签，写有药名，共保存 140 种药材，柜下有 3 个大抽屉放置取药工具及方剂。这个药柜并不符合明代家具通透典雅的美学风格，但极具功能性，髹漆工序严格，很好地保证了药材与外界的隔绝，减少了湿度对药材质量的影响，有很好的防潮、吸湿作用。这种在展览现场的美育教学有利于激发学生们的专业自豪感，岐黄大爱、生命至上的职业精神。

对中医药文化的解读，是中国学人面对民族文化危机、受文化自觉的影响所进行的深层次自我观照和文化救赎。① 视觉艺术对中医药元素的表现，是中医药文化创造性转化和创新发展的新途径，也是对中华优秀传统文化创造性表现的良好借鉴，中华优秀传统文化积淀着丰富的精神财富，大众传媒将成为把深邃的中华文化进行通俗表现、传播的有力推手，不断满足人民群众的文化新期待。

结　语

以培养知识、情感、意志贯穿整个美育教学，构建深度融合中医药文化的全方位立体美育课程群，从艺术实践体验到审美能力提升，深度挖掘美育元素，以美术视角剖析中医人之美、中医文物之美及中医文化之美，形成多重独特审美体验模式，用案例教学法将学生的碎片化自学串联起来，教师对艺术表现技法的详细讲解、示范和美术馆、博物馆参观实践相呼应，深入体会艺术之美、传承中华美育精神，引领学生感受信念之美、生命之美、包容之美、中医药文化之美。

回归育人本身，将理性教育与情感教育结合，形成知情意合一的教育。席勒在《美育书简》中提到："学习鉴赏之后应该达到知性的明晰、情感的活跃、思想的自由以及行为的庄重。"②培养辩证思维、意象思维、创新思维、健康审美观，深切体会生命之美、中医药文物之美、处方之美、古籍之美、中草药之美等，对增强学生的中华文化自信，培养民族意识和民族精神有重要作用。

---

① 张其成：《用文来治人的心》，《大众日报》2022 年 1 月 28 日。

② 席勒：《美育书简》，徐恒醇译，社会科学文献出版社，2016 年，第 142 页。

新时代医学院校美育的实践与思考

寇瑾妍
（首都医科大学）

为切实贯彻落实习近平总书记关于教育的重要论述和全国教育大会精神，进一步强化学校美育育人功能，构建德智体美劳全面培养的教育体系，2020年10月，中共中央办公厅、国务院办公厅印发《关于全面加强和改进新时代学校美育工作的意见》(以下简称《意见》)。《意见》的出台体现出高校美育工作的重要性与迫切性。蔡元培先生曾说过“美育即德育”。习近平总书记在全国高校思想政治工作会议上也谈到高校的立身之本在于“立德树人”。在医学院校开设以艺术审美和人文素质培养为核心、以创新能力培育为重点的艺术课程及艺术实践，不仅能够强化医学生的文化主体意识，还能帮助其成长为具有崇高审美追求、高尚人格修养、心怀国家人民的新时代医学人才。

美育对医学人才培养的重要作用

习近平总书记在全国教育大会上进一步明确：要努力构建德智体美劳全面培养的教育体系，形成更高水平的人才培养体系。美育再一次被提到与德智体劳同等重要的位置和高度。在健康中国和新医改的时代背景下，医学生不仅要具备精湛的医术，还要有坚定的理想信念和丰盈美丽的心灵；不仅能够治病救人，还承担着向社会传播健康知识的重要责任，这就对医学院校人才培养提出了更高要求①。医生职业的崇高性决定了医学院校必须培养具有高尚医德和人文情怀的大医生，而美育恰恰对育德育心具有不可替代的重要作用。

（一）有利于培养医学生对心灵之美的追求

苏霍姆林斯基曾说过：对周围世界的美感能陶冶学生的情操，使他们变得高尚文雅，富有同情心。音乐作为美育的实施途径和重要手段，因其自身听觉艺术的特性可直达人的内心深处，净化心灵的同时唤醒人对于美的追求，在不断实践过程中，有助于美育价值的渗透，使医学生的情感更为丰富细腻、富有爱心和同情心。作为新时代的医学生，未来必将面对医患关系、激烈竞争和高强度的工作等问题，更易积聚心理压力、导致心理疾病的产生，因此，医学生的自我心理疏导能力就变得愈加重要，而美育就成了一条捷径之路。在美的长期熏染下以情感人、以美化人，有助于培养医学生的积极情感、积聚正能量，使其身心获得愉悦、压力得以释放、内心趋于平衡、促其身心健康。

（二）有利于培养医学生对医德之美的追求

医生职业的崇高性决定了医德培养的首要目标。德是美的内核，美是德的表象。教师将道德规范的美以自由的形式呈现给学生，唤醒并促使其汲取并转化为道德行动。与此同时，学生作为审美的主体，不仅能够发挥自身的主观能动性，而且能够主动践行自由的理想人格②。美育是美的教育，优秀的艺术作品中蕴含着艺术家对于生命的认知和审美的呈现，同时也承载着他们的思想和人格，美育可以借助这些作品对医学生进行情感教育和精神陶冶，进而培育品德和完善人格，真正实现“育人”的意义。

（三）有利于培养医学生对医学之美的追求

医学生课业负担繁重、单调枯燥、学业压力大，在纯粹的医学院校中缺乏文理交融的多元文化生活，将美育渗透到医学教育中，更易激发医学生对于专业学习的兴趣，提高其内在驱动力。例如，将美学元素与医学人体解剖相结合，引领医学生去感受、体验人体结构之美和生命发展变化之美的同时，促进医美

① 马重阳、陈敏俊、谢军：《对新时期高等中医药院校大学生人文素质教育的若干思考》，《中医药管理杂志》2011 年第 3 期。

② 李西顺：《“德美育”体系的时代使命及其建构》，光明网，2021－04－14[2021－05－10]，https：//m. gmv. cn/baijia/2021/04/34764598. html。

融合、激发医学生对医学之美的追求，进而上升到个人的职业审美理想，在对医学之美的探索过程中将“苦学变为乐学”，更易建立起良好的学习习惯和对医学学科的热爱与追求。

美育在医学院校的实施与应用

医学和美学是同源的，两者相互渗透①。在课堂内外加强美育教育，可提高医学生对于生命观的价值认同，从而促进其人文精神的培养。通过加强医学生的以美育德教育和教师的育德能力培养，真正将美育融入医学专业课程，激发医学生探究美的意识和感受美的能力，将真善美在医学中充分表达与展现，使医学更具生命的温度和广度。

（一）形成师生共育的“三全”美育育人模式

在医学院校，医学生美育教学通常以课堂（课内）和艺术社团（课外）为载体，依托校院两级大型活动和市级、国家级展演为平台，以身心协同、师生共育的培养目标，面向全校开展美育教学指导。第一课堂教学以基础普及为目标，课堂授课结束后，可遵循医学生个人意愿及其艺术能力进入第二课堂和艺术社团学习，拓宽、延展美育教学效果。在全程培养过程中，教师密切关注医学生发展动态，助其完成更高层次的艺术成长需求，使其获得丰富完整的艺术审美体验，切实成为第一课堂的有益补充。同时，为确保“三全”美育育人效果，可通过艺术社团形式为在校教职工搭建课外美育学习平台，助其收获艺术技能的同时逐步构建美育思维，以师生共育的理念贯穿医学院校教学、服务、管理全过程，形成更为多元化的美育教师工作队伍，为医学院校全员、全程、全方位开展美育工作奠定基础。

（二）课堂内外紧密相连、提升专业认知与价值引领

课内，将艺术与医学相融，通过艺术的魅力助力医学生加深对医学专业知识的认知与理解。例如，将“五音调五脏”引入课堂，使医学生在艺术学习的同时学会运用音乐的方式调节情志、舒缓心情，避免不良情绪的产生；同时，还

① 郎景和：《医学与美学》，《中国医学人文》2018年第9期。

可以以音促专，不断增强学科间的融合与渗透。在赏析类课堂，可通过选取具有正面教育意义并兼具艺术特性的艺术作品融入课堂，通过教师启发引导、拓宽医学生思路，在师生真情互动、主客相互转换的方式下①，丰富医学生的想象力、创造力和实践力，鼓励其根据自身理解进行自主表达与实践展示。在教与学不断相互转化的过程中，使医学生在不知不觉中感悟、激发爱国情怀，以“如盐入水”的方式帮助其树立正确的历史观、民族观和文化观，陶冶情操、温润心灵、增强自信②。

“生命教育”是新时代医学教育中不可或缺的环节，可通过“人体解剖绘图大赛”“生命之美”等具有医学特色的活动形式具象化呈现生命教育的本质与内涵，立足医学人文角度，培养医学生对生命全面、客观的认知，了解人体的系统构造和进化过程中所产生的优越性；在生命实践过程中，不断探索正确的人生观与价值观，将生命理想与未来职业紧密结合。在活动开展的演变过程中不断深化，将人体局部结构的认知融入生命、人生与价值的深度思考，使其切实成为提升医学人文素养教育的重要手段之一。

（三）持续深化教改研究、强化职业精神道德培养

医学院校开设的艺术公选课程与课外艺术实践不断改革融合，以艺术之美引领医学生积极向上的思想情怀，在追求真善美的过程中，建立正确的世界观、人生观和价值观，这与医学生职业精神中的“至真至善、追求卓越”的职业理想高度一致。“职业精神”是医学生在未来从事职业中所需具备的精神信念、道德品质和职业素质的综合要求，可通过全员、全程、全方位的“三全”美育育人理念，进行顶层设计和整体规划，将课程系统化、模块化，使核心课程与专业课程互为补充③，同时，深化医学生人文教育的哲学内涵，促进其行为修养与良好习惯的养成，创造全方位、全过程的培养环境，不断促使医学生强化医德修养，逐步提升人文精神，使医学生的职业精神培养真正落地开花。

---

① 寇瑾妍、马骋宇：《医学生艺术限选课教学效果研究》，《医学教育管理》2017 年第 6 期。

② 新华社、中共中央办公厅、国务院办公厅：《关于全面加强和改进新时代学校体育工作的意见》和《关于全面加强和改进新时代学校美育工作的意见》(2020－10－15)[2021－05－20]，http：//www.gov.cn/zhengce/2020-10/15/content_5551609.htm。

③ 胡正娟、孙莹炜、焦光源，等：《医学生职业精神教育的实践探索与思考——以首都医科大学为例》，《中国医学伦理学》2017 年第 3 期。

美育在医学院校的顶层设计与思考

近年来，教育部先后颁布了《在普通高等学校中普及艺术教育的意见》《全国学校艺术教育总体规划》《全国普通高等学校公共艺术课程指导方案》《关于全面加强和改进新时代学校美育工作的意见》等一系列文件①，对高校公共艺术教育提出了明确要求，也提供了制度保障，促使美育教育逐渐受到重视。

(一)健全组织机构、夯实美育之基

作为医学院校，应积极响应落实美育文件精神，成立专门领导机构，形成校院分级管理领导模式。以培养德智体美劳全面发展的中国特色社会主义医学人才为目标，围绕医学院校发展总体规划与专业特点做好顶层设计，从全局角度出发，全面整合资源，制定符合本校发展的美育特色培养方案，以美育扩展教育途径，用艺术加强育人效果。

(二)完善美育体系、铸造美育之魂

内容体系的构建是人才培养的核心组成。通过结合医学生专业特点，在原有专业课程基础上增加以美育为主、针对性强的课程来实现。例如：医学美学、音乐心理学、医学人文修养等具有可扩展空间的课程，以满足不同层次医学生的需求。美育体系与专业课程体系互补相融，在应用过程中可充分发挥美育的功能与特点，以实践促交流，助力医学生健全人格的培养。

(三)师生协同发展、力求美育之效

医学院校美育教育的实施离不开师生双主体的协同配合。西汉著名学者扬雄说：“师者，人之模范也②。”在学生眼中，教师“吐辞为经、举足为法”，一言一行都给予学生极大影响。要坚持教育者先受教育，让教师更好地担当起学生健康成长指导者和引路人的责任③。教师可通过多元化的美育渗透方式建立美

---

① 寇瑾妍：《“三全育人”视域下音乐审美教育路径探新——以首都医科大学为例》，《医学教育管理》2021 年第 4 期。

② 《师者，人之模范也》[2018－05－17] https：//baijiahao. baidu. com/s? id＝1600689621600660554&wfr＝spider&for＝pc。

③ 习近平：《在北京大学师生座谈会上的讲话》，新华网，[2018－05－03]，http：//www. xinhuanet. com/2018－05/03/c 1122774230. htm。

育思维、提高审美修养、提升育德水平。我国著名教育学家蔡元培先生也谈道："各学科无不智育作用之中，含有美育之元素。"将美育纳入医学人才培养全过程，充分发挥其以美促专、以美育德的教育功能，能够真正助力医学生提高医德修养。在以美育德的视角下，师生共育、形成合力，进而达到医学人才培养的最终目标。

未来，医学院校培养的医学人才除具备基本专业素质和能力外，还应努力探索扩展其社会服务能力，将所学应用于实践，在服务他人的过程中真正体会"扶伤济世、敬德修业"的含义，追求"德业"境界，履行"济世"义务。

本文系首都医科大学教育教学改革研究专项课题"医学生多维度音乐审美教育路径探究"(课题编号：2021JYS005)成果。原载《医学教育管理》2021年第7卷第6期。

第 三 编

高校音乐教育与社会主义核心价值观的融合

顾兴立
（北京政法职业学院）

构建社会主义核心价值观，是建设我国社会主义精神文明的重要内容。在高校中，社会主义核心价值观教育同样是思想政治教育的主要内容。习近平总书记在北京大学师生座谈会上就社会主义核心价值观发表重要讲话，并对广大青年提出了要求和希望。在思政教育的方式方法上，全国都在积极地进行尝试和探索，而音乐教育作为教育的一部分，也可以在思政教育中发挥重要作用。在最早的音乐相关论述中，就已经有了音乐具有教化作用的相关记载。时至今日，音乐教育作为美育中的重要部分，理应在价值观培育中发挥不可替代的作用。文章以音乐教育作为切入点，探讨音乐教育在高校社会主义核心价值观培育中发挥的重要作用。

音乐教化作用的历史溯源

自古以来，历代贤君都善用音乐治理国家，时间最远可追溯到远古时期的先贤，如《淮南子·诠言训》①有载："舜弹五弦之琴，歌南风之诗，而天下治。"可知，音乐的教化功能在远古的传说中就已经留下印记。不仅如此，西周时期礼乐中至高等级的六代乐舞，即黄帝时期的《云门》、唐尧时期的《大咸》、虞舜时期的《韶》、夏禹时期的《大夏》、商汤时期的《大濩》以及周武王时期的《大武》

① 刘安：《淮南子》，中华书局，2014年，第414页。

就都是用乐舞的形式来歌颂统治者的文治武功。

春秋战国时期，出现了关于音乐理论的专题论述，其内容包含了音乐美学、音乐哲学等，对音乐的教化作用有了更为深刻的记录和阐释，例如孔子的乐论和汉代《礼记·乐记》中相关的论述。

“德音之谓乐”，孔子对于音乐的概念有着这样的理解。例如《诗经》中的风、雅、颂，包含了民歌、宫廷音乐和祭祀音乐，是中国文学史、艺术史中的不朽经典。孔子曾言“诗三百，一言以蔽之，思无邪”，表达了对《诗经》中表现出来的光明磊落和坦荡胸怀由衷的赞叹。对于“礼崩乐坏”的愤慨，也体现了其对音乐功能滥用的担忧之情。韩敏虎在《孔子“乐”论的道德内蕴与伦理价值》①一文中提到“孔子把礼乐思想与个体伦理道德修养紧密结合在一起”。在孔子的音乐思想论述中，我们可以清晰地把握音乐与礼、德、仁、美、善之间千丝万缕的联系。

孔子作为思想家的同时也是著名的教育家，他把音乐作为教育的内容之一，将自己的教育理念通过音乐的方式传授下去。从教育内容来看，音乐作为一种技能也从周代的礼、乐、射、御、书、数六艺继续发展到孔子时期其开私学教授的六经，即《诗》《书》《礼》《易》《春秋》《乐》。音乐不仅拥有教化的思想，还作为教育的内容存在并得到实践。

《礼记·乐记》是西汉时期戴圣所辑的《礼记》第十九篇，目前通说认为，《乐记》虽然成书于西汉时期，但是其思想资料主要源自先秦诸子对音乐的论述。我们可以从中感受到音乐教化功能自远古神话萌始，春秋战国提出，在秦汉时期仍然作为主流音乐思想得以发展。

《乐记》提出，“乐者，德之华也”，认为音乐能够对人们的心灵产生重要的影响，达到一种浸润心灵的目的，让人们的心灵更加美化。周歌在《从〈礼记·乐记〉管窥汉朝音乐教化思想》②一文中就对《乐记》中的教化功能进行了详尽的解析。例如，《乐记》中提到了“以乐治国”，认为音乐是具有治国理政的功能，而且对音乐的教育功能进行了阐述，认为教育对社会是不可或缺的，教育的作用在于“教民”，而乐教正是教育非常重要的组成部分。

---

① 韩敏虎：《孔子“乐”论的道德内蕴与伦理价值》，《南京师大学报》2016 年第 3 期。

② 周歌：《从〈礼记·乐记〉管窥汉朝音乐教化思想》，《史学争鸣》2015 年第 8 期。

《乐记》中这些思想观念的提出，表明汉朝人已经充分认识到音乐的教化功能，并且懂得按照统治者的现实需要选择那些符合统治者要求和规范的音乐来教化民众，这就需要音乐教育工作者必须对社会的需求和社会发展的态势予以及时关切，只有如此才能发挥音乐教化维护统治、促进社会和谐的作用，否则不仅不利于社会和谐稳定，反而会给社会带来危害。①

以上我们不难得出，音乐的教育、教化不论是思想还是论述自古有之，不论是远古传说，还是先秦相关论著都肯定和确认了音乐教化功能的存在。其实，在西周时期，礼乐就已经诞生并运用在了各种仪式中，只是时代久远，三千多年的声音也不复回响。

高校音乐教育面临的问题

音乐具有教育的意义，这点是毋庸置疑的。但以目前高校音乐教育的普及来看，情况却不甚乐观。高校学生在校期间的音乐活动大多为演出、社团、讲座等，这些活动时间较短，没有系统的教育内容，无法较好地达到价值观教育的目的。究其原因大致有以下几点：

1. 在进入高校前学生音乐美育基础薄弱。造成这点的原因是，学生在中学的音乐教育任务没有完成。目前高中的教育，是以“高考”为主要目标的。虽然，我国正在努力改变高中教育现状，并取得了显著的成绩，但追求升学率仍然是不少高中的教育主题。在这种环境下，不仅音乐教育成了边缘，甚至社会主义核心价值观的教育也仅仅停留在政治课的课堂和试卷上。

2. 音乐即娱乐的片面观点依然是主流的思想。很多人对于音乐的认识仅仅是唱唱跳跳，而没有认识到音乐是具有教育功能的。音乐具有娱乐功能是音乐的属性之一，不论是远古庆祝狩猎的成功和收获的喜悦，还是现在的音乐会、音乐类电视节目，都是音乐娱乐功能的体现。而且纵观三千多年的音乐历史，音乐的娱乐功能已经开发到了非常高的高度。也正因如此，音乐的教育功能被人们渐渐忽视。但综上我们不难看出，音乐不仅具有教育教化的作用，而且通

① 周歌：《从〈礼记·乐记〉管窥汉朝音乐教化思想》，《史学争鸣》2015年第8期。

过音乐的娱乐功能的发展来看，音乐教育功能的潜力和发展是无限的。

3. 网络化、全球一体化影响了音乐教育功能，尤其是对社会主义核心价值观的培育功能，在某些方面增加了难度。从国际环境来看，网络化和全球一体化，使音乐资源日益丰富。我们通过电视、网络可以领略不同国家、民族的音乐，我们可以选择的音乐十分丰富多元。如格莱美音乐大奖，在中国已经建立了深厚的受众基础。但与之相对的中国民歌、民族器乐、说唱音乐、戏曲，观众和听众的增长速度十分缓慢，甚至有亟须保护的情况。对本民族音乐文化了解的空白和对西方音乐文化的热爱形成了强烈对比。不论是从音乐角度，还是从社会主义核心价值观的角度，都亟须引入音乐教育功能。另外，网络文化中出现的各种“神曲”，利用人们的猎奇心理，在曲调、歌词和表现方式上另辟蹊径，吸引了大量听众，却给人们对音乐的选择增添了障碍，不利于社会主义核心价值观培育工作的顺利开展。

我们既已知道音乐教育功能的存在，如何在高校中发挥音乐的教育功能，尤其是音乐对于社会主义核心价值观的培育功能。在面临如此多问题的同时，我们怎么选择我们的音乐教育方式，这同样是需要深入思考和努力实践的。

音乐教育具有哪些教育功能？

在高校的音乐教育工作中，音乐教育发挥着多重的教育功能：

音乐教育可以培育和锻炼学生刻苦坚持的品质。学习音乐，无论是演唱、演奏还是舞蹈，都需要经历枯燥的、反复的练习，在这个漫长的过程中，每次学习和练习都只会产生难以察觉的量变，这充分体现了“台上一分钟，台下十年功”。这种反复的练习和打磨可以培养学生良好的学习品质和心理素质，对以后的生活和学习都大有裨益。

高校音乐教育可以培养学生的创造力和想象力。音乐对创造力和想象力的激发，是得到过科学论证的。美国的医学家、生理学家、加利福尼亚理工学院的斯佩里博士和哈佛医学院的休伯尔、韦塞尔等人，用割袭法分别证明，“经过选择的音乐，可以培养出人们的良好情绪，而良好的情绪可以激发脑肽物质的形成和释放，脑肽物质的大量释放，有助于改善和提高人们的记忆力、注意力等智力活动的能力。"①随着科技的进步、多媒体的发展，音乐的创作和展示的途径和平台越来越多，网络媒体、自媒体都将大学生音乐作为重要的展示对象。音乐教育可以激发学生的创造力和想象力，为学生提供了实现梦想的基础条件。

音乐教育对人的人生观、世界观、价值观都有着积极向上的培育作用。音乐教育的价值观培育作用具体体现在两个方面：

1. 音乐教育可以陶冶人的情操、提升人的情趣、提高人的欣赏水平，培养人们热爱生活的积极态度。音乐是情感表达的一种艺术形式。我们所接触的音乐作品反映和影响着人的思想和情感。在音乐课程的教授当中分析作品的情绪、思想、人文内涵，以培养学生对音乐的鉴赏能力和健康的审美情趣。在这个过程中感受音乐强烈的艺术感染力，使其受到陶冶，浸入学生的内心世界。通过审美体验的积淀，产生巨大的行为力量，使德育更加深入人心。

2. 音乐可以激发学生的爱国热情和道德情感。中国有着悠久的历史文化，中国传统音乐是劳动人民在长达几千年的生产生活中发明创造的。从音乐类型上看，有历史悠久的民歌、热情奔放的舞蹈、纷繁各异的曲艺、韵味醇厚的戏曲和华美铿锵的器乐。绚丽丰富的音乐表现了祖国秀美河山和历代中国人民热爱生活、不屈不挠的精神。大量的艺术作品对听众有着直接的感染和影响，无论是音乐之美还是音乐之精都在世界享有举足轻重的地位，这有利于学生在对音乐的认识过程中增添民族自信心和自豪感。

在对音乐教育功能充分认知的前提下，我们探索音乐教育在社会主义核心价值观培育中的作用，将其运用到高校音乐的教育实践中去。

音乐教育与思想政治教育的融合

如何在开展音乐课程、提高学生审美的同时，发挥音乐的教育功能，对学生进行思想政治教育和改造，培育和践行社会主义核心价值观，课程内容和设计就变得尤为重要。目前，中国高等教育阶段鲜有针对非音乐专业使用的普及型音乐教材，而普通专业学生使用音乐专业教材的时候，又会因乐理、视唱练

① 王冉、田青：《高校音乐教育下培养社会主义核心价值观的途径》，《吉林省教育学院学报》2008 年第 7 期。

耳等基础的缺失无法理解和掌握其中的内容。从现实情况来看，西方音乐普及时间较长，学生从小基本只接受五线谱等西方乐理和钢琴等乐器的学习教育，甚少了解中国传统律吕字谱和传统音乐，尤其是基于媒体发展的迅速，世界各地的音乐都可以轻易获取，广大媒体和部分青年热爱韩国偶像团体或西方格莱美等音乐文化事项，导致对音乐文化的认知过于片面。这些问题都是在课程设置上需要改善的问题。将音乐教育应用到社会主义核心价值观培育中可以侧重两个方面：

1. 发挥中国传统音乐的教育作用，培育青年爱国思想，增强民族自信心自豪感

我国有着悠久的历史，是几大文明古国中少有的未发生文化断层、有着丰富传统文化传承的国家，并几度在世界上发挥着重要作用，曾经是世界人民向往的地方。2012 年习近平总书记提出了实现中华民族伟大复兴的中国梦，充分说明了中国劳动人民曾经创造的辉煌历史是多么令人神往。

我们有过世界上最早的乐器分类法之一的“八音”；震惊世界的“一钟双音”技术早在先秦时期就已经出现了；一只骨笛的出土将我国的音乐史追溯到了八千年前；古琴的风骨，昆曲的细腻，律吕的严谨，少数民族的风情都展现了古代中国超然的艺术成就。通过对先民的音乐技术、音乐文化内涵的学习，可以深切感受到音乐仅仅作为文化的一种形式就已经有了如此成就，再通过对音乐的欣赏，我们更能理解，中国音乐无论是音乐性、科学性、历史性都有着独特的魅力，在潜移默化中培养着青年的爱国热情，极大地增强了我们的民族自信心和自豪感。

2. 发挥红色音乐的教育作用，培养自强不息、勇于开拓的时代青年

红色音乐是红色文化资源的重要组成部分。红色文化资源主要指中国共产党在革命战争年代所形成的具有资政育人意义的历史遗存。这是一种以物质的（旧居、旧址、遗迹等）、信息的（标语、文件、书信等）、精神的（井冈山精神、长征精神、延安精神等）形态表现出来的资源。① “红色”音乐当然也不例外，它反映和蕴含了社会主义核心价值观的方方面面，并在教育的过程中有着独特

① 张泰城、常胜：《红色文化资源与社会主义核心价值观培育》，《求实》2016 年第 11 期。

的优势：

首先，红色音乐资源有着强大的吸引力和感染力。铿锵的旋律给人以鼓舞，舒缓的旋律引起共情，是音乐独有的特点。人们可以从音乐中汲取力量，而音乐也可以在潜移默化中影响人们。在抗日战争时期创作的作品比起其他方式更能激起人们翻身抗争的决心，鼓舞人们的斗志。例如延安时期创作的歌剧《白毛女》，以其强大的艺术魅力和感染力被改编成电影、话剧、芭蕾舞剧、钢琴组曲等艺术形式，至今仍被人熟知。《白毛女》反映了时代的伤疤，引起了人们的共鸣。有采访称在当时《白毛女》中扮演黄世仁的演员无论在国内还是在国外演出总会遭受观众的唾骂，更有甚者会对演员进行殴打和死亡威胁。这都从一个侧面反映了红色音乐资源强大的吸引力和感染力。

其次，红色音乐具有强大的亲和力。1942 年毛泽东同志在《在延安文艺座谈会上的讲话》中提到，文艺要为工农兵服务，文艺工作者要走到群众中去。“红色”音乐扎根老区，淳朴厚重，其旋律很多是由民歌旋律改编而成的，例如《山丹丹花开红艳艳》原曲调为陕西信天游，《东方红》曲调为陕西民歌《骑白马》，《绣金匾》曲调为陕西民歌《绣荷包》。艺术家以民歌旋律为依托，加上自己的创作，歌词引人奋进，而旋律更是承载千年的文化，一折一韵都贴近听众，令人神往。在传播中由于曲调自身的亲和力，流传时间和区域也就更加长久、广博，为思想传播提供了更大的助力。

最后，红色音乐有着强大的凝聚力和向心力。我们可以从两个方面来认识“红色”音乐的凝聚力和向心力。一是红色音乐的内容，二是红色音乐的表现形式。从内容上来说，音乐凝练了历史背景，鼓舞和号召人们战胜邪恶，发展生产，反映了历史现实和人们的精神风貌。区别于描述个人情感的、伤春悲秋的一系列作品，从内容上反映了积极向上的凝聚力。从形式上来说，“红色”音乐作品多为齐唱和合唱的形式，这种音乐表现形式本身就需要演唱表演者有合作、团结的向心力。在“红色”歌曲产生的年代，歌曲是最主要的思想宣传手段之一，很多歌曲现在被我们称为“红歌”，其中最著名的《黄河大合唱》是由冼星海创作的。该部作品曾被改编为钢琴协奏曲，其中很多乐章，如《保卫黄河》至今仍被传唱。该章以齐唱开始，每段重复增加一个声部，并采用声部轮唱形式，犹如一批又一批的革命志士加入到革命的公共浪潮中，引人奋发久唱不衰。

"红色"音乐反映了中国人民和中华民族不屈不挠的奋斗历史。在教育过程中再现了中国共产党带领人民推翻三座大山当家做主的一幕幕画面。这加深了青年爱国爱党，珍惜当下幸福生活的深刻理解，对正确价值观的培育起到十分重要的作用。

音乐的教育功能是自古就存在的，尤其是在提倡多元教育、素质教育的今天，更应该注重对音乐的教育。通过对课程的合理设计，我们可以使音乐发挥更多的能量，让音乐反映历史和现实，培养青年爱国爱党，自强奋进的精神，同样可以凝聚人心、激励成长、提升品质，这些都可以对思想意识形态产生重要影响。但对于音乐教育的重视、思考和开发，依然还在路上。

构建具有北京特色的普通高校音乐美育课程

——教学内容与教学方法的探索

段 蕾

（中央音乐学院）

感受美、认识美是人类普遍共有的能力。在源远流长的中华传统文化中，从古至今，人们对美的认识和思考是与丰富多样的审美实践有着密切关系的。自近代以来，德国诗人、美学家席勒的“美育”思想传入国内，影响了当时有识之士们结合中国的教育水平和国情对“美育”思想进行的思考与阐述。1917 年，蔡元培先生提出“以美育代宗教”的学说，王国维、梁启超和吴梦非等人也都先后对美育进行了论述。

今天，美在中国有了更加多元、开放和包容的形态。2018 年 8 月 30 日，习近平总书记在给中央美术学院老教授的回信中指出：“做好美育工作，要坚持立德树人，扎根时代生活，遵循美育特点，弘扬中华美育精神，让祖国青年一代身心都健康成长。”在新时代的历史语境中，“美育”也是德智体美劳“五育”中的重要组成部分，被赋予了新的时代内涵。而“音乐”作为诸艺术中的一个重要门类，它以其直接诉诸人类的听觉、作用于人类的情感为特长，是构建当代学校美育课程的一项重要内容。

笔者作为专业音乐院校的一名教师，储备了一定量的与音乐美育相关的知识和理论。特别是由于自身研究的专长与兴趣，多年来，在教学与科研工作中，对北京地区音乐资源的研究一直是笔者所关注的重点。陆续发表以北京地区女校音乐教育为题的研究论文《走出学堂——晚清女学生的社会音乐活动(1989—

1911)》①《晚清女性的社会音乐启蒙》②，以京剧为主题的论文《京剧旦角唱段中“悲怨”的审美风格探析》③《超越生死之礼乐精神——京剧老生唱段中“悲壮”的审美风格探析》④，还曾在《中国传统音乐的美学研究》⑤一书中以“京剧的审美风格”为题撰写了第三章的内容，约五万字。此外，在国内外有关中国音乐研究的会议“磬”和全国音乐史学会议中，多次就北京地区的音乐文化研究做各类主题发言，发言涵盖京剧、北京题材的音乐作品、北京近代音乐社团等。

近四年来，在国家“美育”精神的指引下，笔者将自身所储备的专业知识进行了转化。其中之一就是带领学生陆续在北京市多所高校(如中国公安大学、中国矿业大学、北京航空航天大学、北京舞蹈学院等)，各级图书馆(如北京西城图书馆)，博物馆(如中国国家博物馆)和军营(解放军 32141 部队)等场所做了不同主题、不同类型的音乐美育课程和讲座。有些讲座因为在融入新时代美育和思政精神方面获得了良好的社会效果，还被列入第三届中央音乐学院“10・15延安艺术节”和“文旅部 2021 年度文化艺术职业教育和旅游职业教育提质培优行动计划”。

在此过程中，笔者接触到了越来越多的普通高校的大学生们，在授课内容和授课方式上也不断进行着探索和尝试。因此，在本文中，笔者以上述实践为基础，以北京地区普通高校音乐美育课程和讲座为例，从教学内容和教学方法两方面来谈目前普通高校音乐美育课程的不足，以及对如何解决等问题的思考。以期更好地为构建新时代北京地区普通高校音乐美育类课程贡献一己之力。

在教学内容方面的探索

构建有北京特色的高校音乐美育课程和讲座，从教学内容角度来看，要融

---

① 《走出学堂——晚清女学生的社会音乐活动(1989—1911)》，《中央音乐学院学报》2016 年第 1 期。该文入选中国人民大学复印报刊资料库。

② 《晚清女性的社会音乐启蒙》，《交响》2017 年第 1 期。

③ 《京剧旦角唱段中“悲怨”的审美风格探析》，《音乐研究》2015 年第 4 期。

④ 《超越生死之礼乐精神——京剧老生唱段中“悲壮”的审美风格探析》，《交响》2016 年第 1 期。

⑤ 王次炤：《中国传统音乐的美学研究》，人民音乐出版社，2019 年。

入大量北京地区优秀的音乐研究成果。从以往的同类讲座来看，这方面做得是不够的。原因在于：一方面，是从事北京音乐研究的高校教师没有发挥主动性的作用，将自身的科研成果及时转化，更多的只停留在出版的文论层面，导致很多需要此类讲座的高校没有途径和专业师资的指导，造成音乐美育课程方面的发展滞后；另一方面，音乐研究中的“北京音乐学”①是近年来较新的一个研究领域，在研究内容和方法论层面，还没有引起更多学者的重视，所以新的研究成果并不是很多。

针对上述情况，笔者在近年来的普通高校音乐美育类课程建设中，根据以往研究成果，并结合不同院校的需求，对教学内容做了筛选，主要根据以下两方面做了课程内容的设计，收到了较好的上课效果。

1. 北京近代学校的音乐教育和相关活动

北京，作为古代中国的历史文化名城之一，自近代以来，也是中国专业音乐教育、普通音乐教育及职业音乐教育最早萌芽的地方。以此为中心的音乐活动在民国时期的北京城里，融入了各阶层人士的工作、生活和日常闲暇中，成为当时开通风气、启发民智、传播新思想的重要文艺形式。在大、中、小学、幼儿园、孤儿院和社会活动中，音乐的身影无处不在。

根据上述史实，笔者认为，在当今北京高校中，可以根据不同学校的校史和需求来设计音乐美育类课程内容，这样容易引起当代学生的共鸣。比如在2018年4月27日，清华大学人文社科图书馆举行的“中国音乐史学家，中国音乐学院教授冯文慈、中央音乐学院教授俞玉姿夫妇音乐文献捐赠仪式”上，笔者和学院其他教师参加了此次活动。此次活动上，两校教师就北京近代音乐史上的清华大学的音乐教育和音乐社团进行了充分的研讨，这使在座的学生们获得了很大的收益。

如1925年，清华国学研究院的成立，梁启超、赵元任等许多卓有成就的学者们在倡导学堂乐歌，创作艺术歌曲、合唱等方面发挥了重要作用。抗日战争时期，清华学生在“一二·九”学生运动中成立的“海燕合唱团”，为当时宣传抗

---

① 在中国音乐史学领域，随着研究的不断深化，“区域音乐史”，也称为“地域音乐史”得到了部分学者的关注，“音乐上海学”“音乐苏州学”“音乐北京学”等口号的提出，相关研究成果也在不断出现。

战起到了积极作用。在清华大学的历史上，张肖虎、茅沅等后来成为音乐名家的人物都是不同时期进入该校的学生。老志诚、姚锦新等音乐家也曾被请到清华大学开设各类选修课。

北京地区的很多学校大都有着悠久的历史，笔者将这一部分内容转化到了近几年高校的音乐美育类讲座中，让学生在生动和亲切的授课氛围中学习音乐历史知识，更好地认识到北京这座古城的文化魅力。比如20世纪20年代北京大学附设音乐传习所代表了全国最早专业音乐教育的发端，萧友梅、刘天华、黎锦晖、杨仲子等音乐名家都曾在此做出了音乐贡献。他们有些还参与到其他高校(北京女子高等学校师范音乐科)和社团(北京国乐改进社)的创建中。刘天华还为梅兰芳出访美国记录《梅兰芳歌曲谱》，并在很多地方采风，结交民间艺人，对北京地区的传统音乐文化发展起到了重要作用。

著名的燕京大学、辅仁大学也在北京，蔡元培1917年还建立了“孔德学校”(现今北京第二十七中学)，民国总理熊希龄在香山脚下建成了中国近代最早、也是规模最大的贫儿学校香山慈幼院，这里边有丰富的面向校内外的音乐活动，从中走出了钱三强、陈香梅、吴祖光、吴祖强等各学科的精英人士。

2. 北京的传统音乐资源和以北京为题材的音乐创作

在现当代中国音乐史上，有许多诞生在北京的说唱和戏曲种类，还有以北京的历史文化故事为题材和音乐素材的音乐创作，它们能体现出从古至今北京城的历史文化风貌的变迁，也可以反映不同时代音乐审美的风格。笔者在近年来的讲座中将经典的音乐作品和较新的此类作品融入课程和讲座中，是较有特色的。

在2021年中国公安大学音乐美育讲座中，在课程内容上，笔者选择了王莘词曲的《歌唱祖国》，金果临作词、金月苓作曲的《我爱北京天安门》和刘自力编曲的小提琴作品《伟大的北京》作为课程内容的一个环节。在对这三首作品的创作背景和音乐特点进行梳理介绍后，让参与表演的学生将上述作品在演奏方式上进行了改变，让公安大学的老师和同学们在获得音乐知识的同时，感受到了富有新意的音乐艺术魅力。

再比如2022年中国矿业大学(北京)的纳雅大讲堂中，笔者以作曲家郭文景2014年首演的歌剧《骆驼祥子》为例讲授，《骆驼祥子》的剧本是依据老舍先生的同名小说编创的，音乐创作也吸收了北京民间音乐中的单弦牌子曲、京剧、大唢呐等因素，甚至演员的演唱，剧中的大合唱都是充满京腔京韵的。该剧不仅在国内获得成功，还多次应邀到国外演出，反响热烈。因此，在对普通高校学生讲授时，选择这部作品使他们可以更与时俱进地了解北京文化、北京传统音乐，更能感受到经典小说《骆驼祥子》是如何以歌剧的形态出现在舞台上的。

纵览整个中国现当代音乐史，此类作品有相当的数量，如萧友梅为北京女子高等学校师范音乐科(现为北京市西城区的鲁迅中学)第一届毕业生创作的女声合唱《别校辞》，作曲家江文也创作的北京题材的钢琴套曲《北京万华集》，曾是北京汇文中学特级数学教师的阎述诗作曲、光未然作词的《五月的鲜花》，阿隆·阿甫夏洛穆夫的交响乐《北平胡同》等。从传统音乐角度来看，北京地区代表性的曲种是京韵大鼓，戏曲是京剧，以此为题材的博物馆展览和老唱片的保存是非常完备的，研究成果也较为丰富，特别是以京剧为代表的名人故居散落在北京这座城市的大街小巷中。在当今音乐美育课程中，可以将上述资源根据需要进行课堂内容的设计，更好地为构建北京特色的音乐美育课程服务。

在教学方法上的思考

教学方法是使教学内容和课堂设计得以良好实现的重要保证。在教师备课和授课环节中，对教学方法的思考与选取是和所传达的知识同等重要的。笔者认为，构建新时代有北京特色的音乐美育课程，不能停留在传统教学方法的基础上，仅仅依靠老师讲授、学生聆听的方式是远远不够的。原因在于：随着时代的发展，第一，能考到北京地区高校的学生，一般来说，学习和其他综合素质都较为优秀。只要他们想学习，获取知识的渠道是非常丰富的，如果仅采用传统的教学方法是无法吸引学生的，起不到良好的授课效果；第二，2019 年年底开始的持续近三年的疫情为许多需要面授的音乐美育课程带来了很大困难；第三，科技的飞速发展也为教学方法的更新提供了许多帮助，作为新时代首都高校的教师，应该保持学习的积极性，去了解科技带给传统教学方法的革新。

因此，笔者立足授课实践，在教学方法上的探索有如下两点：

1. 理论讲授结合演唱、演奏实践

以往校园内外音乐理论课程的教授方式主要是教师主讲。在讲到音乐人物和作品时，以展示图片和播放音频、视频的方式进行。但是，当讲座的对象变成非音乐专业的普通高校的大学生时，传统的讲授方式就显得枯燥了，很多情况下，用这种方式去普通高校授课，没有太多音乐基础的普通高校的学生是理解不了的。

因此，在面对非音乐专业的高校学生时，笔者会以理论结合实践的方式进行。举例来说，比如在北京理工大学的一次讲座中，讲座的主题是爱国题材的中国合唱创作，整个课堂时间共 135 分钟，经与对方老师沟通，我们将其分为三个环节：第一个环节是笔者先从不同历史阶段挑选出有代表性的合唱，从理论上来讲述清楚，让学生了解百年来中国合唱作品的发展。第二个环节是教唱环节，笔者选择了作曲家黄自的《旗正飘飘》中的片段。选择这首作品的原因一是艺术性高，主调和复调相结合，是 20 世纪 30 年代爱国题材合唱曲的代表；二是难度适中，适合理工类学校学生们的实际演唱水平。笔者请指挥系的一名硕士研究生指导课上 150 余名学生学习(课前把各声部乐谱已发给对方老师，便于提前熟悉)。第三个环节的 45 分钟是根据前两个环节的理论讲授和实践演唱进行研讨。

这样的理论与实践相结合的课堂设计收到了很好的授课效果，让学生不再陷入枯燥的理论传授中，而是通过亲自参与、亲身演唱的方式去感受中国合唱的艺术魅力，从中对爱国精神有了新的感悟。

这样的授课方式也是方便且灵活的，既可以让学生参与演唱、演奏，也可以让教师根据自身的水平进行演奏和分析，以此达到更好的课堂效果。

2.“虚拟现实”的助力

“虚拟现实”(Virtual Reality，简称 VR)技术，是模拟人类视觉、听觉、触觉等感知行为的高度逼真的人机交互技术。简单来说，是利用计算机等设备进行输入输出，来营造一个人体各个感官都可感可知如身临其境的虚幻世界。戴上 VR 的专属设备(比如头盔、VR 眼镜、传感手套等，这些专属设备取决于购买哪个公司的产品)，充分调动人的视觉、触觉体验，虚拟与现实只在一镜之间，仿佛科幻电影中才有的高科技。用户可与此环境进行互动，产生身临其境的体验。

笔者经过近几年对这一技术的了解以及在实践中的探索，认为“虚拟现实”

会为当下和未来的音乐美育类课程教学提供很大的帮助。原因在于：第一，音乐类课程的教授有一个较为特殊的地方，比如我们在讲一件古代乐器的时候，它很珍贵很稀有，不可能让我们每个人都实际触摸和操作组装。传统的讲授方式是展示图片和播放视频，但这些都不能使学生获得身临其境的感受；第二，疫情期间面授课程的开设受到了很大的影响，上网课已成为大学生的主要学习方式之一，网课的参与度不高、容易走神，挂在线上、但人走了的旷课情况也时有发生；第三，好的老师和课程资源往往会集中在某个高校或科研机构，其他学校或地方的学生无法获得。

基于上述原因，笔者从2018年开始，对“虚拟现实”与音乐类课程的结合进行了循序渐进的探索：2018年在山东省青岛市举行的全国中国音乐史教学研讨会上，笔者曾以此为题目做了发言，发言内容从这一技术在医学、科技、商业等领域的运用联系到平时的课堂教学中，得到了多数与会专家的肯定。2021年，笔者又进一步尝试并撰论文《“虚拟现实”在中国音乐史课堂教学中的应用展望》，荣获北京市青年教师基本功教学论文比赛“三等奖”。2022年，笔者所在的中国音乐史教研室入选教育部第二批虚拟教研室建设试点。

虽然目前现有的硬件设备无法达到“虚拟现实”的“沉浸式”的体验，它需要技术人员和音乐学领域的专家通力合作完成。但笔者在最新科研成果的基础上，结合自身教学实践和教研室课程实践，也做出了不同程度的尝试。比如，2022年国庆期间，笔者以“中国歌剧”为主题，与学生们一起录制了内容丰富的音乐美育类课程，还提前布置了阅读文献。并将这一课程放在指定的网站上，让普通院校的学生观看后，又以此为平台组织多所学校的老师和学生共同参与研讨。参与研讨的院校不仅限于北京市内，因为不受地域的限制，许多感兴趣的北京以外的高校如云南艺术学院、沈阳音乐学院、哈尔滨音乐学院的老师和学生也参与了进来。经过这一次的探索，笔者发现，探索“虚拟现实”在音乐美育类课程中的应用是有价值的，它能超越地域的限制和疫情的影响，唤起学生们极大的好奇心和参与感，弥补了传统面授课程的不足。

综上所述，笔者结合近年来各类主题和形式的音乐美育类授课实践，对构建具有北京特色的音乐美育类课程和讲座进行思考和总结。笔者认为，音乐是感性的、听觉的艺术，音乐可以唤起人类各种健康、美好的情感。对新时代首都高校的学生而言，是不可或缺的培养综合素养的重要方面。对音乐美育类课程的设计一定要尊重音乐艺术的基本规律，要关注科技的新发展，更要从北京丰厚的音乐文化资源出发，将最新的科研成果通过各种有益的教学方法传播到高校的音乐美育讲座中。

高校合唱艺术实践的育人功能

——以北京信息科技大学为例

郭　颖

（北京信息科技大学）

习近平总书记在全国教育大会上强调，“要培养德智体美劳全面发展的社会主义建设者和接班人”。合唱是高校美育的一种重要形式，也是德智体美劳全面发展必不可少的内容之一，在高校全员全程全方位育人过程中有着独特作用。但在一些高校中，由于包括合唱在内的美育处于相对边缘的位置，加之一些学生或音乐基础薄弱，或对合唱艺术理念缺乏理解，抑或相关部门重视程度不够等，直接影响了这些高校合唱艺术的开展，制约了大学生整体素质的全面提升。2020年，中共中央办公厅、国务院办公厅颁发了《关于全面加强和改进新时代学校美育工作的意见》，明确要求到2022年，包括合唱艺术在内的美育育人成效要显著增强，学生审美和人文素养明显提升，彰显了国家对构建德智体美劳全面培养教育体系的重视程度。北京信息科技大学（以下简称“该校”）是以工科为主、多科并举的全日制高校。长期以来，该校坚持开设合唱课程，完善具有自身风格的大学生合唱团，积极参与各项艺术实践活动，举办具有高校特色的合唱音乐会等，在学校教育中发挥了合唱艺术的育人功能。对新时代高校全面提升学生综合素质，培养德智体美劳全面发展人才等，有着积极的实践意义。本文着重从大学生合唱团发挥育人作用的角度进行阐述。

合唱艺术实践是实现高校全方位育人目标的重要载体

合唱艺术是高校育人的重要方面。涌现出众多的大学生合唱团队，是高校合唱教育蓬勃发展的重要标志之一，而高水平合唱团是实现学校全员全过程全方位育人的重要载体，也是高校健康向上校园文化的引领力量。该校既未设立艺术学院，又无招收艺术特长生的权限，且每年学生毕业离校还会造成原有合唱团人员的流失、队员时有变化，难以形成合唱团的固有特色和传承优势，与一些高水平的大学生合唱团相比，差距甚大。因此，弥补短板、体现特色、逐步缩小与高水平合唱团的差距，是学校的必然选择。首先，提高认识尤为重要，高校大学生合唱团，尽管不是专业的合唱团体，但也不能简单等同于一般的自娱自乐组合。合唱不单单是让学生会唱一首歌，而是要通过合唱艺术教育的开展，实现"提高学生审美和人文素养，弘扬中华美育精神，以美育人、以美化人、以美培元"、把学生培养成为"德智体美劳全面发展的社会主义建设者和接班人"的长远目标。① 其次，要设立合唱课程，让学生们在学校接受较为系统的艺术教育及合唱训练，使合唱艺术实践成为学校育人工作的重要过程。还要根据学校的现实情况，"加强高校艺术社团建设，加大从普通在校生中挖掘、选拔、培养艺术团成员力度"，② 建立一支高水平的合唱团，确立合唱团在艺术实践中的引领地位。有了这样的主导意识，加上艺术教师的辛勤培养和学生日积月累的刻苦习练，技艺平平的合唱队伍就一定能逐步达到较高的层级，从而引领带动其他学生，提升艺术技能，增强个人素质，为高校全员全过程全方位育人目标的实现，铺垫扎实的基础。

---

① 中共中央办公厅、国务院办公厅：《关于全面加强和改进新时代学校美育工作的意见》[2020—10—15]，http://www.moe.gov.cn/jyb_xxgk/moe_1777/moe_1778/202010/t20201015_494794.html。

② 教育部：《关于切实加强新时代高等学校美育工作的意见》[2019－3－29]，http://www.moe.gov.cn/srcsite/A17/moe_794/moe_624/201904/t20190411_377523.html。

完善合唱教学，指导学生参与艺术实践

（一）强化合唱排练和实践体验

该校在合唱教学中，以立德树人为根本，以社会主义核心价值观为引领，按照“美育与德育、智育、体育、劳动教育相融合”的课程育人要求，面对全校大量“零基础”的学生，开设音乐欣赏、声乐技巧训练等选修课。对一些潜质较高的学生，视其音色特点和乐感条件，进一步开设合唱艺术欣赏与实践教学课程。实践教学分为专业技能训练、分声部训练和重点排练。前期可多拿出一些时间进行基础环节训练。分声部训练中，强调学生在演唱本声部时，关注其他各声部的内在联系。有展演任务时进行重点排练，如在排练难度较大的混声合唱《蒲公英》时，老师给同学们解析作品的艺术价值，强化同学们对作品音乐情感变幻起伏的理解，对重要乐句在色彩、强弱等方面反复强调，反复示范。同学们都能主动配合，认真排练。该合唱曲目在北京市第二届大学生音乐节中，以和声之美、艺术之美获得金奖。在传授合唱技能的同时，教师还将作品的思想性融入合唱课程中。《不忘初心》是反映时代主旋律的一首作品，排练时，老师首先引导同学们要不忘初心、牢记使命，在新时代的舞台上，不断提升自身综合素质，谱写出无愧于人生的篇章，不辜负党和人民对大学生的殷切期望。在演唱中，每位同学都以积极向上的姿态，满怀激情投入合唱之中。体现了内化于心，外化于行的艺术育人效应。

（二）积极参与各类展演和社会实践活动

大学生艺术展演是融展示和竞赛为一体的艺术实践活动。对大学生的思政锤炼和艺术素质提高有着重要的推动作用，该校积极参加历届艺术展演活动。为参加北京市第二届大学生音乐节展演，同学们在四个多月的排练中，除了正常训练外，每天还要加练两到三个小时。演出中，同学们凭借新颖的曲目和娴熟扎实的演唱，获得三金一银的好成绩，成为本届同组别高校获取金牌最多的团队。近年来，该校合唱团的大合唱、小合唱等十余首作品，在北京市大学生艺术展演中荣获金奖。该校大学生艺术团作为北京青年艺术团团体成员，经常为一线青年学子举办专场慰问演出。还积极参与北京市街道社区举办的各种艺

术实践活动，2020年在“歌唱北京——首都市民合唱周”活动中，男生合唱《小河淌水》获得银奖（金奖空缺），阿卡贝拉《*Mad World*》及《夜空中最亮的星》也获得铜奖的好成绩，北京电视台对合唱团进行了专访报道。在展现大学生合唱艺术魅力的同时，也获得了很好的社会实践效果。

（三）打造高校艺术育人的独特平台

组建高水平合唱引领团队，举办合唱音乐会，增强对大学生的影响力和感染力，是高校艺术育人的目标之一。合唱的艺术效果能否给人留下深刻印象，形成自身合唱特色甚为关键。经过多年不懈努力，该校组建了平均每届拥有70余人的合唱队伍，还成立了男、女声特色合唱队及阿卡贝拉人声乐团等。总体来看，合唱团基本特色可以归纳为，女声，音色灵动、柔中有刚、抒情飘逸；男声，灵巧多变、和声丰富、表现力较强，初步形成具有青春朝气、积极向上的大学生合唱团队特质。在此基础上，该校合唱团通过积极排练，积累了国内外优秀合唱艺术作品60余首。每次新生入学、毕业季和重大节日等，合唱团都要举办规模不同的合唱音乐会，受到师生们的热烈反响和好评。如“金色的光”——校庆合唱作品音乐会、“母亲的微笑”——歌声祝福祖国中外经典合唱作品音乐会、“星空下的我们”——流行作品音乐会、“星火照耀我们的歌”——建党100周年合唱作品音乐会等；疫情防控期间举办“抗击疫情，携手同行”合唱云演出；参加全球万人网络云端大合唱《有一种爱不变》，以歌声向所有奋战在抗疫一线的“逆行者”致敬；毕业季制作了无伴奏合唱MV《我们的故事》，献给因疫情不能返校的毕业生们；特别是庆祝中国共产党建党100周年的《百年奋斗之歌》专场音乐会，通过10多首经典合唱歌曲的展演，把观众带入精彩的合唱世界，使合唱成为该校艺术实践的品牌之一，打造了高校艺术育人的独特平台。

合唱实践在高校艺术育人目标中的作用

（一）合唱艺术实践增强了大学生团结协作精神

合唱是一门集体歌唱的艺术，讲求的是群体协作，可以增强大学生和谐、统一的团结协作精神。在一个合唱团队，有合唱指挥、艺术指导、声部长、男女各声部、钢琴伴奏等，合唱团员要相互协作，演唱好自己的声部。如果举办一场音乐会，还要有多个部门和人员的配合与辅助，文案编写、海报宣传、场地布置、服装舞美、视频制作等，演出时剧务上还要制定各项管理制度等，使每一岗位承担起自身责任。合唱讲究的是一个“合”字，要求每个人声音相互协调，各声部融为一体，拥有丰富的音响色彩，才能保证合唱艺术的科学性与艺术性。在合唱团里没有小我，只有大家，同学们都自觉以此来指导自己的行为方式，摆正个人与集体的关系，学会了尊重他人，学会了相互沟通，增强了同学之间的团结协作能力和社会责任担当意识。不少合唱团的同学在毕业进入社会后，还时时关心着本校合唱团的发展，每次学校举办音乐会都有往届的老团员返校参加服务工作，为音乐会操心费力，出谋划策。合唱艺术实践养成的集体精神和协作意识，对大学生健康人格的形成和综合素质的提升，有着十分重要的意义。

（二）发挥合唱思政教育功能，培育大学生爱国情感和赤子之心

习近平总书记在全国高校思想政治工作会议上指出：“要坚持把立德树人作为中心环节，把思想政治工作贯穿教育教学全过程”。① 合唱可以增加学生音乐情感的交流，达到合唱艺术与思政功能融合的功效。在“母亲的微笑”——歌声祝福祖国中外经典合唱作品音乐会上，当合唱歌曲《我和我的祖国》音乐响起，全场师生和着音乐旋律，舞动手中的红旗，与合唱团声情并茂的演唱融为一体，同声高唱对祖国母亲美好的祝福，台上台下，交相辉映，将音乐会推向高潮。合唱传递的艺术气氛再一次激发了大学生的爱国主义情怀。一些多次聆听音乐会的同学反映，合唱艺术深深触动了我们的心灵，在不断改善着我们的精神状态，潜移默化地影响着我们的人格价值观念。在中国共产党成立100周年之际，该校党政部门、教学单位、民主党派、党外代表及师生代表900余人倾情演绎了“百年奋斗之歌”——师生专场合唱音乐会，在全体与会人员参与演出的《黄水谣》《过雪山草地》《游击队歌》《绣红旗》《英雄赞歌》《同一首歌》《唱支山歌给党听》《我们走在大路上》《共和国之恋》《走向复兴》《天耀中华》《不忘初心》《国家》《追寻》《我和我的祖国》《没有共产党就没有新中国》等经典合唱歌曲中，大家重温了党的峥嵘岁月，回顾了党的坚定初心，感悟了党的伟大信仰，歌颂了党的辉煌

① 习近平：《把思想政治工作贯穿教育教学全过程》，http：//www.xinhuanet.com/politics/2016－12/08/c_1120082577.htm。

成就。使合唱音乐会转化成为思政大课堂，创新了党史的学习教育形式。该校“庆七一”合唱音乐会视频还以“老中青三代共唱《不忘初心》”为题，作为首批优秀作品在人民网、学习强国、抖音三大平台进行展播。参加合唱演出的有耄耋之年的老党员，有中青年教学骨干，也有风华正茂的年轻学子，老中青三代同唱《不忘初心》，赓续红色基因，献礼党的百年华诞。

（三）增强学生成就感和自信心，彰显高校艺术育人的延伸效能

增进大学生的成就感，可以使学生在未来征途上更加自信。该校合唱团的同学们清晰记得，他们在清华大学“新清华学堂”、北航“晨兴剧场”、人民大学“明德楼剧场”等高校艺术殿堂参加大学生艺术节合唱展演并获得金奖的动人场景。从每次展演或音乐会收获的鲜花和掌声中，同学们深深感受到广大师生及社会对合唱艺术成果的认可，他们在获取成绩和荣誉的同时，也增强了参与合唱艺术实践的自信心，奠定了进入社会长远之途的基石。合唱团的同学认为，合唱使人的思想得以升华，在合唱艺术实践中可以找到一种归属感，找到促进自身各方面成长的推动力。在参加过学校合唱艺术实践的历届理工专业毕业生中，有不少学生都成为工作单位中的骨干，还有不少同学在艺术领域方面继续发挥作用。有20余位同学毕业后常年在北京一些优秀合唱团体中坚持参加合唱艺术活动，还有一些学生由于在学校艺术教育中收益颇多，毕业后继续在音乐艺术领域进行深造，机电学院的一位同学在毕业后从事音乐工作，现已成长为国内小有名气的音乐人，全网粉丝量达330万；理学院和通信学院的两位同学考取了中国传媒大学智能音乐和声频技术相关专业的硕士研究生；外国语学院的一位同学在出国读研后，回国从事了音乐人相关职业；通信工程专业两位合唱团钢琴伴奏的同学，一位毕业后被英国皇家音乐学院录取攻读钢琴艺术指导硕士学位，另一位同学也于2021年考取了美国伯克利音乐学院的硕士等。以上学生所取得的成绩彰显了高校艺术育人的延伸功能。

总之，该校通过合唱教学、排练实践、艺术展演和举办各类音乐会等艺术形式，提升了大学生合唱技能和艺术素质，逐步形成有自身特色的大学生合唱团队，打造了高校艺术育人的独特平台。同学们在思想上得以升华，精神上得以充实。对合唱艺术实践在实现高校艺术育人目标等方面，有着重要的启示。

弦歌之声：高校音乐类公共美育课创新与古典音乐普及

——基于“音乐之美”的教学实践

毛　雪

（北京城市学院）

美育是培养学生认识美、爱好美和创造美的能力的教育，是全面发展教育不可缺少的组成部分。党的十八大以来，以习近平同志为核心的党中央对美育高度重视，首次明确美育的指导思想和任务要求，提出要构建科学的美育课程体系，改进美育教育教学，统筹整合学校与社会美育资源，把加强和改进美育教育提到了前所未有的高度。北京城市学院是中国高等教育改革的一面旗帜，学校积极响应国家关于加强和改进美育教育的政策要求和时代号召，积极探索高等院校美育教学实践，紧密结合新时代大学公共美育课教学的新需要，成立美育教育中心，积极推进高校美育教育工作，积极发挥美育育人功能。“音乐之美”是美育教育中心首次开设的一门音乐类公共美育课。在课程开发建设和教育教学过程中，如何贯彻好国家的美育教育方针，如何贴合学校的现实需要和学生学情，能否有效达到学校的教学任务目标、满足学生需要，直接关系学生能否形成对美育的整体感受、实现“以美育人、以美化人、以美培元”的美育目标。

本文从“音乐之美”课程建设与教学实践的经验出发，系统阐述了北京城市学院美育教育中心在探索高校音乐美育教学模式中结合学校现实需要和学生学情特点，在教学理念、课程设计、教学特点和教学方式上的积极创新和思考，成为开展高校美育教育工作的一次有益借鉴。

“音乐之美”课程建设的背景情况

(一)围绕学校美育方针推动专业教学全覆盖

加强和改进美育教育，是学校认真贯彻落实党和国家的既定教育方针的政治要求，也是学校从课程建设上探索弘扬中华传统文化精髓和美育精神的现实需要。为全面贯彻落实党和国家关于全面加强和改进学校美育工作的教育方针，切实强化美育育人目标，积极促进学校美育改革发展，提高学生审美与人文素养，促进学生全面发展，北京城市学院积极开展美育教育工作，以期实现美育教育全覆盖。在学校开展美育教育工作的总体要求和学校领导的大力支持下，美育中心于2021—2022秋季学期首次开设了“音乐之美”，作为学校首批美育通识课程之一，由中心兼备理论与专业特长、国内外研学经历和产业背景的青年教师担任主讲，迄今已完成一千余名学生的美育课程教学，初步实现了形式多样、内容丰富、教学完整、反馈良好、美育育人的教学目的和教学效果。

(二)针对非艺术类本科生设计特色教学内容

“音乐之美”以全校非艺术类本科生为授课对象，教师在课堂上带领学生漫游中外著名音乐城市，扎根中国、融通世界，贯穿讲解、探讨在不同音乐美育文化背景下中外著名音乐作曲家的音乐美育思想与实践。课程开设学时为30学时。在教学内容上，课程精心设计3个教学单元15个子单元，每个子单元介绍一位中外具有代表性的古典音乐作曲家及其代表作，学生通过了解中外不同时期的部分作曲家及代表作，掌握音乐欣赏基本知识、原理和方法，感受和比较中外音乐美育教育思想异同、音乐美学特征，提升古典音乐审美及兴趣，进而使学生能够感受世界音乐美育教育发展脉络，继承与发扬中华美育精神与文化自信，形成良好的音乐审美观念和审美能力，在音乐美育教育熏陶下启迪智慧、陶冶情操、美化心灵、养成人格，进而实现以音乐美育人、以音乐美化人、以音乐美培元的目标。同时，课程亦不失为一部具备实践意义的音乐人文地理和音乐鉴赏的城市漫游指南。

(三)科学制定多维统一的音乐美育课程目标

“音乐之美”作为一门公共美育课，开课的目的是使非艺术专业的学生对中外著名古典音乐作曲家的生平、代表作及艺术思想有一定程度的了解和认识，以提高学生的艺术修养和音乐鉴赏能力，为学生的全面发展和素质教育提供有效的途径。通过学习这门课，学生应当形成对于社会生活和音乐艺术作品的美的感受，提升音乐审美兴趣、美育实践性和创新意识，形成良好的音乐审美观念、审美能力、感知能力和人文素养，在音乐美育教育熏陶下启迪智慧、陶冶情操、美化心灵、养成人格，进而实现以音乐美育人、以音乐美化人、以音乐美培元的目标。“音乐之美”在课程设计上采取科学规划，希望学生通过学习达到以下目标。

一是知识目标。通过课程学习了解中外著名音乐城市的音乐文化发展历史。了解中外著名古典音乐作曲家的音乐思想，掌握中外不同时期的部分作曲家的生平以及代表作的创作背景。掌握古典音乐艺术作品的基本表现形式、鉴赏基础知识、原理和方法，能够对曲目进行全面、有深度的鉴赏和乐理分析。学会分析和比较中外作曲家审美思想异同和美学特征。

二是能力目标。通过古典音乐教学活动掌握必要的音乐基础知识、技能技巧和文化背景，以提升学生的音乐知识储备和学习能力。通过音乐审美体验，形成音乐美的整体感知，提高音乐审美的鉴赏能力、理解能力和表达能力。提高音乐人文素养，陶冶高尚情操，激发创作热情，发展音乐审美的实践能力和创造能力。

三是价值观目标。(1)弘扬中华美育精神与文化自信。以社会主义核心价值观为引领，以提高学生音乐审美和人文素养为核心目标，以创新能力培育为重点，以中华优秀传统文化传承发展和世界音乐经典教育为主要内容。扎根中国、融通中外，传承与发展中华优秀传统文化，弘扬中华美育精神，体现国家和民族基本价值观，坚持四个自信，弘扬文化自信。(2)开展音乐美育教育与人格培养。学生通过多元化的教学形式，在“寓教于乐”中使学生的心灵得以净化、情操得以陶冶，能够将道德、知识等美育教育转化为学生的一种精神素质，使之成为真善美相统一的人格。(3)提升审美价值与内在价值。学生通过鉴赏不同音乐美育文化背景下中外著名音乐作曲家的艺术作品，形成对音乐美的整体感知和良好的审美观念，内化形成对美的理解、思想和表达。(4)实现创造性发展与社会交往价值。通过激发音乐兴趣和培养专项特长，提升艺术表现、创意实践等核心素养，培养创新发展理念。

高校音乐美育教学的学情、痛点和对策

(一)学情与痛点分析1：“00后”学生性格特点的多样性

在《音乐之美》的教学实践中，我们发现课程面向的学生主要为学校“00后”大一新生，他们大多出生于2003年左右，性格活泼，富有朝气，有较强的好奇心和求知欲，学习能力强。他们成长于网络时代，紧随潮流变化，思想观念开放，拥有很强的信息获取的能力和渠道。自我意识的发展正逐步走向成熟和完善，独立性、自尊、自信心和竞争意识不断增强。他们强调自我认识和自我评价，注重内心的分析和体验，在认识上富有挑战精神，敢于质疑；注重别人对自己的评价，渴望被尊重和理解；注重自己的形象，规划出理想的自我模式，经常把自己和别人比较。同时，由于缺乏知识、能力和经验，他们也存在着一定的自我认识偏差，往往不能正确评价自己，部分学生不善于处理自我完善与社会需求之间的关系，情绪波动较大，呈现两极性，意志水平发展不平衡不稳定，在遇到关键问题或采取重大行动时，往往表现出优柔寡断或仓促武断、盲目从众等心理，容易被新兴事物、网络舆情和电子设备吸引，辨别能力、意志水平、承受能力等有待进一步提高。

对策：针对“00后”学生的性格特点，合理制定“音乐之美”的课程内容和教学方式，对于学生认真参与课堂互动、完成课后作业，及时给予积极的肯定和评价，帮助学生在音乐美育教育熏陶下形成良好的音乐审美观念和审美能力，启迪智慧、陶冶情操、美化心灵、养成人格。

(二)学情与痛点分析2：非艺术类学生能力特点的结合性

由于“音乐之美”的主要教学对象为非艺术类专业的本科生，他们具备多元化的学科背景和综合实践能力，但通常缺乏系统性的音乐知识和音乐审美的鉴赏能力。尤其是当代大学生普遍对现代流行音乐和摇滚音乐熟悉，但对于古典音乐往往了解甚少，兴趣不深，或对古典音乐和民族音乐有传统、保守等认识偏差，或认为古典音乐过于高雅、难以听懂而望而却步。

对策：针对非艺术类学生的能力特点，“音乐之美”旨在教会学生掌握并能

熟练运用古典音乐鉴赏基础知识、原理和方法去分析部分作曲家的代表作，熟悉并能深入了解古典音乐审美思想异同和美学特征的分析与比较方法。要求学生对古典音乐赏析学习有一定的兴趣，同时拥有必要的音乐基础知识、技能技巧和历史文化背景等知识储备，具备良好的分析能力、理解能力，做到举一反三。在课程的教学过程中，教师更应当注重通过教学实践带领学生进行古典音乐审美体验，帮助学生提升对古典音乐的兴趣，逐渐形成对音乐美的整体感知，提高音乐审美的鉴赏能力、理解能力和表达能力，从而达到促进美育教育，提高学生音乐人文素养，陶冶高尚情操的意义。

（三）学情与痛点分析 3：新时代大学生思想特点的能动性

“00 后”大学生思想活跃、思维开放。随着“互联网＋”的高速发展，他们善于借助各种移动端获悉自己感兴趣的人和事，但是对国家的发展以及国际局势等缺乏必要的关注。因而对于国家的历史和现实，认识可能不够全面、深入。在信息大爆炸、言论自由的今天，大学生借助互联网看世界，在不同国家文化、价值观以及网络言论的交织影响下，“00 后”大学生对多元的世界有了多视角的认识。但是，对于刚步入大学校门、刚刚成年的“00 后”而言，单一的知识获取途径、有限的社会阅历，对于一些非主流价值观、网络言论等缺乏理性、客观的认识。在种种价值观的冲击下，青年大学生容易失去理性的判断。

对策：针对新时代大学生的思想特点，在“音乐之美”的课程内容中开展及时有效的美育教育、恰当地融入思政教育的内容，通过正面引导、疏而不堵，全方位、多领域的集中发力的方式及时了解学生的所思、所想、所动，能够潜移默化地引导学生树立科学的世界观、人生观和价值观，培养学生的爱国热情、奉献意识，提升学生的审美情趣、道德情操，对于大学生成长、成才，国家的建设、发展具有极为重要的意义。

探索高校音乐美育教学模式的创新理念及思路

结合高校学情和美育教学中的痛点问题，为达成课程目标，在“音乐之美”的设计、建设和教学实施过程中，遵循以下教育教学理念及课程设计思路：

（一）以“激发学生对古典音乐的学习兴趣”为中心的课程理念

在课程设计时，教师始终坚持以“以音乐美育人、以音乐美化人、以音乐美培元”的思想和目标，以“激发学生对古典音乐的学习兴趣”为中心，本着“让每个学生觉得古典音乐并没有那么难懂，能够产生一些兴趣，找到一些共鸣，引发一些思考”的教学初衷和基本理念展开教学活动。

（二）形成“四位一体”的高校音乐美育教学模式和课程思路

一是以美育思政为导向。“音乐之美”在设计时充分考虑了学校开展美育工作的立意和要求，内容上区别于音乐艺术专业课和传统的音乐鉴赏课，紧紧围绕授课对象的学情，突出了兴趣引导和音乐鉴赏能力培养，避免专业性过强、体验感薄弱，让学生能够跳出本专业学习，充分投入美育课堂，潜移默化地将美育理念和思政融入教学。

二是以学生发展为中心。注重学生课堂体验与课后评价的一致性，突出在过程中引导和激发学生对古典音乐的学习兴趣，不只是聆听，而且还要学会分析、理解、分享。强调学生对课程学习的心得、收获以及对于自身的影响反馈，跟进了解课堂教学是否对学生的性格认知、能力素养、道德情操产生积极正面的影响。

三是以体验互动为主线。突出“开放性、共享性、交互性、协作性”的教学特点，围绕“耳听、眼观、心想”的音乐鉴赏基本要素，简化不必要的理论，重点筛选一批大众耳熟能详但欠缺专业鉴赏的知名作曲家和代表作，让学生多听古典音乐，多看演奏视频，在过程中穿插讲解，遇到重难点的乐理知识和鉴赏知识时，设计一系列互动环节，带领学生亲自尝试和体验，从而构建学生的古典音乐认知和鉴赏能力体系，加强课堂体验。

四是以数字资源为手段。注重现代教学资源建设和使用，运用多种信息化平台，创新课堂施教和管理手段，避免施教止于下课铃响之时，打破传统教学时间与空间限制，实现全程施教。

探索高校音乐美育教学实践的创新方法及途径

结合以上创新理念及课程设计思路，在“音乐之美”的设计、建设和教学实施过程中，主要实现了以下教学方法和途径的创新。

（一）在课程内容重构上，先抓兴趣培养，创新美育教育和思政融入

由于选课学生来自全校不同院系不同专业，对音乐的兴趣和学习基础有差

异。故先以合理充分的学情分析，掌握学生的性格和思想特点，在课程设计上结合这些特点开展情境教学和案例教学，创新美育教育和思政融入方式，引导学生到特定氛围中感受沉浸式音乐的魅力，激发学习兴趣和情感共鸣。例如，在讲授冼星海及其经典作品《黄河大合唱》时，首先布置预习任务，让学生欣赏冼星海的经典作品《黄河大合唱》全乐章，并挑选一个最喜爱的乐章详细谈谈喜欢的原因以及感想，使学生初步欣赏冼星海的经典作品并对其曲目风格建立初步的了解。课程导入时，通过点评作业使同学们快速进入课堂状态。在重点章节赏析时，组织学生用拍手的方式感受在音乐中"速度"与"力度"对情绪的影响。并结合所播放的部分旋律呈现波浪起起伏伏，恰似势不可当的黄河波涛滚滚奔流，展示出抗日军民英勇战斗的壮丽场景，适时地融入思政教育，引导学生感受沸腾激荡的中国人民的思想感情，继承与发扬革命乐观主义精神与新时代爱国奋斗精神，做爱国奋斗精神最坚定的弘扬者、实践者、传播者，构筑起民族的脊梁(见表 1)。

表 1　部分创新美育教育和思政融入教学内容展示

序号	教学单元	学时			
		讲授	实践	其他	合计
1	舒伯特《野玫瑰》与黄自《玫瑰三愿》	2			
2	舒曼《诗人之恋》与赵元任《教我如何不想她》	2			
3	勃拉姆斯《我的思绪如歌 Op. 105，No. 1》与廖尚果《我住长江头》	2			

(二)在教学方法创新上，结合时代特点创新教学手段

一是预设情景式教学法。即从日常生活中提炼一系列古典音乐的应用场景，并结合到施教过程中。例如让学生先观看熟知的以古典音乐作为背景音乐的广告，以此作为切入口，拉近学生与课堂内容的距离，在情景中形成新旧体验的碰撞，让学生的印象更加深刻。二是全程体验式教学法。即突出"开放性、共享性、交互性、协作性"的教学特点，运用信息化创新手段，实现"课前-课中-课后"全程施教，打破传统教学时间与空间限制。例如运用网易云音乐 App、高校慕课、微信公众平台等，为学生精准匹配学习内容，使其借助移动终端随时随地学习，方便课后持续强化，从而激发学生持续学习和欣赏古典音乐的兴趣，

利用好碎片化的时间，更加形象直观地建立知识框架，便于开展交流互动，达到潜移默化、生动形象的效果。三是案例启发式教学法。即在教师的引导下，围绕一定教学目的，将作曲家的生平经历和创作背景的叙述，通过层层深入、环环相扣的提问引入课堂，组织学生深入思考探讨，注重教学互动，引导学生综合运用所学知识思考、研究、分析、探讨，提高学生分析问题、解决问题的能力。

(三)在教学环境创设上，创新课堂管理和学生管理模式

课前，通过微信群组、小程序、App 等手段，方便学生利用碎片时间提前预习，提高学习兴趣，扩充知识量。同时在师生之间搭建起沟通交流平台，每个班群选择一位助理管理员(班长)，协助老师将学生统一、高效地管理，保证课程内容和教学情况高效互达，便于全流程、全过程、全方面的学情跟踪管理监督，做到及时沟通、及时反馈，有效地解决学生课堂课后管理和教学监督。课中，以讲授为主，主要采用板书、多媒体、视频、演示课件的教学手段，通过内容讨论、互动体验、研究性学习等教学方法进行教学，并不时地安排一系列乐理知识、音乐鉴赏知识的随堂小测，问答比赛，定期跟踪检测教学情况。课后，为激发学生持续学习和欣赏古典音乐的兴趣，方便课后持续强化课程内容，老师在课程中为学生精心设置了《音乐之美·音乐鉴赏配套曲目单》。学生可以在课后到网易云音乐 App 关注课程小助手信息，自行完成作曲家热门作品欣赏。

(四)在教学评价改革上，注重学生的平时体验和能力选拔

在考核评价上，“音乐之美”课程的最终成绩以平时成绩和期末考核两个维度综合评定，其构成比例为平时成绩(40%)＋期末考核(60%)。其中，平时成绩主要以授课知识的掌握情况、作业完成情况，并结合考勤情况、课堂参与情况等综合给出平时成绩，突出学生在平时课堂中的参与程度、互动效果，突出学生对课堂教学真实的心得体会、影响、应用，突出教学后的评价反馈。期末考核的形式则丰富多样，如以文本报告形式，要求学生运用所掌握的音乐鉴赏基础知识、原理以及美学特征的分析方法，任选一位作曲家及其中一首作品，进行详细分析并提交文本报告，以此锻炼新生的学术性报告写作能力和规范；如以期末展示形式，要求学生任选一位作曲家及其代表作品，以 6 至 8 人为一

组分组制作PPT或视频进行课程展示，要求学生明确组员具体分工和参与作品的贡献度，注重过程性、整体性和差异性评价。在完成普遍性教学任务的同时，注重发掘有特长基础、表现突出、反馈较好的学生并进阶选拔到艺术团、钢琴团进行培养，推荐学生参加艺术比赛，进一步激发学生的兴趣热情，巩固美育实效。

以创新理念和创新方法促成美育教学实效

(一)达到高校美育教学工作的预期效果

1. 学生受益面广，凸显学校美育全覆盖的教学要求

在学校实施美育教学改革创新的积极推动下，“音乐之美”在开课的首学年便完成了1000余名学生的课程教学工作，课程覆盖面广、跨专业学生背景多样、学生基数大、完成度高。教学过程中，“音乐之美”的课堂以聆听感受式、预设情景体验式、全程参与互动式、案例启发共鸣式等多种教学方法的混合运用，实现“课堂精彩化”，充分调动学生学习兴趣，增强学生对美育教育课及教师的认同感和满意度。在“音乐之美”学年教学评价中，教师评分均在96.5分以上，课堂效果良好，教学实效显著提升，获得学校教学督导和学生的充分肯定和高度评价。

2. 美育实效提升，展现古典音乐普及的有益作用

从“音乐之美”的学生期末综合成绩评定上看，整体教学效果良好。在美育实效上，学生普遍反映通过学习“音乐之美”课程，对古典音乐由陌生变成了解，由无感变成喜爱。有的学生之前学过乐器、有一定音乐基础或因种种原因放弃音乐学习的，课后又重新燃起了学习音乐的兴趣，重新拾起了孩提时的乐器和热爱。有的学生觉得这堂音乐美育课的内容设计和教学方式很特别，不同于以往传统的音乐课，课上听得很投入，主动做笔记，分享感受；有的学生觉得意犹未尽，在课后自发到配套歌单中找乐曲反复欣赏，潜移默化地让听古典音乐成为一种习惯。即使在疫情防控期间课程全面转至线上教学，无法面对面交流，为了保证教学质量和教学效果，课程也设置了很多兴趣特长展示、乐理知识互动、随堂小测环节，引导学生专注和积极地参与。还有很多学生受课程影响，

在课后主动参与美育中心的艺术团、合唱团和钢琴团进阶学习和活动，希望把对古典音乐的兴趣往专业方向提升。

（二）学生课程参与度和知识获得感反馈良好

“音乐之美”这门美育课的授课情况，受到学生一致好评，学生普遍反应收获颇丰。通过收集并分析全体上课学生的课后评价，有的学生谈道：“‘音乐之美’教会我怎样去欣赏古典音乐。它的教学更着重于作曲家的生平及其作曲背景，从而能让我在欣赏曲目时更加融入其中，更好地去感受作曲家所想表达出来的心情及感受。”有的学生谈道：“‘音乐之美’使我开阔了眼界。在整个学习过程中，老师就像是一个导游，引导我们更好地感受音乐、欣赏音乐。”还有的学生谈道：“音乐之美是无形的美、旋律的美、内容的美，更是一种教育功能的美，艺术的意义在于使人幸福，使人得到鼓舞和力量。”

结　语

“音乐之美”作为北京城市学院的一门音乐类公共美育课，其特殊的课程性质和施教目标，确立了其区别于音乐艺术专业课和传统音乐鉴赏课的创新理念、教学特点和方式。同时，作为学校开展美育教学工作的一次积极实践，“音乐之美”在课程建设上，既解决美育和思政融入教育教学过程中教学方法的共性问题，又兼顾其中必然涉及的具体理论问题和学生的思想实际，实现了两者之间良好的平衡。从混合教学的角度来讲，课程将学校中各个学科专业背景的学生、各种文化背景下的知识点、各种教学方式、多个教学空间（线下课堂、线上授课、课后社会实践）等要素良好地有机结合起来，充分发挥课堂教学的主渠道作用，结合网络平台资源和课后拓展的有效补充作用，实现“课前—课中—课后”全程施教，注重通识教育的同时突出进阶选拔学生，亦是探索高校音乐美育教学模式的一次有益尝试，具有较高的推广应用价值和可行性。

参考文献

[1]中共中央办公厅，国务院办公厅.《关于全面加强和改进新时代学校体育工作的意见》和《关于全面加强和改进新时代学校美育工作的意见》[EB/OL].（2020－10－15）.http：//

www. gov. cn/zhengce/2020－10/15/content _ 5551609. htm.

[2]刘经纬，林美群．基于“三个导向”理念的高校思想政治理论课混合式教学设计与质量保障研究[J]. 黑龙江高教研究，2021，39(3)：141-145.

[3]赵阳．混合式学习模式在高校思想政治理论课中运用的问题与策略[J]. 教育理论与实践，2019，39(21)：53-55.

[4]回娅冬，孟悌清．基于问题导向的高校思想政治理论课实践教学模式研究[J]. 课程教育研究，2017.

[5]盛聪，徐蕊．新时代美育视野下高校音乐公选课教学模式的改革与探索——以上海大学音乐学院“音乐素质教育课程音乐会”为例[J]. 中国音乐教育，2021(8)：51-55.

[6]刘华芳．新时代美育视阈下高校音乐通识课程建设策略[J]. 艺术研究，2020(2)：144-145.

[7]邵美茜．以美育德，依仁游艺——新时代高校音乐教育途径探究[J]. 中国文艺家，2021(9)：67-68.

流行音乐在大学音乐教育中的功能以及实施对策探讨

杨静涵
（首都医科大学）

新时期，快速发展的社会经济对社会各个阶层产生着巨大的影响，当代大学生是其中受影响最直接的人群。大学生多处于青年期，活力充沛，情感丰富，接受能力强且极富创造力，是时代特色文化传播的“弄潮儿”。节奏充满活力、感情真挚丰富、内容形式标新立异、曲调大众化的流行音乐文化高度契合大学生精神生活规律，在大学生群体中快速传播。

在信息技术、融媒体发展过程中，大学生接触流行音乐的范围日益扩大，了解流行音乐的形式愈发多样。与此同时，我国教育部在 2022 年颁发《2023 年普通高等学校部分特殊类型招生基本要求》，点明音乐是大学生基本素养之一，并颁布了将“音乐鉴赏”列入普通高校必修课的新方案。但是，当前大学音乐教育中流行音乐鉴赏与指导模式仍然具有较大提升空间。因此，探究大学流行音乐教育对策具有非常突出的现实意义。

流行音乐

由《牛津简明音乐词典》可知，POP 在初期指能吸引广大观众的音乐会。广义上的流行音乐是指整个音乐领域除古典音乐以外的音乐；狭义上的流行音乐是商业性的消遣娱乐音乐，具有易于传播、轻松活泼、通俗易懂、听众基数大等特点①。在制作层面，流行音乐以工业大批量生产为基础，具有显著商业性，运作机制与市场经济相契合；在传播层面，流行音乐依赖于现代科技支撑的大众信息传播网络以及舞厅、酒吧等娱乐场所；在内容层面，流行音乐主要体现非主流意识形态，源于青少年亚文化群思想情感，以流行器乐、流行声乐两种形式存在；在文化行为层面，流行音乐参与性较强，与商业文化娱乐圈活动存在紧密的联系。

流行音乐在大学音乐教育中的功能

(一)驱动音乐教育改革

进入新时期，大学音乐教育改革持续纵深推进。作为继承摇滚、爵士节奏特点的流行音乐，打破传统音乐规范而整齐的结构，旋律丰富、节奏多变，为大学音乐教育改革提供了新动力②。特别是“用传统方式演绎古典”“用古典方式演绎流行”“流行与古典串联融合”等跨界流行音乐在大学音乐教育中的开展，可以引导音乐教育突破传统模式、传统教育方式的束缚，真正进入自由创新发展路径，为学校音乐教育可持续发展注入新活力。

(二)传播优秀音乐文化

流行音乐可作为传播优秀音乐文化的手段③。如《镜花水月》(李玉刚演唱，胡力作词)是流行元素与我国戏曲文化结合的成果，将其融入大学音乐教育，可以激发大学生对优秀音乐文化的兴趣。同时流行音乐通俗易懂的特点符合大学生在繁忙学习之余的传唱需要，在大学文化体系中充当中流砥柱，也占据大学文化建设的主导地位，在大学中实施流行音乐教育，可以吸引大批学生传承音乐文化，营造良好的优秀音乐文化传播氛围。

---

① 赵毅：《新时代、新媒介与新流行音乐》，《郑州大学学报(哲学社会科学版)》2020 年第 1 期。

② 赵朴：《流行音乐研究者的“寻宝图”——〈流行音乐理论与分析：研究与信息指南〉评述》，《人民音乐》2019 年第 2 期。

③ 董德、程革：《从〈经典咏流传〉看流行音乐的媒介功能及文化传承功能》，《文艺争鸣》2020 年第 3 期。

(三)满足大学生人文需求

内涵丰富的古典音乐、传统音乐与大学生现实生活存在较大差距，无法激发大学生良好的音乐情境感受，极易导致大学生产生枯燥感①。而流行音乐具有节奏明快、语言生活化、易于传唱、情感真挚、极富时代感等特点，与大学生过往生活经验高度贴合。在大学音乐教育中融入流行音乐，可以发挥流行音乐情感性、通俗性、多元性优势，缩短音乐教育内容与大学生日常生活间的关系，满足大学生人文需求。

流行音乐在大学音乐教育中的实施现状

(一)调查方法

以普通高校非音乐专业大学生为调查对象，利用实地问卷调查法(见表 1)，将问卷发放给调查对象。调查问卷共发放 600 份，回收有效问卷 585 份，有效率为 97.50%(表 1)。

表 1　流行音乐在大学音乐教育中的实施现状调查

编号	问题	选项
1	目前学校开设的音乐课内容中流行音乐所占比例大概是多少?	A. 60%以上　B. 30%～60% C. 5%～30%　D. 5%以下
2	你对流行音乐课堂教学方式中的真实感受有哪些?	A. 非常喜欢　B. 一般　C. 很无聊
3	你所在学校除了音乐课上的教学以外，存在与流行音乐有关的课外实践活动吗?	A. 有，但形式单一 B. 有，且内容丰富 C. 没有 D. 不知道

(二)调查结果

1. 流行音乐教育内容

流行音乐教育内容所占比例调查结果如下：

---

① 苏娅塔娜：《传播学视角下流行音乐研究——评〈流行音乐传播符号学〉》，《新闻爱好者》2021 年第 5 期。

仅由7%的大学生提出学校开展流行音乐教育内容比例超出60%，25%的学生认为学校开展流行音乐教育内容占总体音乐教育内容的30%～60%，45%的学生提出学校开展流行音乐教育内容占总体音乐教育内容的比例在30%以内，但高于5%，23%的学生提出学校开展音乐教育的方式低于5%。这表明当前大学音乐教育中流行音乐开展内容较少，进一步了解大学音乐教育中流行音乐开展内容可知，当前大学音乐教育内容偏向基础理论，忽略具体音乐知识，未考虑大学生真实要求，不利于流行音乐在大学音乐教育中功能的发挥。

2. 流行音乐教育方式

大学生对流行音乐教育方式的真实感受调查结果如下：

仅有11%的大学生非常喜欢当前流行音乐教学方式，55%的大学生对当前流行音乐教育方式观感一般，34%的大学生感觉现有流行音乐教育方式较乏味。这表明当前大学流行音乐教育方式存在一些不足，多为先播放流行音乐视频再简单讲解，未真正在课堂中融入流行音乐题材、背景以及独特性，无法有效激发大学生学习流行音乐的兴趣。

3. 流行音乐课外实践调查结果

在有关流行音乐课外实践活动调查中，仅有13%的学生认为有关流行音乐实践活动内容丰富，40%的学生认为当前有关流行音乐实践活动形式单一，30%的学生不知道是否开展流行音乐课外实践活动，17%的学生提出学校未开展流行音乐课外实践活动。这表明当前大学音乐教育中流行音乐实践活动开展不受重视，形式单一，宣传渠道狭窄，不利于流行音乐课堂理论与实践的整合。

流行音乐在大学音乐教育中的实施对策

(一)丰富流行音乐教育内容

1. 筛选音乐元素

流行音乐随着社会文化的发展而不断发展，题材、内容、风格多种多样，绝大部分流行音乐传递积极向上、美好的价值观念，少部分音乐传递消极、丑陋、低俗的价值理念①。因此，在大学流行音乐教育前，需要进行作品筛选，提前了解大学生喜爱的流行音乐类型，综合考虑音乐印象色彩、旋律、风格、和声等，贯彻时代感、艺术性、生活性原则，有针对性地引入曲调优美且思想健康的流行歌曲、网络歌曲、欧美歌曲等内容。同时从大学生青睐的流行音乐元素着手，以爱情、亲情、人生、和平、友谊、事业、人权、战争为主题，统筹民谣、拉丁、摇滚、爵士等元素的发展现状、创作背景、音乐特征、社会意义、文化特征等，丰富流行音乐教育内容。

2. 系统整合元素

纵观大学音乐教育实施全程，对于流行音乐教学始终缺乏威信度较高的教材，导致流行音乐教育随意化、碎片化现象突出。因此，在筛选符合大学生需求的流行音乐元素的基础上，可以系统整合元素，编排内容简洁、结构清晰的教材②。教材需根植于本土流行音乐，从中国流行音乐发源、特点、演唱要点等方面进行教学。如港台地区的流行音乐，兴起于1950年，脱胎于粤语小曲，在原有广东曲谱基础上大量套用流行国语时代曲目、外省民歌，并以粤曲唱腔呈现。在基于港台地区流行音乐的教育内容编排时，可以围绕20世纪80年代到20世纪90年代港台流行音乐鼎盛时期，选取李宗盛、周华健、赵传、刘德华以及张学友等人物代表作。同时跟随时间推移，收编王菲、周杰伦、陈奕迅等人物代表歌曲，为流行音乐教育开展提供一些参考。

(二)更新流行音乐教育方式

1. 互动教学

流行音乐的发声强调最大限度回归自然，借助喊唱、柔声、轻声、直声、白声等方法表达呻吟、欢笑、呐喊、哭泣等情绪，塑造多元音乐形象。根据流行音乐发展特点，转变以往以鉴赏为主、讲解为辅的教育方式，从多层面挖掘流行音乐内涵，积极运用互动教育方式，带领大学生深入了解音乐形式与作品，

---

① 施咏：《姚敏流行音乐创作艺术特征探究》，《中国音乐》2023年第2期。

② 董芳：《音乐治疗在大学生心理健康教育中的应用——评〈音乐心理与音乐治疗〉》，《食品工业》2020年第10期。

达到良好的教育效果①。

从歌唱维度来看，流行音乐教学需要整合音乐化的人声、语言，在歌唱中揭示歌曲文学内容、思想风格以及意境。歌曲歌唱训练前，教师应从音域着手，为学生分析其声音特点与个性，并将其作为学生音乐歌唱指导的依据，促使学生根据自身音域能力范围借助专业演唱方法演唱，避免学生盲目追求高音而出现声带疲劳受损、声带小结等问题。在明确每一位学生声音最自然中心点(中声区中间部位)后，教师可以带领学生开展正确发声练习，朝着高声区、低声区自然延伸，逐渐加强学生气声、哼鸣、假音控制能力，促使学生可以运用气息发声且呼吸与声带紧密配合、共鸣腔体灵活调节，达到理想的强音、中音、高音、弱音与低音延长效果。对于个别大学生在歌唱时出现的吐字不清、吐字较硬的情况，教师可以合理利用互动教学手段，先与学生共同朗读歌词，将每一个字清晰表达，特别是字头、尾音，确定其准确发音位置后，指导学生放松舌头，张开嘴巴，咬准字头，促使嘴巴随着字体发音的变化而变化，准确发出“r”“y”“f”“h”音。

2. 混合式教学

在互动方式应用的基础上，以现代化教育手段为支撑，突破传统口传心授的教育禁锢。在基于现代化教育手段的流行音乐教育体系中，可以提前收集与流行音乐有关的网络资源、影音资料，提炼流行音乐生动、趣味元素，集中呈现到大学生面前，打造增强现实立体流行音乐形象，激发大学生学习兴趣②。比如，在流行歌曲演唱教学时，呼吸至关重要，是演唱者有效把握声音起伏、高低与强弱的基础。为指导学生开展正确的呼吸练习，教师可以提前搜集素材，汇总呼吸练习要点，包括身体自然松弛、双腿双脚均衡受力、咽壁后口腔盖打开、喉部放松、下巴放松、胸腔展开、腹部肌肉向外扩展或收缩等。同时借助动画示意图为学生展示不同部位位置以及调节特点，便于学生顺利完成呼吸练习。再如，当下流行音乐可以划分为 2/4、3/4、4/8、6/4、3/8 等几个节奏类

---

① 王渊：《再谈我国流行音乐研究与教学体系的建构》，《黄钟(武汉音乐学院学报)》2019 年第 1 期。

② 王石磊：《新媒体技术革新推动流行音乐发展——评〈流行音乐发展与文化传播研究〉》，《传媒》2022 年第 20 期。

型，传统线下音乐教育无法准确展示不同节奏类型的差异，此时，教师就可以借助现代化教育手段，以表格形式汇总不同节奏型的特点以及对应的流行音乐作品、演唱注意事项，便于大学生确定不同流行音乐作品的节奏型，准确划分节拍，确保演奏效果。

（三）拓展课外实践空间

在课内音乐教育的基础上，应进一步拓宽大学音乐课外实践空间，选择组建流行音乐社团、开展流行音乐专题讲座、举办流行音乐知识问答竞赛、举办流行音乐歌唱比赛等方式，调动大学生课外了解流行音乐的积极性，培养大学生歌唱流行音乐的良好习惯。

1. 组建流行音乐社团

社团是大学音乐课外实践的主体，也是大学生课外活动的主要媒介。在现有音乐社团基础上，组织对流行音乐感兴趣的大学生成立流行音乐社团，选出专门团长，并建立定期团长改选机制①。同时设立流行音乐社团口号、活动时间、活动经费筹措方式。在这个基础上，考虑到网络是大学生信息交互的主要平台，设立流行音乐社团网站，囊括娱乐资讯、原创 VLOG、音乐剧、《我为歌狂》几个点歌听歌栏目。再由团员共同维护，包括论坛交流、上传以团为单位的交流学习活动图片、演出图片等。在社团运行过程中，允许团员根据个人喜好划分欧美、日韩、港台及国内流行音乐，坚持定期交流学习、参与培训，并组织演出与竞赛。

2. 开展线上流行音乐专题讲座

在校园网络普及背景下，学校论坛不单单是大学生就校园新近发生事情直抒胸臆的阵地，而且是线上流行音乐专题讲座开展的载体。比如，以“流行音乐的延长与认知”为主题，为学生讲解流行音乐的风格，并讲解利用胸腔发声、约德尔唱法技巧，现场指导学生寻找胸声以及其在高音区、低音区的使用方法，在讲座临近尾声，现场测试大学生感受唱法后演唱的变化，并在线为学生分析现有问题、提出解决建议，为学生流行音乐实践能力提升提供帮助。

---

① 王明远：《信息化时代数字多媒体技术在高校音乐教学中的优化方法研究——评〈高校音乐教学与多媒体技术应用〉》，《中国科技论文》2020 年第 5 期。

3. 举办流行音乐知识问答竞赛

流行音乐知识问答竞赛可以依托流行音乐网站，从华语音乐、日韩音乐、欧美音乐、影视音乐几个板块提取歌曲旋律、歌词、歌曲背景、演唱者等信息，要求学生线上参与答题。比如，“RB 源自于哪种音乐?”“《依然范特西》是周杰伦的第几张专辑?”等，借助问答竞赛，增加学生对流行音乐的认知，为学生流行音乐实践奠定基础。

4. 举办流行音乐歌唱比赛

流行音乐歌唱比赛在大学校园内较为常见，多面向全校开展，具有演唱形式简洁的特点。在举办竞赛时，学校可以邀请知名音乐人、艺人经纪人、音乐评论家、职业媒体人、演出主理人等专业人士参与，由专业人士根据现场学生演出情况打分，若为原创音乐则加分，最终评选出 10 名流行原创歌手，并为流行原创歌手颁发奖状、奖金或者将其纳入音乐人才培养库，提供参与国内知名音乐节、推介进入知名音乐制作公司或主流直播平台的机会，激发学生参与的热情。

结　语

综上所述，流行音乐的发展折射了大学生价值观念多元转变的趋势，更是大学生自我欣赏、个性思维觉醒的表现。流行音乐在大学音乐教育中的实施，可以驱动大学音乐教育改革，满足大学生人文需求。因此，大学院校应持续丰富流行音乐教育内容，满足大学生追求情感释放、个性张扬的实际需求。同时大学院校应利用现代科技技术更新流行音乐教育方式，契合高等教育智慧化发展背景。在这个基础上，大学院校可以流行音乐为媒介，拓展课外音乐教育空间，为高等音乐素养教育目标的实现提供保障。

新工科背景下工科高校
舞蹈美育课程的研究与实践

孟　笑
（北京信息科技大学）

新工科背景

“大业欲成，人才为重”。在信息科技高速发展的时代，创新型、复合型、应用型人才培养成为工科高校人才培养的重中之重。党的十八大以来，习近平总书记高度重视科技的发展，教育部陆续出台多部新工科建设文件。2017年，《教育部高等教育司关于开展新工科研究与实践的通知》中提出：“新工科研究和实践围绕工程教育改革的新理念、新结构、新模式、新质量、新体系开展。”这是对新工科概念进行的首次解读。① 同年，新工科建立“复旦共识”，提出：“工科优势高校要对工程科技创新和产业创新发挥主体作用。促进现有工科的交叉复合、工科与其他学科的交叉融合，积极发展新兴工科，拓展工科的专业内涵与建设重点。”这为工科高校新工科建设指明了方向，也为工科与美育的学科融合奠定了理论基础。随后出台的《新工科建设指南（北京指南）》（下文简称《指南》）中强调，要坚持立德树人，持续深化工程教育改革，培养德学兼修、德才兼备的高素质工程人才，着力培养精益求精、追求卓越的工匠精神，提升学生工程科技创新、创造能力，推进学科交叉培养，培养学生终身学习发展、适应时代要求的关键能力。这是对新工科人才培养的具体要求，从《指南》中能够解

① 葛芷萱：《新工科背景下大学生美育现状的探析与省思》，《美术教育研究》2022年第14期。

读到新工科人才培养对于学生精神层面的浸润养成与创新能力的培育有着较强的目标指向性，而这正与美育的育人导向不谋而合，可以说，新工科建设的推动，为工科高校美育工作的开展提供了新机遇与新挑战。

工科高校舞蹈美育课程面临的困境

在新工科建设的时代背景下，工科高校美育工作发展寻到了新的生机，如何使美育在工科高校人才培养中发挥精神浸润、素养提升、创新能力培育的重要使命，是工科高校美育工作亟须探究的问题。舞蹈美育作为美育的重要组成部分，是提升学生审美与人文素养，以美育人、以文化人、以美培元的实践途径之一，但在工科高校，舞蹈美育课程并不受重视。笔者认为，究其根本在于现如今的工科高校舞蹈美育课程由于概念混淆、定位不清、实施偏差、评价单一，致使工科高校舞蹈美育课程无法达成精神浸润、素养提升、创新能力培育的育人目标。因此，明晰工科高校舞蹈美育课程面临的困境，才能真正解决工科高校舞蹈美育课程建设的问题。笔者通过访谈、资料收集、文献阅读、实地调研等多种方式，了解了多所工科高校舞蹈美育课程的建设情况与实施现状，发现目前工科高校舞蹈美育课程建设主要存在概念、价值与实施三重困境。

(一)何为——概念困境

究其根本，方能溯其本源。工科高校舞蹈美育课程建设的第一重困境是舞蹈美育课程的概念困境，主要表现在理论研究与实践探索两方面。舞蹈美育何为，是舞蹈美育课程建设的基石，只有厘清概念，才能指向明确的育人目标。笔者通过调研发现，舞蹈美育的概念困境根本在于美育的概念困境。美育即美学教育。当前，国内外对于美育已有诸多的解释。在我国的高等教育体系中，人们更多地认为美育是培养大学生认识美、爱好美和创造美的能力的教育，能够引导大学生具备美的理想、美的情操、美的品格和美的素养。[①] 而舞蹈美育，是美育的组成部分。行文至此，不难发现，美育、舞蹈美育看似有着明确的概念界定，但在工科高校的政策制定、美育实施的过程中，却将美育与艺术教育、

① 高洪：《美育铸魂：新时代中国美育的使命》，《美术研究》2021 年第 4 期。

舞蹈美育与舞蹈艺术教育概念混淆，使工科高校舞蹈美育课程仅仅为舞蹈艺术课程的复制，以技艺代文化，忽视了舞蹈美育课程文化浸润、素养提升、创造力培养的重要作用，使之无法在新工科人才培养中发挥其内在精神浸润的引领作用。因此，本文所提到的概念困境一方面是舞蹈美育课程与舞蹈艺术教育的概念混淆，另一方面则是理论概念与实践探索的不一致。

(二)为何为——价值困境

舞蹈美育课程建设的第二重困境为价值困境，即为何要做舞蹈美育课程，舞蹈美育课程对新工科背景下工科高校人才培养有何价值。这既是舞蹈美育课程的定位问题也是舞蹈美育课程的价值取向问题。目前，大部分工科高校美育工作者认为舞蹈美育课程的价值在于舞蹈知识的获得、舞蹈技能的提升、审美素养的提高。然而舞蹈美育课程的价值不应主要着眼在知识、技能方面，知识与技能至少不应作为主要价值来探讨。舞蹈艺术课程与舞蹈美育课程的价值取向的区别主要体现在前者注重舞蹈艺术知识的获得、舞蹈艺术技能的提升，而后者是浸润式的内在精神引领、审美与人文素养的提升、创造性思维与实践能力的培育以及舞蹈艺术背后深层次的育德、培元、“成人”的价值取向。引导人朝向“成其为人”(成人)的方向不断从事精神努力的美育，其对于人的“全面发展”能力的核心关注，超越了对于人的一般知识能力的教育要求。① 这背后的真正逻辑在于培养对象与培养什么样的人的价值取向的区别。工科高校舞蹈美育课程建设者应该厘清舞蹈美育课程的教学对象为工科学生，而非舞蹈专业学生，同时明晰舞蹈艺术教育培养舞蹈家而舞蹈美育教育是培养全面发展的人的本质区别。

(三)何以为——实施困境

在工科高校舞蹈美育课程建设的过程中，时常有学生问：为什么要学习舞蹈？这一问题的背后，正是工科高校舞蹈美育课程建设的第三重困境——实施困境，也是怎么培养人这一深层次的教育问题。经调研，目前工科高校舞蹈美育课程主要的实施形式有两种，一种为知识讲授与实践相结合的形式，即通过不同种类舞蹈的知识讲解与实践体验，了解、感知、体验舞蹈艺术，从而提升

① 王德胜：《作为美育的艺术、艺术史如何可能?》，《中国文艺评论》2022 年第 12 期。

学生审美素养。另一种则是以实践为主的课程，即以传统的口传心授、模仿体验的方式进行舞蹈教学，使学生学会某种舞蹈，提升学生的审美素养。这两种实施方式，模仿舞蹈艺术教育的形式，使舞蹈美育课程建设片面化，大大减少了工科学生的获得感，从而导致学生产生“为什么学习舞蹈”的困惑。因此，工科高校舞蹈美育课程的教学方式、课程内容、教学评价的选取与设置出现偏差是其主要的实施困境。

总的来说，工科高校舞蹈美育课程建设的三重困境环环相扣，概念困境与价值困境直接导致了实施困境，这也是当前工科高校舞蹈美育课程建设存在的主要问题。

工科高校舞蹈美育课程的实践

基于工科高校舞蹈美育课程的现状与困境，结合工科高校学科特色与学生认知特点，笔者选取拉班动作分析理论与拉班动作教育为舞蹈美育课程建设的主要内容，开设“跳舞靠谱——动作语言分析”课程，开展工科高校舞蹈美育课程建设的实践探索，有效提升了工科高校舞蹈课程的育人成效。

（一）课程定位

“跳舞靠谱——动作语言分析”是一门全校公选课。为了让工科大学生享有舞蹈美育的机会，体验舞蹈和动作语言分析带来的乐趣，浸润式感知舞蹈艺术的文化之美、精神之美、文字之美、和谐动作之美、感性与理性碰撞的哲思之美，激发其对本专业的学习兴趣，培养创新思维与实践能力，提升学生审美与人文素养，并在潜移默化中建立动作美学的意识，形成生活中的动作美学范式，培养人的全面发展，从而达到育人、培元、成人的育人成效。

（二）建设思路

该课程是在人类动作语言思想家——鲁道夫·拉班的动作语言分析理论和他所发明的舞蹈文字（Dance Script）的基础上，为普通工科大学生所设计的。对于没有艺术特长的普通工科大学生来说，舞蹈艺术离他们的生活较远，然而舞蹈本符合人的天性，所谓“情动于中形于外”，肢体语言是表达情感的重要媒介，舞蹈亦然。课程根据工科学生特点，一改传统口传身授的舞蹈教育方法，以舞蹈符号学、解剖学、力学、数学等为理论基础，让学生认识和掌握动作语言的基本结构和逻辑关系，使学生感知动作之美，并通过对动作之美与其内在逻辑结构的理解与认识，迁移到自身专业，感知专业之美。同时，通过简单有趣的舞谱、动作合唱体验跳舞的乐趣，使学生能够走进舞蹈世界、了解舞蹈文化、体验舞动身心的愉悦，舒缓心理压力，起到艺术疗愈的功效。课程将艺术的想象力与缜密的理性思维结合，产生碰撞的火花，使学生在学习与舞动中感受生活、感知世界、感悟人生，提高人格修养与品位。

(三)课程目标

“跳舞靠谱——动作语言分析”课程的实践以拉班动作教育为理论依据，旨在通过拉班舞谱，打开学生动作教育和舞蹈体验的通道。借助符号，探索动作的空间、力学，增进身体动作的体验，感受舞动的乐趣；通过动作分析，打开学生的五感，唤醒身体，感受从心出发的舞动，达到身心平衡。进而与音乐、诗歌、美术等其他艺术形式做连接与融合，以期建立更丰富多元的身体美感；通过拉班理论，建立对动作逻辑结构的理解，对美与和谐的身体感知，从而反哺到学习者各自的专业中，与之产生新的联结与拓展，促进个人原创性的设计表达。

(四)课程内容

“跳舞靠谱——动作语言分析”课程主要分为两部分，一部分为拉班动作分析理论与拉班舞谱体验，另一部分为拉班动作教育与其他学科的交叉探索。教师选取拉班动作分析理论、中外经典舞蹈的舞谱识读内容以及音乐、美术、机械、设计、计算机等学科的交互体验内容，让学生走进舞蹈艺术，浸润式感知舞蹈艺术的文化之美、精神之美、文字之美、和谐动作之美、感性与理性碰撞的哲思之美，达到育人、培元、成人的育人成效。

(五)课程评价

“跳舞靠谱——动作语言分析”课程主要采取过程性评价、表现性评价与形成性评价相结合的方式进行。通过课堂参与、识读表现舞谱、创造性交叉学科探索三个部分，对学生的审美素养、人文素养、创造性思维以及成人意识等方面进行评价。

拉班动作教育对工科高校舞蹈美育课程建设的价值与意义

(一)以美启智，打开工科学生的艺术灵觉

拉班动作教育为工科高校学生走进舞蹈艺术打通了知觉通道，运用工科学生熟悉的符号学、力学、解剖学、数学等理论基础，让学生从心理上接受舞蹈美育学习，通过学科交叉体验，感知动作教育无处不在，建立和谐的动作观，体会理性与感性思维碰撞的哲思，从而打通工科学生的艺术灵觉，培养具有发现美、感受美、体验美的艺术灵觉的新时代创新型人才。

(二)以美培元，培育创新思维与实践能力

拉班动作教育通过科学动作逻辑、和谐动作观的建立，为工科高校学生创新思维与实践能力的培养提供了美育途径。以机电专业学生为例，在学习拉班动作教育后，学生对于机械之美、专业之美的认识更为深刻，体会到“五轴联动”背后的动作逻辑美学，从而产生创新设计并不是单单解决技术上的创新，还应努力尝试进行具有中国风格、传统美学的艺术层面的创新。由此可见，拉班动作教育对于培育工科学生创新思维与实践能力，培养新工科背景下的创新型人才具有一定的助力。

(三)以美育人，提升审美素养与人文素养

美育是“成人”的教育，通过拉班动作教育，学生以舞谱为媒介，感知、体验、表现了国内外优秀舞蹈作品，体会到了舞蹈文化、拉班动作教育的魅力，了解了舞蹈作品背后深层次的文化内涵，提升了审美与人文素养。

(四)以美化人，浸润式培养人的全面发展

拉班动作教育是基于人体正常运动逻辑的动作教育体系，通过感知、体验、探究、创造性表达，让学生获得浸润式的美育体验，以舞谱为媒介，使学生沉浸在拉班动作教育与舞蹈艺术之美中，在潜移默化中建立动作美学的意识，形成生活中的动作美学范式，为培养人的全面发展提供有效途径。

结　语

工科高校舞蹈美育课程建设是一个长期而漫长的过程，正如美育是贯穿人

一生的课题一样，需要不断探索与实践，通过舞蹈美育课程，塑造“人性全，不偏倚”的完整人生，培养具有美学意识、创新思维与科学精神的新时代工科人才，是工科高校舞蹈美育工作者永恒的课题。

参考文献

[1] 葛芷萱．新工科背景下大学生美育现状的探析与省思[J]. 美术教育研究，2022(14)：137-139.

[2] 高洪．美育铸魂：新时代中国美育的使命[J]. 美术研究，2021(4)：6-8.

[3] 王德胜．作为美育的艺术、艺术史如何可能？[J]. 中国文艺评论，2022(12)：4-13.

中医药文化融入舞蹈美育课程探析

——基于中医药院校的思考

王英楣

（北京中医药大学）

2020年10月，中共中央办公厅、国务院办公厅印发《关于全面加强和改进新时代学校美育工作的意见》，就大学美育课程和教材体系做了具体部署："高等教育阶段开设以审美和人文素养培养为核心、以创新能力培育为重点、以中华优秀传统文化传承和艺术经典教育为主要内容的公共艺术课程。"文件要求从更高站位出发，对高校美育工作进行深化与设计，凸显美育的价值功能，进一步拓展美育的实施路径。习近平总书记在考察清华大学时强调，"艺术、科学、技术相辅相成、相互促进、相得益彰"。

如何贯彻落实总书记重要讲话精神以及相关美育工作指导意见，突出优秀传统文化的传承与创新，探索"以美育人、培根铸魂、立德树人"的新时代高校美育模式；如何建设具有中医药文化特色的课程，促进美育与中医药教育内容相融合，实现美育在高校教学中的可持续发展，都成为中医药高等院校美育所面临的亟待解决的问题。

中医药文化融入舞蹈美育的理论基础

（一）舞蹈与中医的渊源

舞蹈作为一种人体动作艺术，很早就被运用为导引养生手段。汉代华佗的"五禽戏"、马王堆"导引术"都是通过舞蹈动作助气导引，以仿生舞的形式"教人引舞以利导之”，来达到宣导气血、通利关节、祛病养生的目的。

中医学认为，经络是全身气血通行，联络脏腑肢节，沟通人体上下内外的联络通路。“声音养耳，彩色养目，舞蹈养血脉。”①舞蹈正是通过全身协调的肢体运用，促进全身气血经脉通畅，脏腑精气充实，功能旺盛，气血调达。

就养生功能而言，舞蹈与中医几乎是同源且同步发展的，它们具有源远流长的密切联系。

（二）舞蹈与中医相通的文化内涵

1. 形神兼备、身心交融的境界。

中医学强调“形神同调”，即“形”与“神”二者相互依附而不可分割，谓之“形与神俱”。《黄帝内经》中记载：“得神者昌，失神者亡”。认为只有“形与神俱”，才能“尽终其天年”。中国古典舞中也有关于形神的教学谚诀，如：“形无神则僵，神无形不显”“形传神，神领形”“形已止而神不止”等等。可见，舞蹈与中医文化中的形神观是一致的。两者都讲求形神兼备，追求以肢体动作配合精神意念的控制，达到身心交融的境界。

2. 阴阳辨证，和谐统一的追求。

“‘阴阳相合，圆融归一’是中国舞蹈基本的，也是最本质的美学追求，这一追求是在‘天人合一’的哲学观念下形成的。”②，虚实相生，刚柔相济，中国舞蹈的动作姿态美基本是在阴阳和谐的运动中呈现出来的。这与中医阴阳学说“人生有形，不离阴阳”③和“阴平阳秘，精神乃治”④的理论是相通的。

3. 气韵贯通，中和之美的法则。

中国舞蹈非常注重对“气”（呼吸）的运用，讲求由“气”生“韵”，由“韵”显“神”。“气”始终贯穿于舞者身体的动势与情感表达中。“舞蹈并不只是物理的运动，它的目的在于抒发情志，所以，在精神层面上，舞蹈之‘气’指人的情志、心性等状态，它是人的意志、定力的反映。”⑤意、气、力和谐，才能达到“和合

① 孙景琛：《中国舞蹈通史·先秦时期》，上海音乐出版社，2015 年，第 103 页。

② 袁禾：《中国舞蹈美学》，人民出版社，2011 年，第 273 页。

③ 《黄帝内经·素问·宝命全形论》，中华书局，2010 年，第 232 页。

④ 《黄帝内经·素问·生气通天论》，中华书局，2010 年，第 41 页。

⑤ 袁禾：《中国舞蹈美学》，人民出版社，2011 年，第 118 页。

之美”。中医学也强调意识与呼吸的紧密结合，追求肢体形态贯穿气的身体养炼法则，认为气是构成人体的物质基础，培养元气是养生的根本。

综上所述，在中国古代哲学思想的影响下，中医与舞蹈在身体观、文化内涵与精神等诸多方面存在着天然的共通之处，这是中医药文化融入舞蹈美育课程的基础。

中医药文化融入舞蹈美育的意义

与艺术类院校相比，因教育目的不同，中医药院校的舞蹈美育在内容、形式以及教学方法上必须走一条符合自身发展的教学路径，这样才能真正实现“面向全体学生”的教育目的。如果说艺术院校注重专业技能的培养，那中医药院校的美育则更应该注重对学习兴趣与创造性思维的培养，注重对人文修养、审美能力、精神境界的全面培养。

（一）可以使美育教育更“接地气”

舞蹈一直被认为是高精尖的舞台表演艺术。如何在中医人才培养过程中，形成一门“接地气”且“有特色”的舞蹈美育课是十分困难且具有探索性的。要进行艺术与医学的跨界研究，推进美育教学的有益尝试。将舞蹈文化与中医药学科特色有机融合、交叉互联，把中医文化中对人体经络、脏腑、气血等方面的深厚理论和认识与艺术有机地结合在一起，让医学生通过自身的学科知识来理解和把握舞蹈美，反之，将艺术实践作为一种催化剂，激活他们的创造性思维，进而在自己的专业学习中充分发挥想象力和创造力。

（二）可以增强美育教学的实效性，真正做到“德美、智美、体美、心美”

针对高校公共选修课普遍存在不重视、凑学分、人到心没到的消极现象，将“形神、阴阳、经络、气血”等中医理念精髓体现在艺术学习中，提升原有课程的文化意蕴，丰富原有教学内容的内涵层次。帮助学生理解和体悟传统文化中“天人合一、形神兼备、动静和谐”的美学精髓，在美育中传承文化，提升素养，陶冶情操，滋养身心，健美体形，五育并举，达到形体训练与文化传递交融平衡的学习目的。

中医药文化融入舞蹈美育课程的价值分析

中医药文化融入舞蹈美育，可以有效配合中医药院校的主干课，达到助力学生理解中医文化中“天人合一”“调和致中”“阴阳平和”等核心价值理念，理解中医思维的教学目的。使学生在培养健康形体美、塑造人格精神美和展现文化自信美的同时，促进学生对于相关中医思维的体悟，切实提升舞蹈美育课程的教学成效，并就在继承与弘扬中华优秀传统文化的基础上，探索具有中医药特色的美育课程的有效实施路径。

（一）健康形体美

张弛有度的舞蹈动作可以舒缓情志，平衡阴阳，减缓压力，涵养血脉。例如，手、腕、臂、肩的延展画圆动作有助于加强对手三阴经的刺激；腿、膝、脚的屈伸勾绷动作，有助于加强对足三阳经和三阴经的刺激；以腰为轴的身体画圆，则是对任督二脉的刺激，可以达到调节十二经脉气血的作用，等等。通过柔和舒展的舞动，满足身心调养，培养良好仪态，增强体质，从而使大学生更为有效地投身于专业学习中。

（二）人格精神美

艺术美育是大学美育的核心，它的根本目的是培养具有审美思维和创新精神的全面发展的人。“艺术美育的目标是通过艺术感性形象对学生个体心灵的涵濡，导向提升和养成其美好心灵。”①舞蹈美育教学，强调外在身体韵律美，更注重内在的人格精神美。神形兼备、天人合一的境界，雅致、和谐的追求，调和致中、阴阳平和的价值理念，都是中华优秀传统文化在国人身体血脉中的积淀。以美立德，以美润善，树立正确审美观，陶冶高尚情操，塑造美好人格，使心灵美与身体美谐和一致，达到《史记·乐书》所云“动荡血脉，通流精神而和正心”的美育教学目标。

（三）文化自信美

中医药文化包含着中华民族几千年的健康养生理念及其实践经验，是中华

---

① 王一川：《大学美育》，北京师范大学出版社，2021年，第162页。

文明的瑰宝，凝聚着中国人民和中华民族的博大智慧。① 在遵循美育特点且符合医理的前提下，引导和启发医学生用熟悉的学科知识理解和把握舞蹈美，既能缓解医学生在学习舞蹈艺术时的畏难情绪，又能培养他们学以致用的意识和迁移能力。反之，通过中医药美育元素的融入，让学生在形体训练中深化对中医文化的认识，如：特定穴位养生与舞动间的关系；中医导引与舞韵的功能表达；中医学的和谐思想等。美育润物无声，学生用舞蹈感知文化，在身心滋养中满足精神，收获自信，收获美，实现美育与文化自信培育的融合。

结　语

舞蹈美育给予学生的不仅是“美”，还要帮助学生了解艺术背后蕴含的文化，发挥引领作用，让学生理解“美”如何源于我们的传统哲学思想、传统文化和传统艺术。唤起文化自觉，守护传统文化之根，让学生在自我体验和创造中，获得应得的知识和修养。以传统文化为依托，在中医药传统文化与舞蹈美育间搭建彼此融通的桥梁，让学生通过这座桥梁体会中国人的审美情趣，感悟中医学的思想精髓，对中华优秀传统文化产生强烈的心理共鸣。在培养崇高的审美追求和文化主体意识的同时，增强文化自觉，坚定文化自信，实现艺术、医学和文化思维的有机融合。这是对中国优秀传统文化的继承与弘扬，也是探索美育与德育、智育相渗透的有效实施路径，以更好地实现中华优秀传统文化的创造性转化和创新性发展。

---

① 陈楚淘、李铁浪、罗闵丹，等：《新时代中医药院校大学生中医文化自信的培养路径探析》，《湖南中医药大学学报》2021 年第 5 期。

新时代高校大学生艺术社团的育人功能与提升路径擘画

万俊杰
（北京社会管理职业学院）

高校大学生艺术社团主要是指高校大学生自己组织、自己管理、自由参加的，以学习、体验和展示艺术才能与风采为主要动机和目标，满足与艺术相关的个人兴趣爱好需求，按照社团章程自主开展活动的大学生社会团体组织。

高校大学生艺术社团建设存在的不足与问题

高校大学生艺术社团是高校学生社团的重要组成部分，是高校艺术教育不可或缺的阵地，发挥着引领学生树立正确的审美观念、培养深厚的民族情感、促进学生全面发展的作用。共青团中央、教育部、全国学联联合印发《高校学生社团管理暂行办法》指出："高校学生社团的基本任务是遵循和贯彻党的教育方针，坚持立德树人的基本导向，团结和凝聚广大同学，按照自愿、自主、自发原则，善用网络技术和新媒体，开展主题鲜明、健康有益、丰富多彩的线上和线下课外活动，繁荣校园文化，培养同学的社会责任感、创新精神和实践能力。"

从学校层面上说，目前大多数大学生艺术社团缺乏精细化的管理制度，同时在艺术团指导教师的选拔、培养和管理方面，部分高校尚未形成完善的管理体系。从学生层面上说，部分高校的大学生艺术社团缺乏明确的发展目标，有些社团为了追赶潮流而设，活动的开展随意性很强，当前大学生中的大多数都是“网生代”，互联网时代对大学生审美鉴赏、品格养成等素养产生新的影响，这一点未受到足够重视。

新时代高校大学生艺术社团育人的四个维度

在进入中国式现代化建设新阶段的大背景下，高校大学生艺术社团的育人功能和价值越来越受到高校、教育主管部门的广泛关注，大学生艺术社团在第二课堂、校园文化建设、思想政治教育等方面的作用需要得到充分挖掘和阐释。

（一）政治引领

习近平总书记指出：“百年大计，教育为本。教育是人类传承文明和知识、培养年轻一代、创造美好生活的根本途径。”中华优秀传统文化经典《大学》开篇就说：“大学之道，在明明德，在亲民，在止于至善”，孔子也极力倡导育人要“志于道，据于德，依于仁，游于艺”。古今中外，每个国家都是按照自己的政治要求来培养人的，高校大学生艺术社团作为大学生的第二课堂，不仅是一种活动平台，也是一种教育平台，二者是相互依存的有机统一体，一方面，思想政治工作引领艺术社团正确的发展方向，另一方面，艺术社团是增强高校思想政治工作实效性的重要途径。

（二）立德树人

党的二十大报告指出：“培养什么人、怎样培养人、为谁培养人是教育的根本问题。”立德树人是教育的根本任务，要把立德树人融入思想道德教育、文化知识教育、社会实践教育各环节，引导学生树立和坚持正确的“历史观、民族观、国家观、文化观。”

大学生艺术社团是高校艺术教育不可或缺的阵地，发挥引领学生树立正确的审美观念、培养深厚的民族情感、促进学生全面发展的作用。在立德树人中把知识传授与价值引导有机结合起来，从认知、践行、传播、引领等环节入手，引导大学生勤学、修德、明辨、笃实，健全培育和践行社会主义核心价值观的长效机制。

（三）文化育人

共青团中央、教育部制定的《关于加强和改进新形势下高校共青团思想政治工作的意见》指出："利用我国改革发展的伟大成就、重大历史事件纪念活动、爱国主义教育基地、国家公祭仪式等，运用大学生喜闻乐见的形式载体，设计开展革命文化、社会主义先进文化主题教育活动，加强党史国史、近现代史、改革开放史、社会主义发展史宣传教育，引导大学生继承革命传统、传承红色基因，弘扬以爱国主义为核心的民族精神和以改革创新为核心的时代精神。"

习近平总书记指出："文化自信是一个国家、一个民族发展中最基本、最深沉、最持久的力量。"大学生艺术社团是高校发挥文化育人功能的重要阵地，大学生艺术社团活动让学生在亲身感受与沉浸式体验中，感受中华文化温度，感悟中华文化魅力，汲取中华文化精髓，用文化涵养品格，让文化融通心灵，引导广大学生立大志、明大德、成大才、担大任。

中华优秀传统文化蕴含着讲仁爱、重民本、守诚信、崇正义、尚和合、求大同等价值观念，大学生艺术社团打造主题突出、特色鲜明的文化艺术节，利用中华民族传统节日、重大纪念日等契机，宣传推广中华优秀传统文化，传播弘扬中华优秀传统美德，内化于心、外化于行，帮助大学生增强文化自信，强化文化育人，努力在校园中弘扬主旋律、传播正能量。

（四）艺术养心

孔子提出"兴于诗，立于礼，成于乐"，这启示我们要着力培养人发现美、创造美、鉴赏美的能力，进而培养人自由而全面发展的健全人格和高远的精神境界。这种培养，不是通过理性灌输和说教，而是润物无声地温润心灵、启迪心智，是自然而然、水到渠成的。正如孔子所说："知之者不如好之者，好之者不如乐之者。"

习近平总书记说："广大青年人人都是一块玉，要时常用真善美来雕琢自己，不断培养高洁的操行和纯朴的情感，努力使自己成为高尚的人。"美好心灵养成，应当是纯真之心、良善之心、尚美之心和信仰之心相互交融的人格涵养，是拥有真、善、美、信等多重面向之心灵的涵养。① 大学生艺术社团要充分挖掘其所蕴含的美育价值，以美塑人，以艺术养心，让学生在掌握专业技能的同时拓宽视野、涵养身心、提升境界、完善人格。

---

① 王一川：《文心涵濡：大学美育新方案》，《美育学刊》2022年第6期。

新时代高校大学生艺术社团创新发展的提升路径

席勒在《美育书简》中指出："审美不仅是认识，它首先是一种体验，关联着人的感觉、欲望和生活感受，是一种个体性的、具体的生命状态，它直接关联到人性的完整和谐与生存幸福，是一个生存范畴，而美育正是使人获得真实的具体存在的途径。"①新时代，高校大学生艺术社团要始终以习近平总书记关于美育的重要论述为引领，以艺术社团为载体拓展和丰富美育资源，将社团作为第一课堂的有效延伸，形成与第一课堂的良性互动，形成育人合力和整体效应，下大气力推进高校大学生艺术社团创新发展。

(一)加强政治引领，把握大学生艺术社团建设育人的正确方向

习近平总书记强调："要把加强对广大团员和青年的政治引领摆在首位，努力培养社会主义建设者和接班人，源源不断为党输送健康有活力的新鲜血液。"共青团中央、教育部制定的《关于加强和改进新形势下高校共青团思想政治工作的意见》指出："构建和完善党领导下的'一心双环'团学组织格局，高校团委履行对学生社团的主要管理职能，设立专门机构指导和管理学生社团工作。"高校大学生艺术社团创新发展要坚持把立德树人作为中心环节，发挥其在高校第二课堂中的独特作用，始终将加强大学生思想政治引领和价值引领作为大学生艺术社团的核心任务，为学生点亮理想的灯、照亮前行的路，激励学生自觉地把个人的理想追求融入国家和民族的事业中，勇做走在时代前列的奋进者、开拓者。

大学生艺术社团举办各种活动都有一定的目的和主题，往往会形成一种潜在的价值导向。大学生艺术社团是学生在课堂之外获取知识、增长阅历、锻炼自己的重要平台，贵在价值引导、精神引领、审美启迪。中国农业大学大学生艺术社团"行知剧社"的原创话剧《稼穑之歌》获得第十八届大学生戏剧节最高奖项"金刺猬奖"，该剧扎根土地、讴歌信仰、彰显理想，以曲周改土治碱历史为主要情节，是一部将自强不息、敢为人先的精神信念贯穿始终的现实主义作品。

① 杜卫：《美育：审美现代性话语的创建——重读席勒〈美育书简〉》，《文艺研究》2001年第6期。

大学生们从熟悉的生活出发，关注现实，以严谨的艺术表达、昂扬的青春气息，呈现了新时代大学生致敬祖国的人文情怀和使命担当。

（二）植根青年学生，延伸大学生艺术社团建设育人的生命长线

大学生艺术社团是高校普及艺术教育的重要平台，艺术社团与艺术课程教学既相互联系，又具有与课堂教学相区别的独特的美育价值，成为弥补、活跃、拓展教学活动的极佳形式。美育的核心内容是“发现美、欣赏美、创造美、运用美”，“诗文随世运，无日不趋新。”大学生艺术社团要不遗余力地以时代审美观念为依据，以时代审美导向为指引，促使新时代美育修养不断更新与提升，与美育课程教学无缝对接，积极开展“内涵丰富、品位高雅、形式时尚”的美育实践，打造“一校一品”“一校多品”的特色品牌活动，不断提升学生的审美感受力、审美鉴赏力和审美创造力。

北京戏曲艺术职业学院大学生艺术团组织各种艺术形式的演出，增加对外交流，与文化和旅游部、中央广播电视总台、中国教育电视台、北京京剧院保持密切的合作关系，成为新年戏曲晚会、戏曲春节晚会等重大节庆晚会、演出活动的主力，在丰富学生社会经验的同时，拓宽学生视野，提高了学生的专业能力。

大学生艺术社团要植根青年学生，依靠艺术活动、艺术竞赛、艺术实践三个载体，实现内容和形式相结合、理论与实践相结合、校内与校外相结合的多载体联动的艺术社团实践体系，延伸大学生艺术社团建设育人的生命长线。

（三）坚定文化自信，发挥大学生艺术社团建设育人的聚合效应

经典是一种熏陶，一种潜移默化。一个人读的书、欣赏的艺术构成一种精神文化环境，它会很深地影响一个人的文化气质和文化品格。① 新时代的高校大学生艺术社团要开展主题鲜明、健康有益、丰富多彩的课外活动，重视经典的品读、体悟和弘扬，加深大学生对中华优秀传统文化的认同感、归属感和亲切感，提升大学生传承中华优秀文化艺术的责任心，坚定文化自信，增强文化自觉。

北京大学充分发挥大学生艺术社团润物无声的育人功能，注重突出大学生

① 叶朗：《以美育培养时代新人》，《人民周刊》2018年第22期。

参与体验性，2022 年，校团委特别推出游园会，手风琴社、吉他社、钢琴社等众多艺术社团八音齐奏，自由包容的主旋律随风传遍初春的燕园，同学们于展位之间流连忘返，集章打卡，交流互动，与广阔的热爱相遇，与飞扬的青春邂逅，用中华优秀传统文化培根铸魂、启智润心。

大学生艺术社团作为校园文化传播、艺术展演等实践活动的重要载体，高校要面向大学生，建立常态化大学生全员艺术展演机制，丰富艺术实践活动，这不仅能提升人的审美素养，还能潜移默化地影响人的情感，温润人的心灵。

(四)注重内涵建设，激发大学生艺术社团建设育人的创新活力

高校大学生艺术社团是实施素质教育的重要途径和有效方式，要注重内涵建设，在提升大学生的文化底蕴、艺术修养、审美情趣、人文精神和身心素养等方面发挥积极的作用。

习近平总书记指出："历史是最好的教科书，中国革命史是最好的营养剂。"北京社会管理职业学院青年文艺社抓住全院师生代表共同走进北京市爱国主义教育基地——大兴区委党校参观学习的契机，组织学生追寻红色记忆、感受革命文化，让大家深刻理解红船精神、井冈山精神、延安精神、西柏坡精神等，体会到红色政权来之不易、新中国来之不易、中国特色社会主义道路来之不易。这种实地采风，让学生的情感活动自由扩展，使之在真切感受中引起强烈的审美体验，让学生在潜移默化中接受红色文化的熏陶，筑牢信仰之基，勇担时代使命。

高校大学生艺术社团要善于加强与学校相关部门、政府有关职能部门以及社会机构的合作，衔接课程教学，组织开展第二课堂活动，通过实践体验的方式实现育人目标，在寓教于乐中增强学生自我服务、自我管理、自我教育的能力。

结　语

新时代，我国高校大学生艺术社团要以习近平总书记关于美育的重要论述为引领，打造衔接课程教学、艺术活动、艺术竞赛、艺术实践、艺术展演"五位一体"育人阵地，坚持立德树人、培根铸魂，以提高学生审美和人文素养为核

心，以强化育人实效为导向，把握当前高校美育面对数字全球化的时代背景，正视数字全球化时代的到来，大胆创新大学生艺术社团发展的新思路、新方法、新路径，让高校大学生在艺术社团的沃土中播种热爱、收获梦想，乘势而上、锐意进取，用青春书写璀璨华章！

本文系北京市职业教育教学改革项目“新时代高职院校美育课程创新实践研究”（项目编号：AG2022030）阶段性成果。

第 四 编

大学美育视阈下美术类课程的探索与实践

尤明辉
（北京工商大学）

2020 年 10 月 15 日，中共中央办公厅和国务院办公厅印发的《关于全面加强和改进新时代学校美育工作的意见》指出，高等教育美育课程目标是“强化学生文化主体意识，培养具有崇高审美追求、高尚人格修养的高素质人才。”这就要求大学美育课程要“落实立德树人根本任务，既紧密结合时代社会生活需要，又自觉弘扬中华美育精神，促进青年健康人格的养成。”①大学美育课程不仅要承担提升学生的审美意识、弘扬中华文化的责任，还要承担通过美育课程塑造大学生健全、高尚人格的重要任务。

自 1986 年《关于第七个五年计划的发展报告》将美育纳入国家教育方针后，大学美育经过不断的发展和积累，已经形成了完善的课程体系和理论基础。一直以来，美术类课程都是大学美育的重要组成部分，在传承与弘扬中华优秀传统文化，培养学生崇高的审美意识，树立健全的人格，促进学生创造力和创新思维发展等方面发挥了重要作用。新时代的人才培养目标对大学美育工作有了新要求，这就需要重新思考美术类课程在大学美育中的功能与价值，探讨美术类课程的培养目标与实施路径。

大学美育视阈下美术类课程的目标

《关于全面加强和改进新时代学校美育工作的意见》指出：“高等教育阶段开

① 王一川、文心涵濡：《大学美育新方案》，《美育学刊》2022 年第 6 期。

设以审美和人文素养培养为核心、以创新能力培育为重点、以中华优秀传统文化传承发展和艺术经典教育为主要内容的公共艺术课程。”这就要求大学美育课程要围绕美学鉴赏、艺术通识、艺术实践等多个知识模块展开，使学生具备一定的艺术基础知识、鉴赏能力和审美感知能力，引领学生树立正确的文化观和审美观，塑造学生健全的人格和高尚的情操。

大学阶段不仅是学生系统学习专业知识的重要时期，同时也是学生人格养成的重要阶段。大学教育除了承担“智育”的任务外，还要承担“德育”的责任，而大学美育是促进学生健全人格和全面发展的重要方式之一。大学美育视阈下的美术类课程是以美术学为基础构建的大学美育课程，通过美术学相关知识对大学生进行文化、审美和人格涵养教育，其重点并非美术专业知识和技能的传授，而是将对学生的品德教育和人格培养作为首要任务。大学美育美术类课程以美术学作为载体，发挥美术学科形象性、情感性的特点去实现传递优秀文化、涵养健全人格的功能，进而促进学生的全面发展。尽管作为专业教育的美学学科也具有“德育”的功能，但其重心仍是知识与技能的传授，促使学生形成相应的美术能力。因此，大学美育视阈下的美术类课程与艺术专业的美术类课程在人才培养目标上存在明显的差异。将大学美育美术类课程与艺术专业美术类课程进行对比，能够更加清晰地明确大学美育美术类课程培养目标的独特性。

首先，大学美育视阈下的美术类课程以普及性教育为主，旨在通过美术作品直观性、情感性的特点为大学生提供美术普及教育和审美体验。而艺术专业美术类课程则注重学生的专业性学习和技能拓展，着重培养学生的艺术分析能力和创作水平。其次，大学美育视阈下的美术类课程侧重于审美教育和人格教育，通过美术通识教育和创作实践，培养学生的审美情趣、审美意识和艺术品鉴能力，塑造学生高尚、健全的人格。而艺术专业美术类课程更侧重于技法学习和技能拓展，通过系统的训练和实践培养学生的绘画技巧和创作理念。最后，大学美育美术类课程强调跨学科的教学方法和综合性的学习体验。鼓励学生通过将艺术与其他学科交叉融合，拓宽学生的视野，加深对艺术与其他领域的关联性认知，从而获得全面发展。而艺术专业美术类课程更注重本专业领域的深入学习和实践，以提升学生在特定艺术领域的专业素养和创作能力。

大学美育视阈下的美术类课程的目标是围绕美育功能而设定的，其核心在于唤醒学生内在的力量不断实现精神上的自我完善。通过课程培养学生审美修养，涵养学生健全的人格，利用美术学的特性去潜移默化地完善学生的全面发展，使之成为既适应社会发展又具有独立意识的个体。

大学美育视阈下美术类课程的实践路径

广义的美术学科课程内容包括三个方面：一是传授相应的美术知识、技能和法则，二是进行创作实践，三是培养和发展学生的人格特质。而大学美育视阈下美术类课程虽然也需要兼顾以上三个方面，但重心是培养和发展学生的人格特质。在制定大学美育课程教学内容时，应充分考虑到其培养目标的独特性，适应学生的心理特点，体现科学性、时代性和民族性。

大学美育美术类课程是集美术史普及、美术作品鉴赏、基础美术技法学习和中国传统美学鉴赏为一体的课程集合。鉴于目前大学美育的培养目标、课时量和学生情况，美术类课程可以采用模块化设计，由美术史专题、基础技法和美学鉴赏等专题讲座组成。美术史专题是美术类课程的重要内容之一。通过学习美术史专题，学生能够了解和探索美术的发展历程和艺术风格流派，构建美术史相关的知识框架。同时，对于美术史知识的掌握也能培养学生对传统艺术的审美感知力和中华文化的认同感。通过基础技法部分的学习，学生能够掌握基本的绘画和书法技法，了解美术创作的基本要素和技巧，通过实践提升学生的想象力和创造力。美学鉴赏是美术类课程的核心，美术类课程各部分要围绕美学鉴赏的主线展开，使学生能够了解中国传统文化中的美学理念、审美标准和价值观，培养学生对中华传统美学的认知和理解，激发学生的文化认同感和自信心。而这些课程的最终目标是通过艺术独特的感染力和影响力，从多个角度合力涵养学生的人格和品德，引导学生思考传统文化的传承与创新。

因大学美育视阈下的美术类课程面向高校各专业学生开设，在教学内容、教学计划、教材选择和培养目标中应优先满足大学美育的实际需求。在课程实施过程中要将美育和德育功能作为课程的主要目标，把握美术类课程直观性、实践性的特点，以欣赏活动和直观感知为主要方法，结合讲授法、演示法、讨论法等教学方法，全方位地构建课程教学体系。在课程内容上选择有代表性的经典作品进行赏析和讨论，引入作品背后的历史和文化知识聚焦课程目标，通过潜移默化地熏陶提升学生的审美认知，陶冶学生的品德和情感。相关教学实践证明，美术类课程设置需要包括理论环节与实践环节，一方面通过理论与实践的结合提升非艺术类专业学生的课堂黏合度，另一方面也可通过创作实践培养学生掌握一项艺术特长。美术创作实践本身就具有陶冶性情、开拓思维和激发创造力的功能，适当的创作实践有助于激发学生的学习兴趣，能够充分调动学生的主观能动性。高等教育尊重学生的个性、重视学生的个性化发展，这就要求美术类课程在教学过程中需要将课程目标与因材施教相结合，顺应学生的个性特点，长善救失，鼓励学生开拓思维、勇于创新。

在授课形式上要灵活运用室内授课、室外授课、参观考察等多种方式，充分利用好美术馆、博物馆等社会资源，因地制宜、因材施教。教学模式上将知识传授、审美欣赏、范例讨论等方法进行整合，充分引导学生进行感受、理解、同情的审美体验过程，培养学生形成独立的审美判断，进而不断完善学生的人格成长，实现立德树人的效果。此外，课程要顺应教育数字化转型趋势，运用数字技术赋能，按照不同学生的实际学习效果灵活地调整教学方法和评价机制。

大学美育开设美术类课程的作用

大学美育视阈下的美术类课程承载着人格培养和传统文化的传承与创新的使命，通过学习和实践引导学生树立高尚的审美观、道德观和世界观，从而实现学生综合素质的全面发展。美术教育是将美的事物进行逻辑化、规律化、技术化，并使之成为可习得的美的经验与能力的行为策略。① 大学美育的美术类课程将审美教育和人格教育相融合，通过对美术作品中鲜活的艺术形象与创作培养学生的审美认知能力和创造力，塑造高尚健全的人格，提升综合素质，促进个人成长。大学美育开设美术类课程对高校人才培养主要有以下三方面作用。

第一，美术类课程能够提升学生的艺术修养和审美意识。通过对美术专题史的学习，学生能够客观、全面地了解中国美术发展历程，对中华文化产生清

① 尹少淳、孟勐：《学校美育与社会美育的互仿与渐融》，《美术》2021年第2期。

晰的认识。通过研究和分析优秀作品，能够使学生掌握基本的美术常识，培养学生敏锐的艺术感知能力和批判性的鉴赏能力，提升各专业学生的艺术修养。经典的美术作品是大学美育最合适的审美对象之一。通过对经典美术作品中的情感、趣味、品格的认知和理解，能够“向受教育群体提供的审美对象，应当能够引发受教育群体对它形成肯定性的功利性认知。”①美术类课程以美术作品为载体，培养学生发现美、接受美、创造美的能力，从而涵养学生崇高的审美意识，并在生活和学习中不断提升审美辨识力和审美感知力。通过美术类课程的学习，学生能够感悟艺术的多样性和创造力，培养学生对美的敏感度和品位，从而形成独立、客观、准确的审美判断能力。这将有助于学生树立正确的审美观，能够帮助学生在日常生活中对各种艺术形式和文化现象做出正确的评价和选择。通过对艺术作品中所蕴含的情感、思想和价值的体悟，学生可以被艺术之美所感染从而引发强烈的情感共鸣和精神触动，通过艺术之“美”涵育心灵之“美”。美术作品所表达的高尚情感、美好品质在潜移默化中引发了学生对“真、善、美”的追求，在学生的品德教育和人格成长过程中发挥了重要作用。

第二，美术类课程能够培养学生的想象力和创造力。大学美育视阈下的美术类课程通过作品欣赏、美术实践等活动，能够为学生提供深入的艺术体验和创造性表达的机会。《美术概论》指出：“美术的传达活动或审美表现活动，就是运用物质媒介材料和表现手段，将意识领域中那个尚未完全确定的审美意象确定下来，使其不断明晰和明确，最后完成美术创作，造成作品。”②美术创作主要是通过形象思维进行认知，经过主观与客观的相互融合构建了具有审美属性的创造性想象。通过技法的学习和实践，学生能够掌握美术的基本技巧和表现方式，通过相应的美术创作开拓形象思维能力和想象力。在美术活动中“从观察内容的选择，对观察对象的分析、比较、判断等整个观察过程，都有思维的参与，而不是被动的视觉感受”。③ 科学合理的美术创作实践有助于学生提高感性认知能力，表达自己的创造性思维和独特的艺术观点，培养独立思考和创新表达能力。通过相关课程训练，学生能够感知和理解艺术形象和艺术语言，培养

① 于建玮：《认知科学视阈下的美育研究》，吉林大学，2016 年。

② 王宏建、袁宝林：《美术概论》，高等教育出版社，1994 年，第 177 页。

③ 常锐伦：《美术学科教育学》，首都师范大学出版社，2013 年，第 102—103 页。

敏锐的观察力和想象力。美术类课程指导学生进行实践创作和表达，能够进一步提高学生的实践能力，激发个人的创造潜能，培养学生的独特性和创造力。

第三，美术类课程能够提升学生的认知能力和情感表达能力。目前大学教育偏重知识的传授和理性教育，对感性认知能力和形象思维的培养相对薄弱。美术作品是感性与理性的统一，“审美认识、审美创造和审美欣赏都涉及感性，同时又涉及理性。”①美术类课程通过分析美术作品从客观形象到艺术形象的转化过程，帮助学生实现从感性认知到理性认知的升华。这种从直观感受到抽象理解的转变，培养了学生的抽象思维能力和逻辑推理能力，提高了他们的认知能力和分析能力。情感是贯穿整个美术创作和审美认知过程中最重要的心理因素，艺术作品是艺术家主观情感的外化呈现，是艺术家对世界的真实再现。将客观世界的形象转化为艺术形象，创造出合乎客观逻辑和主观情感的艺术作品，这依赖于艺术家强大的情感表达能力。通过对美术作品的审美认知，学生能够直观地感知和理解其艺术形象和艺术语言，从线条和色彩中感悟作品所承载的情感和思想，从而培养学生敏锐的观察力和共情能力。美术类课程的开设能帮助学生重新认识自身直觉、想象和情感的重要性，通过创作实践和审美认识提升学生的情感表达能力。

大学美育开设美术类课程的价值

大学美育是高校人才培养的重要环节，新时代大学美育的任务和目标是“落实立德树人根本任务，即紧密结合时代社会生活需要，又自觉弘扬中华美育精神，促进青年健康人格的养成”。② 优秀的美术作品本身就带有“成教化、助人伦”的社会功能，以“文以载道”的形式涵养中华民族的传统美德。历代的优秀美术作品是中华文化最直观的展现，通过美术类课程的学习，有助于学生了解中华优秀传统文化，树立学生的文化自豪感与自信心。适当的美术创作实践能够激发学生的想象力和创造力，培养学生的审美意识，涵养学生的品德与修养，从而促进学生全面的发展。因此，大学美育开设美术类课程对于新时代高校人

① 王宏建、袁宝林：《美术概论》，高等教育出版社，1994 年，第 88 页。

② 王一川、文心涵濡：《大学美育新方案》，《美育学刊》2022 年第 6 期。

才培养具有重要的价值。

其一，大学美育开设美术类课程对培养学生文化认同感和自信心具有重要的价值。艺术是一种社会意识形态，“艺术及其历史不仅构成了一套知识话语，更是一种内含观念价值、体现精神启示力量的存在”。① 通过美术类课程的学习，学生不仅可以深入了解中华优秀传统文化，领悟其独特的文化价值，更重要的是能够通过美术作品感悟中华民族世代相承的价值观与精神力量。尤其是信息化时代，技术的革新使大学生可以更为便捷地获取各类信息，这进一步拉近了中国与世界文化交流的距离。但随之而来的是部分媒体对于中华文化带有某种价值观取向的偏见。通过美术类课程的学习，学生可以感受中华文化所蕴含的深厚底蕴和独特魅力，有助于客观、全面地了解中国文化脉络，体悟中国文化的发展规律和价值。系统地了解和研究中国文化，能够激发学生对中华传统文化的浓厚兴趣，树立正确的审美意识，增强对民族文化身份的认同感和自信心。学生通过了解美术作品中所体现的人文思想和美学价值，能够深入理解中华传统文化的精神内核，这将有助于中华传统文化的继承与发展。

其二，大学美育开设美术类课程对学生的人格教育和素质培养具有重要的价值。美育能够为人的各种精神能力和素质的充分发展提供基础和助力。② 大学美育开设美术类课程不仅是帮助学生提升审美能力和艺术素养，更重要的是通过艺术的力量，激发学生的共情能力和人文关怀，培养学生对真、善、美的追求与尊重，明晰人生的价值，潜移默化地涵育学生高尚的品德和健全的人格。开设美术类课程，能够通过形象生动的美术作品和艺术形象引导学生从情感体验中感悟人生的真理，培养学生积极正向的情感体验能力，从情感的层面不断陶冶高尚的品德。美术类课程的学习能够培养学生高尚的审美意识，这有助于学生的身心发展和全面成长。美术作品是艺术家通过形象思维对世界的认知，对美术的接受过程也是学生以一种新的视角和新的身份重新观察世界的过程。这种认知体验在某种程度上可以通过共情引发学生对自身情感、思想、认知的重新审视，进而实现精神内在的不断完善。美术作品所表达的人生百态和深刻内涵能够引导学生深入思考作品所表达的人生哲理、道德观念和社会价值，通

① 王德胜：《作为美育的艺术、艺术史如何可能?》，《中国文艺评论》2022 年第 12 期。

② 杜卫：《美育三义》，《文艺研究》2016 年第 11 期。

过充满情感的艺术形象感之以美、动之以情、晓之以理，促进学生综合素质的全面发展。

大学美育视阈下的美术类课程在传承和发展中华传统文化、塑造学生健全高尚的人格和综合素质培养方面具有重要的作用与价值。美育对大学生内心的作用方式是“熏陶”，是“陶冶”是“润物细无声”的。① 美术类课程的学习，不仅能够提高学生自身的认知力、创造力和审美能力，还能让学生在潜移默化中陶冶心灵、涵养品德，塑造高尚的人格，提升综合素养，进而获得全面的发展。建设好美术类课程，能够进一步发挥美术与大学美育天然的密切关系，以美育人、以美化人、以美培元，对培养德智体美劳全面发展的社会主义建设者和接班人具有重要的价值和意义。

① 杜卫：《关于新时代高校普通艺术教育转型升级的若干思考》，《美育学刊》2020 年第 2 期。

新工科背景下高校美育课程改革实践

——以“美术造型基础”为例

曲丹儿 张曼晴

（北京交通大学）

“美术造型基础”是面向北京交通大学所有专业本科生开设的一门美术类美育通识课。通过学习这门课可以掌握基本绘图能力、了解美术史和理论知识、学习艺术家的创作方法、尝试艺术创作，达到美术技能和审美能力的综合提高。为进一步落实国家“新工科”建设政策，更好地达成国家对新型人才培养的目标要求，本课程进行了3年持续教改实践。一方面把握新时代国家对人才培养的要求，另一方面找准工科高校美术通识课程建设面临的特殊问题及其破解之策，努力探索出了一条适用于此类高校的美术通识课程建设与改革路径，较充分地体现出美术通识教育在工科高校人才培养中的积极作用。

教学改革思考

（一）改革重点——“新工科”建设带来的新挑战与新契机

为应对新一轮科技革命与产业变革而推进的“新工科”建设不但为新时期科技人才培养和高校学科优化指明了方向，也对工科高校的通识教育提出了新的挑战。培养造就多样化、创新型卓越工程科技人才，为我国产业发展和国际竞争提供智力和人才支撑是目前工科高校人才培养的重要目标。在此类高校开展的美术通识课程建设首先应厘清课程目标与“新工科”人才培养总目标之关系，尤其应将“创新能力”培养融入课程环节，贯穿于教学过程。

另外，从属于“新文科”建设范畴内的美术教育与新工科建设都提倡促进学科与专业间的融合、渗透，促进学生在原来基础上涉猎更多领域的知识，提升知识体系的融通与完备，其内容和方法与自然科学、应用科学，以及以大数据、人工智能为代表的新技术也有着紧密联系。以美术通识教育为突破，做好“艺科融通”将成为推动四新建设的方式之一。

因此，工科高校的美术通识课程改革应利用好工科高校办学特色和学科融通生态，深入挖掘美育资源，让美术通识教育在新工科人才培养中发挥有效作用，这也是本课程改革的重点。

(二)改革难点——工科专业学生对美育的独特需求与现实矛盾

由于许多大学生错过了建立审美意识的最佳时期，对美的认知较落后，甚至存在一些根深蒂固的错误观点。而大学阶段的学科划分又进一步导致学生难以获得美术实践机会，也不再关心艺术问题。因此，工科高校的美术通识课往往面对大量“零基础”学生，需要承担“美术启蒙”的重任。如何处理美术通识课的专业度与普适度的关系是课程改革的难点之一。

其次，工科专业学生由于长期沉浸在数理化知识学习模式中，对世界的认知方式略显单一，与生俱来的感知力与想象力得不到有效发挥。18 世纪德国哲学家弗里德里希・席勒(Friedrich von Schiller)认为，美育能够活化感知、滋养心灵，能够“培养我们感性和精神力量的整体达到尽可能和谐”①。艺术的价值也恰巧在于它往往超出人的固有经验，发现与表现世间万物的多种可能，从而提供一种不同于科学的解释世界与认知自我的方式。工科高校的美术通识教育应充分利用美术教育的基础教育特点，帮助学生建立更完善的人文知识体系，激发学生的观察力、感知力和想象力，从而从冷漠的“学习机器”变成热爱生活、热爱艺术、关心自己、关怀他人，有温度、懂得美的人。同时，还应利用美术教育重视实践与创新的特点，培养学生的思辨力、创造力，让学生在实践中发现新问题、引发新思考与新判断，从而迸发出新理念，设计出解决问题的新方法，为新的发明创造奠定基础。

此外，工科高校培养的未来科技人才还肩负着科技强国的重要使命，对这

① 席勒：《美育书简》，中国文联出版公司，1984 年，第 108 页。

些学生的美育更应融入工程伦理、职业道德和思想政治教育，用美的教育滋润美的心灵，用美的素养培育美的行为，树立社会责任感和时代使命感。

（三）改革思路——以“创新”为核心建立四级目标体系

基于上述思考，我们明确了美术通识课程在工科院校人才培养中的六点作用，即：1. 有利于感知力、想象力的解放；2. 有利于知识体系的健全；3. 有利于问题意识的培养；4. 有利于创新能力的提高；5. 有利于审美修养的提升；6. 有利于综合修养的全面提高，并在此基础上重新拟订了教学目标。新课程目标以“创新”为核心，细分出“史论前沿知识获取—实践创新能力提高—审美人文修养提升—综合素养全面提高”四级目标达成体系，重点将创新意识、创新思维、创新能力和创新使命培养融入贯穿于整个课程体系，具体目标如下。

1. 史论前沿知识获取

通过梳理中外美术史发展线索，讲解东西方美术史论知识、美术基本概念、造型原理和创作方法，使学生获得美术基础知识。重点介绍美术现象与思潮中蕴含的创新元素，建立创新意识。

2. 实践创新能力提高

通过课题训练提高观察感知能力、美术造型能力、艺术表达能力、艺术创造能力四项基本实践能力。重点训练学生综合运用美术知识、原理与方法进行创造实践能力，培育创新思维、提高创新能力。

3. 审美人文修养提升

通过补充美术史相关的文、史、哲、科技知识背景，全面提升人文修养和知识融通。重点引导学生了解中华优秀传统文化、革命文化和社会主义先进文化，建立正确的审美观和价值观，树立创新使命。

4. 综合素养全面提高

通过教学全过程培养学生的沟通表达、团队合作、组织协调等综合素养，融入工程伦理与职业道德教育，培养社会责任感和时代使命感。

四个目标环环相扣，以美术教育启迪创新意识，训练创新思维，培养创新能力，树立创新使命，最终达到“以美育人，立德树人”的根本目标。

教学改革实践

在上述目标导向下，课程进一步从结构、内容、教学手段和评价体系几方面进行了具体改革实践。

（一）课程结构改造

课程舍弃了以往的断代式章节模式，遵循美术学习与艺术创作规律，分为“线条的游戏”“平面的秘密”“色彩的魅力”“通往创作的桥梁”四章。先从最基本的造型元素“线条”出发，让学生在了解线条造型的历史沿革和理论方法的基础上尝试运用线条造型；然后让学生理解和研究绘画艺术中“平面”空间的组织法则，掌握将三维世界转换到二维平面空间中去的基本方法；再进一步通过观察采集、理论讲授和实践表达等一系列课题，让学生逐步了解“色彩”在艺术中的应用机制与配比法则，掌握用色彩“说话”的方法；最后到达“创作”阶段，通过“半命题”式创作学生将课上积累的所有经验综合运用到创作实践中去，掌握艺术创作的基本方法，体验创作的乐趣。四个章节从易到难、由浅入深，让零基础的学生也能轻松入门，循序渐进地获得美术知识、能力、素养的提升。

课程同时打破了“纯理论”“纯实践”美术通识课程模式，建立了“在做中学”的新模式。一方面要学习美术史论知识。美术作品是不同文明的文化载体，赏析这些作品就是学习各时期、各民族的历史与文化，从而拓宽视野。艺术理论是艺术实践的总结和艺术思考的结晶，其研究方法又与文学、历史、哲学、人类学、社会学、语言学、心理学等众多学科紧密相关，学习艺术理论就是用不同方法和视角解读不同时期人们的思想与观念，从而拓展思维。在这一过程中激活学生的内在情感与精神世界，奠定审美心理和创新意识的形成，再通过审美心理的感化影响个体行为①，从而提升涵养和品德，逐渐树立起正确的职业道德观、良好的职业修养和创新使命感。另一方面要参与美术实践。实践既是感知、体验的过程，也是学习、思考和创造的过程。如果只将形象、色彩、笔触的概念告诉学生，就失去了让学生参与体验的机会，这种仅以知识获取为目

① 王世霞、刘德强：《美育在理工科高校专业教学中的价值功能探究》，《创新教育研究》2019年第5期。

的的美术教育变成了一种“离身”的训练。新现象学家施密茨认为，当人的切身体验被剥离之后，他们犹如生活在“幽灵世界”之中，成为悬于半空中的、不接地气的“无根”之人。① 离身教育的背后是生活体验与情感的隐匿和生命的黯然失色，也违反了美育的初衷。因此，课程每章除讲授内容外还设计了2～3个实践课题，让学生活学活用，以理论指导实践，以实践消化理论，并进一步建立自己的理论方法。在潜移默化中培养创新思维与能力，提高审美能力与文化修养。此外，这样做还有利于有针对性地将课程的讲授内容和实践环节与教学目标对应。

以第一章为例，首先讲授线条相关知识(概念、特征、功能)，通过课后观察和课堂讨论让学生去探索和发现生活中无处不在的线条，从而让学生意识到虽然纯几何的线条是一个精神概念，在三维物质世界中是不存在的(没有高度和深度)，② 但在生活和艺术作品中却可以观察到，且无处不在。第二部分通过梳理分析线条在经典造型艺术中(“古代艺术中的线条”“现代艺术中的线条”“当代艺术中的线条”)的作用，让学生认知线条的形式美和线条造型的丰富可能。在讲授内容中还穿插设计了3个实践课题(“线条绘型”“线条造型”“线条转换”)，让学生通过经典作品的临摹来领会线条在造型艺术中的重要作用与美感，再通过线条语言的创造体会现代主义艺术的简洁美和现代主义大师的创造力，最后通过尝试使用各种材料对自己创造出的形体或形象进行线条语言的材料转换，以表达某种观念，像当代艺术家那样尝试线条在创作中的更多可能。

(二)课程内容升级

一方面探索前沿，重视文理融通与艺科交融；另一方面厚铸基础，将思政积极融入美育。

课程深入挖掘和巧妙利用工科领域的美育资源，引导学生发现和领悟不曾注意到的美，如：理性之美、逻辑之美、几何之美、数理之美、机械之美、技术纯熟之美、工匠精神之美……为了建立学生的问题意识，还设计了一些必须运用包括力学原理、编程技术、图像智能识别技术等科技手段与美术素养相结

① 赵祥麟、王承绪：《杜威教育论著选》，华东师范大学出版社，1981年，第375页。

② 帕特里克·弗兰克：《艺术形式》，俞鹰等译，中国人民大学出版社，2016年，第50页。

合的创作课题。例如"我们的机械时代"课程要求学生不许使用传统绘画媒介，而必须大胆采用"机器"进行创作。有的小组完成了一整部实验影片的策划、扮演、拍摄和后期剪辑，有的小组则以"色彩颠覆论"为命题，从视错觉、计算机色彩、动物眼中的色彩等角度切入，通过查阅资料、实地调研和创作实践，科学地"批判了"人们对色彩固态、片面的认知，还给其他同学带来了一堂别开生面的"色彩课"。这些带有研究性质的创作课题能够让学生更深入地参与体验并进行独立思考，也有利于引导学生站在跨学科视角，运用"艺科结合"的思维和手段来解决问题，帮助学生建立多样性、批判性、思辨性的创新思维。

同时，课程还积极将思政教育融入美育。《关于全面加强和改进学校美育工作的意见》中指出："学校美育具有很强的意识形态属性，要坚持以社会主义核心价值观为引领，弘扬中华优秀传统文化，继承革命文化，发展社会主义先进文化，形成高校学生自觉增强文化主体意识、强化文化担当的新面貌"。① 工科高校培养的是肩负国家科技发展命运的重要人才，促进"美育"与"思政"的有机融合是对此类高校美术通识课程建设的必然要求。社会主义先进文化本就是美术教育与创作的价值取向，而后者又是前者的视觉载体和传播手段。因此，课程改革不仅在授课过程中融入思政教育，还十分重视在课程成果中体现思想性与艺术性的统一。

课程在讲授中通过跨文化视角比较东西方艺术，重点分析中国绘画独特的形式美感和造型方法，就中国革命历史题材绘画、现实主义艺术等开设专题讲座，并利用课下时间组织同学们参观调研红色主题展览；同时在实践中开展了爱国主义主题性创作并举办展览。这些非专业学生用版画、综合材料、数字绘画、油画棒、马克笔等多种媒介创作了一批既具艺术性又具思想性，反映时代主题的作品。例如，计算机与信息技术学院学生以"建党百年"为主题创作的《人民万岁》，以丝网印刷为媒介，同时借鉴了波普艺术工业化复制手段，用重复的图像象征教育的普及。在印刷过程中，学生由于缺乏经验导致经常出现油墨堵网的问题，在经过多次试印后进行了改良，达到了较好效果。他的作品虽不专业，却体现出不断试验、探索的科学精神与艺术追求。2020 年疫情防控期间专

① 参见国务院：《关于全面加强和改进学校美育工作的意见》，国办发〔2015〕71 号。

门设置了“从疫情到‘艺’情”主题创作和线上展览。理学院学生采用泥土、锡纸、橡胶手套等日常生活废品创作了《芭蕾舞者》，不但解决了疫情防控期间创作材料难以获取的难题，而且发挥出这些“材料”的优势，创作出令人震撼的医护工作者的精神形象。他将医护人员喻为芭蕾舞者，用优美的舞姿暗喻长期工作在疫情一线，不怕苦、不怕累的医护人员的高尚品德。此外，在“科技与交通”主题下，同学们还创作了《去太空》《新概念赛跑》等充满了想象力的作品。课程延伸了成果导向型(OBE)教学理念，融“思政”于“美育”，建立以创作作品和成果展览为导向，促进教学内容与方法创新、丰富教学手段与考核方式的展创制度。通过这些主题性创作和展览，润物细无声地培养热爱祖国、关心时代、富有艺术修养和社会责任感的未来科技人才。

(三)教学手段创新

在教学手段上，课程顺应互联网＋教育趋势，结合建成的(第二批)国家一流本科线上慕课“人人都是艺术家——美术造型基础”开展混合式教学(SPOC)，扩增了教学点、开课率和授课对象，缓解了美育师资薄弱现状和“后疫情”时代远程授课问题。经过近3年的持续建设和改革，已形成“以线下促线上，以线上补线下”的良好态势，为营造“人人皆学、处处能学、时时可学”的高校美术通识课程优良生态做出贡献。

教学手段上的改革还在于通过有针对性的实践课题增加课程趣味性、普适度和黏合度。课程淡化了实践课题的作业性质，把它们变成了有趣的“游戏”来激发学习兴趣；同时把大课题拆分为小任务，用零基础学生也能够轻松上手，以及工科学生擅长的技法、媒介进行实践来保温学习热情。例如，色彩历来是最难教学的，它依托于人的视觉和心理感知且变化莫测，而感知力恰恰是工科学生的短板。为了解决这个问题，我们在这一章中设计了“色彩采集”“色彩感知”“色彩分析”“色彩表述”四个递进课题。在讲授色彩理论之前先让同学们直接“采集”生活中的“色彩材料”，用最简单的“拼贴”手法来制作色板，从感观上认知色彩世界的丰富与微妙；然后通过分析经典绘画作品中色彩配比来理解色彩在不同时期、地域绘画艺术中的独特魅力，了解大师使用色彩的原理与规律；再进一步让学生通过简单的材料拼贴，用色彩语言来表达自己的情绪或讲述故事。既避免了画材昂贵、调色涂色技法不熟练等过往色彩学习的“麻烦”，降低了学习色彩的门槛，还让学生以更直观的方式感知色彩、理解色彩、运用色彩，完成对色彩最初的感性认识到高级的理性分析，再到更为高级的感性表达的全过程，真正领会色彩的魅力。

此外，课程还利用翻转课堂给学生更多参与体验的机会，利用研究型教学给学生独立思考与自主研究的空间。将博物馆和美术馆参观、举办展览、专题讲座、演讲等趣味环节自然融入教学过程、丰富课堂形式。

(四)评价体系重构

考核评价是课程改革最后也是十分关键的一环，好的考核评价方式既能够保证学生学有所得，还能够反向支撑课程内容、教学方法的改革，更是对美育评价体系建构的重要探索。为此，课程强调"两个并重"的考核评价办法。

一是知识、能力、素养考核并重。美术学习的规律是多元的，美术通识课程也不应仅以试卷为单一考核形式。课程通过随堂测验、小论文或调研报告、作品成果、课堂表现、答辩或展览等多种形式，分别对学生的理论知识理解程度、实践能力掌握程度，及课程各阶段的综合表现进行全面考察。还采用"现场互评"的形式让学生通过参与评价来深化知识。用丰富的考核方式促进教学环节多样化，以健康的考核制度激发学生的学习动力和热情。

二是过程考核与个性考核并重。艺术的评价标准是多元的，美术学习成效也不应仅以最终成绩论输赢。课程尽可能"因人而异"地追踪每一位同学的成长轨迹，通过加大过程考核来增强课程黏度，加强个性考核以公平评价学生。对一件作品也会从创新创意、思想高度、研究深度、视觉效果、内容质量等多个维度来综合考量。所谓"成绩"也不仅是一个分数，在有条件的情况下还为每位学生撰写评语，评估学生的艺术综合能力和素养，并对其未来提升方向给出建议，尽最大可能地做到多维考核和有效评价。

结　语

课程改革前的教学过程较笼统单一，缺乏由浅入深、循序渐进的知识理解、能力提高和素质提升过程，未有效针对工科学生特殊需求建立课程体系。在改革过程中，课程逐渐明确了针对工科学生的美术通识教育目标，建立了以美术通识课程支撑创新意识、创新思维、创新能力、创新使命培养的目标体系，并对课程结构进行了大胆改革，再经过教学实践中的有益尝试和探索，逐步将课程目标较好地融入了课程内容、教学手段和考核方式。

在课程学习后，学生普遍反馈良好，认为能够在美术史论知识，尤其是在美术经典案例的赏析中激发创新意识；能够在完成一个个小课题实践中逐步培养起问题意识、批判思维，从而建立创新思维，提升创新能力；在创作中进一步训练综合应用能力，体会创造的快乐，同时培养起未来科技工作者的社会责任感和创新使命感。

在现阶段改革实践后，课程较为有效地实现了本校学生审美修养、创新能力与职业道德、社会责任感的精准培育，较好地发挥出美育在工科院校人才培养中的作用。而本课程所建立的美术通识教学模式，在当下以理论讲授为主要教学方式的美术通识课程中，开拓出了一条较具创新性的路径。

本文原载《艺术教育》2023 年 6 月刊，总第 394 期

中医药高校书法美育实践探究

王月彤

（北京中医药大学）

中医药院校不同于普通高等院校，兼具现代医学和传统文化特色。书法美育课程作为中医药院校美育改革的一部分，具有一定的必要性和优势。以北京中医药大学为例，书法美育课程“书法经典欣赏与中华文化”结合教育部文件和学校人才培养要求，以古代经典书法作品欣赏为主要内容，通过书法经典作品传递美和中华文化精神，对中医学生产生了一定的积极影响。

中医药院校开展书法美育的必要性

中医药院校的教学改革，不仅要在专业教育上着力，更要实施五育并举。书法美育作为一种美育方式，不仅是教育改革的重要部分，更是提升医学生综合素养和全面人格的有效途径。

（一）中医药院校教育改革的重要部分

自席勒、蔡元培提出美育的概念和价值后，学校教育中的美育问题逐渐引起学者们的思考和重视。2020 年，中共中央办公厅、国务院办公厅印发了《关于全面加强和改进新时代学校美育工作的意见》（以下简称《意见》），将美育工作落实到各教育部门。对于高校而言，美育成为教改的突破口之一。而书法是中华传统文化的核心部分，具有深厚的人文底蕴。书法还与中医有着密切的关系，都是以古代哲学思想为基础的学问，书法美育成为提升医学生审美素养、人文素养的有效途径。

（二）医学生提升人文素养的现实需要

书法美育并非只是写字教育，应该包含传统文化精神和深层教育理论，才能发展长久。正如孙过庭说，书之首务在于“达其性情，形其哀乐”①，书法是通过文字内容和相应的书写技法，来表达书写者的思想和情感。在欣赏书法的过程中，要懂得文字内涵和造型原理，更要涉及书法美学、书法史学、文学史、艺术史、文字学、历史、哲学等相关知识，引导医学生从宏观视角去感受汉字之美，也让医学生从更理性、更客观、更多元的角度去理解汉字之美，实现人文领域知识的融会和提升。

（三）医学生提升审美素养的有效途径

《意见》中就指出美育的指导思想：“落实立德树人根本任务，引领学生树立正确的审美观念”②。正确的审美观念则是要通过经典的艺术作品进行教育，让医学生具备较为全面的审美认知。书法美育可以引导医学生摒除“书法就是用毛笔写字”错误认知，知道书法传承至今有系统的笔法、结构、章法等规则，有风格的不同，更有品格的高下。通过多看、多感受、多理解经典书法作品，提升审美品位。

（四）医学生完善人格的重要途径

美育的终极目标，在于培育健全的人格。有学者提出，大学美育具有以美导真、以美润善、以美树信的三种功能。③ 这些功能是智育、德育等其他教育方式所不能替代的。还有学者认为书法美育的特点是“通过获得审美感受进而在思维、言行举止及其他事务与处理中实现根本性改造，是个长期的过程。心灵的净化和审美品格的提升，最终都是以人的改造及其完整人格的塑造为根本目标。”④通过书法可以了解古人既精微又高雅的精神世界，达到“导真”的效果。书法在古代是传统文人必备的文化修养，除了文化修养还要求有较高的道德修养，书家中有不少忠君爱国之士，书论中也有大量对书家道德品格的要求和评

---

① 崔树强：《笔走龙蛇·书法文化二十讲》，重庆出版社，2019 年，第 153 页。

② 中华人民共和国教育部：《关于切实加强新时代高等学校美育工作的意见》，教体艺〔2019〕2 号。

③ 王一川、郭必恒：《大学美育》，北京师范大学出版社，2021 年，第 13—16 页。

④ 陈荣谦：《书法美育的创新思考》，《艺术评鉴》2018 年第 19 期。

述，书法美育也具有“润善”“树信”的效果。练习书法还可以磨炼医学生的性格，引导大学生养成坚毅的品格，以传统文化对医学生的人生观价值观实施积极影响，培养出全面发展的、高素质的中医药人才。

中医药院校开展书法美育的优势

书法以汉字为载体，蕴含了深厚的思想文化，且有着较好的群众基础，使得书法美育相对于其他美育方式有着一定优势。特别在中医药院校中，书法美育的优势主要体现在两方面：与中医的文化共通性和审美特质的普惠性。

（一）文化上的共通性

书法与汉字、文化紧密联系无法分割，相较于其他艺术，具有强大的文化承载功能。特别是中医与书法都是传统文化的瑰宝，有着与生俱来的相似性：一是对立统一的思维相同，都是矛盾辩证统一哲学思维下形成的学问；二是整体观相同，注重整体的和谐效果，中医注重阴阳的调和，书法注重主次关系的和谐，于和谐中存变化；三是联系的思想相同，都非常注重各个要素之间的相互关联，中医的五行相生相克思想，书法的笔画关系、结构关系、章法关系，都是在处理各个关系之间的平衡；四是类比方法论相同，中医用五行类比春、夏、长夏、秋、冬等不同类型，也类比五脏六腑，而书法则用身体和自然物来类比笔画形态和质感，用人的精神气质来类比书法的风格面貌。书法与中医在文化上的共同性，可以让学生打破学科知识的隔阂，找到文化认同感，提升文化自信。通过课后调查问卷发现，有88%的同学选择“书法经典欣赏与中华文化”是因为对传统文化感兴趣想要深入了解，有63%的同学在学习过程中对中医、书法、文化有不少新的感受和思考，可见书法美育课程对中医学生是有一定指导意义的。

（二）审美特质的普惠性

书法以汉字为载体，以书写为表现，兼具审美和实用两种功能。几乎所有的中国人都必须具备汉字书写的基本技能，这也是书法形成“全民热潮”的缘故。书法对于医学生来说既熟悉又陌生，熟悉在于从接受教育开始就会写字，陌生在于书法包含了复杂的书写技巧和丰富的文化知识。书法源于书写，却不只是书写，更是一种境界。书法这门学问独属于中国人，是一种本土式、东方式的学问，是古代文人精神世界的写照，其内在的美学观念、哲学思维影响着一代又一代中国人。每一个医学生都可以参与到书法中来，又可以深究下去，领会民族精神的艺术。正是出于这种特质，医学生们对于艺术选修课不再感到陌生和抗拒，积极参与到书法艺术的学习中，有同学表示学习书法缓解了他们疫情防控期间的焦虑，在课上的时间很有意义。还有同学表示自己对古人的精神生活有了更多的理解，发现了古人跟自己的情感联结。这门课程从最开始的60人增加到150人，成为医学生的热门选修课程。书法美育的普惠性，吸引了诸多的医学生进入传统文化的学习中。

中医药院校的书法美育实践探究

美育是一种浸润式的教育过程，正如春风化雨，润物无声，书法美育的教育理念是以美育人，以文化人。书法美育课程在中医药院校的实践必须跟中医文化结合起来，上升到文化和哲学层面，让医学生找到更多的文化认同。美育课程“书法经典欣赏与中华文化”，融入中医药文化思想，实现跨学科的融合。其教学目标为：以赏析古代经典书法作品来体会书法艺术之美和中华美育精神，引导学生感受物象之美、哲学之美、生命之美、情感之美、人格之美、文化之美，使学生以美共情，以美修心，以美养德。

(一)古代经典书作的美育元素挖掘

书法是古代文人感知自我和外部环境的细微表达，通过书写表达其含蓄细腻的内心世界。欣赏古代经典书作亦是感受书家丰富的内心生活。书法经典欣赏与中华文化课程，主要从古代经典书作的造型美、文本内容、文化背景三个方面来挖掘美育元素，以此来培养中医药院校大学生的审美能力、思考能力和人格品质。

1. 以汉字造型传递的物象之美和哲学之美

汉字是书法的载体，在象形阶段具有丰富的物象之美。课上先引用文献引发学生思考汉字是如何产生的：“仓颉之初作书，盖依类象形，故谓之文；其后形声相益，即谓之字。文者，物象之本；字者，言孳乳而寖多也。”①进一步讲解汉字是在模拟物象的基础上，以一定的组合逻辑形成一套符号系统，汉字始终具有物象之美。然后运用具体单字解析，例如“有”字，最早在甲骨文中是一只手张开的形象，后来增加了“月”(肉)的部件，表示用手拿肉的持有情况。而这里面手的部件后来写成了横和撇，就是我们今天熟悉的“有”字。这里面有关于身体、事物的物象，让同学们感受汉字象形之美的同时，理解内在形义的关联。

在欣赏隶书字体时，则进一步引导学生理解汉字对立统一造型原则背后的哲学之美。还是以“有”为例，在隶书中横画是主笔写得舒展漂亮，呈现“蚕头燕尾”的形态，而其他笔画则是要收缩聚拢起来距离较近，这里面存在主次、长短、虚实、收放等对立统一的关系。再如行书《兰亭序》中的“风”字，主笔横折斜钩舒展，其余笔画收敛，呈现左敛右放的姿态。很多单字都是以对立统一的思维来造型的。接下来引导学生思考这种对立统一的思维在中医药知识里是否存在？有同学提出跟中药“君臣佐使”的配伍思维很像，横折斜钩就相当于“君”，其余笔画相当于“臣佐使”，都是主次关系的体现。最后将书法文献和中医文献中的表述进行比较，如蔡邕《九势》：“夫书肇于自然，自然既立，阴阳生焉；阴阳既生，形势出矣。”②而中医文献中也有同样的论述，如《素问·生气通天论》：“生之本，本于阴阳。”③书家认为书法的“形势”之美来源于阴阳，医者认为人的生命变化来源于阴阳。可见书法与中医思想都来源于“阴阳”概念。通过对单字的赏析，结合对文献的理解，引导学生感受汉字具有的物象之美，以及在物象之美的基础之上，在与中医类似的哲学思维统摄之下，展现出的对立统一之美，绝不是我们今天所见打印字体的整齐排列组合。

2. 以书写文本传递生命之美和情感之美

书法作品不仅依靠字形给人以美感，更能够通过书写的文字内容表达作者的思想。以《兰亭序》为例，在欣赏了王羲之精湛的书写技术之后，带领同学们识读文本，感受王羲之从“畅叙幽情”到“感慨系之”再到“岂不痛哉”的情感变化，

---

① 许慎：《说文解字》，中华书局，1963 年，第 314 页。

② 蔡邕：《九势》，出自《历代书法论文选》，上海书画出版社，2014 年，第 7 页。

③ 王新华：《黄帝内经类编上》，上海辞书出版社，2013 年，第 24 页。

文中寄予了书写者对于时空的理解和生命的热爱。而这种强烈的情感和对生命的执着，不只是通过语言传达出来，更是融合在笔墨里，通过字形大小、轻重、虚实、动静等视觉因素配合语言的抑扬顿挫，表达得含蓄又深沉。通过欣赏和识读《兰亭序》文本，同学们感受了古人含蓄又真挚的情感，理解了古代文人对生命的热爱。

3. 以文化背景传递人格之美和文化之美

在书法经典欣赏与中华文化课程中，引导学生欣赏书法作品一定不能只停留在美的字形，而是要结合书家经历和历史背景，做到知人论书、知世论书。以《祭侄文稿》为例，该作品是颜真卿为纪念在“安史之乱”中牺牲的侄子季明，奋笔疾书而成的祭文手稿。欣赏这篇书作，除了感受到书家精湛的书写技术，我们更要感受到颜真卿的忠义人格和盛唐文化对他的浸润。通过介绍颜真卿生平经历，同学们知道颜真卿出生于以训诂学、文学著称的颜氏家族，在家学基础之上他还被唐代博大、雄强、包容的文化所影响，最终形成了宽博雄强的书风，与初唐瘦硬的书风形成对比。而他雄浑的书风正是他刚正不阿、坚毅耿直、忠君爱国人格的外化。接下来引用文献来展示古人对“书如其人”的理解，例如黄庭坚说：“学书须要胸中有道义，又广之以圣哲之学，书乃可贵。”①还有同是中医又是书家的傅山也说：“作字先作人，人奇字亦古。”②可见，一件书法艺术作品的高下是与书家道德品质以及整体人格紧密联系在一起的。通过欣赏《祭侄文稿》精湛又激荡的笔墨，让学生感受到颜真卿忠君爱国的伟大人格，以及唐代包容、阳刚、博大的文化格局，感受到盛唐时代影响下的人格之美和文化之美。

(二)书法美育在中医药院校的教学实践

既然美育课程是一个综合的情感教育过程，那就不能成为单纯的艺术知识课，也不能“去知识化”单论情感，应该是将艺术知识作为载体和桥梁，着眼于学生能力的提升和人格的养成。多采用启发式、情景式、互动探究式的教学方法，引导学生感受汉字之美，思考美感背后的文化思想和高尚品德。书法美育课程不仅注重提升第一课堂的教学质量，还利用第二课堂的延伸增强美育效果，

---

① 黄庭坚：《论述》，出自《历代书法论文选》，上海书画出版社，2014 年，第 355 页。

② 傅山：《霜红龛书论》，出自崔尔平点校《明清书法论文选》，上海书店出版社，1994 年，第 451 页。

共同实现美的浸润。

1. 第一课堂：书法美育的主要途径

美育课堂以启发式教学、情景式教学、探究式教学为主要教学手段。课上通过提供一定的分析方法论，来启发学生思考书法之美。从四个层面来启发学生欣赏经典书法作品：形式、内容、情感、文化。书法的形式美感比较抽象，普通医学生不经过学习无法感知，即“读帖”能力。要读出帖中多字的笔画、结构、章法组合关系，以及背后的美学原理。课堂上通过几个典型字例的讲解，引导学生思考如何去分析图像和文本，如何提取字形的关键信息。例如很简单的一个“大”字，哪个笔画是主笔要舒展，哪些笔画是次要的需要紧促，掌握其中的矛盾关系就能提取结构信息，掌握大致的轮廓。在“读”取字形之美后，识读书写文本，思考作者所要传达的思想和情感。当感知古人的情感时，启发学生可以通过关联作品进行对比，感受书家情感的变化。例如赏析苏轼《寒食帖》是一个表达其内心不得志、落寞的作品，与其同年所写诗词《定风波》相比，更真实地表达了苏轼从消极、伤感到豁达的心路历程。以古人的人生经历来启发同学们的感受，接纳暂时的沉寂，投入长远的志趣。最后感受文化则是要将书家放到原来的文化环境去理解，唐代的盛唐文化造就了颜真卿，宋代的儒家文化造就了苏轼，而苏轼的思想也成就了宋代文化，书家与历史文化互为表里。

情景式教学则是通过播放纪录片和邀请同学们演绎作品情景来感受作品内涵。例如请几位同学上讲台进行戏剧表演，演绎苏轼在生活困苦，在“苦雨”“萧瑟”的天气中，住在“小屋如渔舟”的房子里，做着“空庖煮寒菜，破灶烧湿苇”那样的家务，采访他们有怎样的心情与心理活动。让其他同学用一句话或一首诗表达当下的心情，大多数同学所写的内容都比较伤感。这种情景表演能够让同学们沉浸到那样落寞、悲伤的情绪中，感受苏轼在被贬之后的不得志、凄苦的生命情感。通过设定情景让同学们体会那样的人物状态，理解《黄州寒食诗》的创作心态。

现代教学理论指出，教学过程是师生交往、积极互动、共同发展的过程，是教师的“教学”行为与学生的“学习”行为的统一，实质是互动。书法美育注重以互动探究的方式展开教学。课堂互动包括师生互动和生生互动，师生互动是课上邀请五位同学来书写同一个汉字的篆隶楷行草五种形态，并提问书写楷书的同学有哪些需要注意的书写规则，书写篆书的同学又觉得这个字像什么事物。生生互动则是学生以小组为单位，共同协作来欣赏和探究某个经典书法作品。根据教师的提示从形式、内容、情感、文化四个方面探讨经典书法作品，在这个过程中激发学生的想象和思考，让他们积极地感受、体验、模仿，尝试着解决问题，最后分享自己对某个经典书法作品的理解。

2. 第二课堂：博物馆参观、书法展、新媒体平台的延伸

教育部《意见》中曾经提出，要完善课程教学、实践活动、校园文化、艺术展演、"四位一体"的普及艺术教育推进机制。美育工作应该形成以课堂教学为主，辅以丰富的实践活动和校园文化活动，让"第一课堂"和"第二课堂"协同作用，共同推动以美育人。欣赏书法不能够停留在书本上，更应该走进博物馆、美术馆、大自然中去感受真切的艺术品。课堂之外组织学生进行现场参观并讲解，并与课堂上所见图版进行对比，直观地感受原作，也感受不同环境背景下的欣赏效果。例如在欣赏汉简时，为了解析书法风格我们往往会将其放大进行欣赏，而走进博物馆时会发现汉简的细小和精巧，一根不到 1 厘米的小木条竟能写下如此之多的文字，并且书写技术非常纯熟，震撼了很多医学生。

美育工作不同于学校的专业课程教育，需要课内和课外长期的浸润，校园环境和艺术实践活动的组织尤为关键。学生在课上学习关于审美的系统知识，课下参加社团或相关实践活动，才能有更深刻的审美体验，才能真正入脑入心。以北中医为例，美育教研室协同团委建设第二课堂、校园文化，在提升美育第一课堂质量的基础上，协同中医专业课程组和团委相关部门，共同营造良好的美育氛围。多方协作举办书画展览活动，让更多的同学参与到书法创作中，也传播了传统文化。教师也通过新媒体平台录制书写视频，为同学们提供关于中医的书写练习内容，例如为同学们示范《伤寒论》中的医方的硬笔行书书写，示范"藏象""阴阳""天人合一""大医精诚""精察医理""持脉有道，虚静为保"等中医文化相关的软笔楷书作品，带领同学们读《曹全碑》《张迁碑》《颜勤礼碑》碑文全文，并解析其中的技术原理、情感人格、历史文化等内容。通过打通线上线下的隔阂，让书法融入医学生的课上课后实践中，实现浸润式的书法美育。

结　语

美育有着以美共情、以美修心、以美养德的功能，引导医学生在感受美的过程中陶冶性情，修炼品格。通过书法美育课程，医学生们感受到汉字之美和传统文化，通过单字形义关联以及书论文献的解析，感受汉字的物象之美和哲学之美。通过欣赏古人精湛书写技巧下的书作，感受书家的情感、人格，以及历史人物背后的文化环境。引导医学生从多个角度来感受和理解汉字之美，甚至创造汉字之美。在学校管理部门的支持和协作之下，不仅提升了第一课堂的教学质量，也塑造了活动丰富的第二课堂。期待今后在各方努力之下，不断探索适合中医药院校的美育模式，从而为培养优秀中医药人才做出一分贡献。

新文科背景下中国美学专题课程建设探索

张灵馨
（黑龙江大学）

近年来，国家高度重视高校美学研究和美育工作，接连出台了相关指导意见和方案。如2006年教体艺厅公布了《全国普通高等学校公共艺术课程指导方案》；2015年国务院办公厅制定下发了《关于全面加强和改进学校美育工作的意见》；2019年教育部发布了《关于切实加强新时代高校美育工作的意见》，这些意见和方案都对高校美学研究的方向、美育课程的目标和内容，以及如何设置提出了建议。

2018年，教育部高教司在“四新”建设中明确提出“新文科”，2019年“六卓越一拔尖”计划2.0正式启动后，新文科建设引起社会广泛关注。新文科建设的提出，对于打破学科壁垒，实现学科间的交融互通，增进学科专业一体化建设具有时代价值。在新文科建设的背景之下，为更好地实现高校美育的价值，不断探索高校美育融合发展的路径和可能性，是当前美育类课程建设的热点。

新文科的提出

“新文科”这一概念由美国希拉姆学院首次提出，意在通过学科交叉，实现传统文科重组，借助新技术为学生提供综合性的跨学科学习。这一新兴的教学理念，也受到了我国教育部的关注，新文科的建设和新工科、新医科、新农科一道，成了近几年来教育改革的热点。对新文科的多维思考和具体建设，是探索人才培养新模式、推进学科专业交叉融合、培养跨学科复合型人才的重要方式。

(一)从内涵来看，新文科之“新”呈现出多学科、大范围的特点

新文科意在文理交叉，带动传统文科的升级与转型。理工科等新学科的加入，意味着传统文科面对新技术、新形势需要借助新的学科资源去实现自身的改革和创新。其中，既有研究思路的变革，又包括研究内容的扩展、研究方法的提升。但这并不意味着新文科要与传统文科完全割裂，而是在继承传统文科研究特点和优势的基础上进行更符合时代需求的自我更新和调试。就这一点而言，新文科所包含的学科门类与以往相比，更为广泛和宽泛。传统的文科如文学、历史、哲学、语言等人文社会科学依然是新文科的主体，在此基础上，将“互联网＋”、人工智能、物联网、虚拟现实等具有现代化信息技术的学科融入传统文科教育之中，为传统文科注入新的科技元素，利用科技为传统文科赋能，激发传统文科的活力，创新传统文科的知识生产模式，实现跨界合作，是新文科最主要的内容。这样一来，新文科之中所包含的学科就突破了传统意义上的人文社会科学，自然科学当中的一些学科也被纳入新文科的范围，学科的广度和范围实现了新的突破。

(二)从特点来看，新文科之“新”呈现出深度融合、创新驱动的理念

新文科的融合性既有传统文科内部之间的整合，也有文理科之间的交互。传统文科内部以往就存在知识内容、人才培养目标等方面的交叉，在新文科的背景下，这种交叉可以进一步整合，突破传统的按照单一专业设置人才培养目标的原则。对学科自身发展而言，新文科也意味着传统文科自身的升级。传统人文社会科学的知识注重积淀，知识内容不像自然科学日新月异，以哲学为例，哲学基础理论具有恒常性和稳定性，因此知识更新的速率相对有限。在新文科建设之下，哲学学科也更加需要面对学科前沿问题、拓展研究的现实视域，关注当下社会热点，并对此进行形而上的哲学反思，更好地实现哲学从认识世界、解释世界到改变世界的过渡。同时，一些新兴学科门类如语言哲学、历史哲学、文化哲学、管理哲学等的出现，也意味着哲学具有和其他人文社会科学融合的可能，哲学自身的开放性和包容性可以成为新文科中文科内部资源整合交叉的一个范例。以此为例的其他传统文科也可以尝试实现研究范式的转变，积极应对新形势，关注新问题，在以往知识生产的基础上，结合当下寻求新的理论生

长点，不断完善自身学科建设。

除此之外，新文科也为文理科交互提供了更好的契机。大量新兴技术的发展如人工智能、基因工程、虚拟现实的出现带来了科技革命和产业变革，也为传统文科的转型提供了科技支撑。例如，虚拟现实技术带来的沉浸式体验被应用于多种艺术展览之中；人工智能的人机对话和交互为普及国学知识、宣传传统文化带来了新的方式；利用大数据技术查找资料、科技助力文物修复、古籍文本保护的智能化都是将自然科学中的新兴技术用于传统文科的具体实践。与此同时，新兴技术引发的思考也拓展了人文社会科学研究的问题域。比如人工智能的伦理问题、无人驾驶技术的相关法律法规、网络新媒体爆红背后的文化思考、高度自动化引发的失业等，这些随着科技勃兴而带来的社会问题，恰好需要在人文社会科学领域提供理论支撑，也不断催促着人文社会科学积极应对当下。

新文科意味着今后文科发展建设的新方向，这就需要重新定位文科的学科内涵以及人才培养目标，使传统文科在新兴技术的驱动之下焕发新的活力，推动学科之间的交叉融合，培养适应新时代发展需要的创新人才。

基于以上新文科建设的初衷和特点，从高校美学和美育类课程的角度探索新时期高校美育融合发展的路径，寻求高校美育的新形式或许能为新文科的建设提供一些具体参考。本文拟以中国美学专题课程的建设为例，思考如何将当前研究的新形势、新特点融入传统美学课程之中。

中国美学专题课程建设现状

以研究中国美学为核心的课程在国内外高校中以不同的课程名称出现，且已经由来已久，对这门课程的建设和探索也一直在进行。高校中的美学课程也与大学美育密切相关，从事美学研究的教师往往成为美育课程的教学主体。美学相关课程除了以大学美育等通识课程的形式出现，还是高校哲学课程设置中的重要组成部分。中国美学、西方美学、美学原理、美学原著等课程的开设在国内高校中已经成为人才培养方案中的必不可少的方面，只不过形式上稍有不同。中国美学专题课程就是这类课程的代表。

美学类的课程以教授传统美学理论知识为主。从美学的学科属性来看，美学学科的发展建设与新文科的内涵有相近之处。从美学成立之初，对于美学的定义和美学研究的对象就难以形成一致的意见，这直接导致了美学研究对象的不确定性和多元性，从另一个角度看，也正是基于这样一种学科属性，才使美学具有极大的开放性和包容性。

中国美学专题课程以讲授中国传统美学理论为主，既涉及中国美学史的发展历程，也包含中国美学研究当中的前沿问题。美学作为人文社会科学中的重要组成部分，在研究人与世界的审美关系的过程中，与文学、艺术紧密相连，自身就具有一种交叉融合的特点，随着现代科学技术的飞速发展，传统的审美方式也悄然发生变革，与之相关的美学课程也在不断变化更新。在建设新文科的背景之下，结合中国美学专题课程的建设现状和课程特点，探索相关交叉学科之间的交融互通，对于不断完善课程内容、提升课程吸引力具有重要意义。

从课程开设情况来看主要有三类：第一类是哲学专业课程，其中课程名称通常为中国美学史或者中国美学专题，面向的是专门从事哲学研究的学生，这类课程通常是人才培养方案中的一个重要内容；第二类是艺术类、文学类、文化类相关课程，这类课程往往将中国美学相关的内容融入其中，成为主干课程的有益补充；第三类是高校公共通识美育课程，这类课程多为选修课，重在从美育的角度培养学生的审美能力，促进学生的全面发展。

从课程内容上看，目前中国美学专题课程内容相对传统，以讲授中国美学的发展历程为主，也涉及中国美学研究领域中的一些前沿问题。中国美学相关课程的设置与安排既强调对美学基础理论的学习和掌握，也包含着大学通识教育和审美教育的内容。中国美学史是对中国文化的审美现象进行理论总结而来的历史，审美现象相对具体，但是对审美现象的理论总结则相对抽象，因此中国美学史的课程也相对枯燥。中国美学专题课程的学习需要以中国哲学史为基础。中国美学中涉及的人物、史料、论著等内容与中国哲学研究的材料有相通之处，在了解人物哲学观、哲学思想的前提下，对于理解他们的美学思想或其中蕴含的审美意识有促进作用。

从课程面临的主要问题来看，主要存在三个方面的问题：其一是在教学内容的具体选取上，中国美学史的内容繁多，课程课时相对有限，如何在有限的课时内呈现出中国美学的全貌和主要内容，成了教学过程中的一个难点。例如，是以美学家为线索还是以审美意识为线索讲授，是按照年代顺序还是按照美学问题为主线都需要进行细致的思考；其二是教学方法的选取上，目前本科生作为主要的授课对象，年龄层次上出现了“00后”群体，这一群体的特点是在高度现代化的科技和传媒方式下，对新事物的接收十分迅速，如果按照传统的教学方法，以教师独白式的方式传授相对枯燥的理论知识，恐怕很难激发学生们的学习兴趣，因此如何选择更为新颖、有趣又恰当的教学方法，能够让学生们融入课堂成为教学过程中的一个又一个难点；其三是美育问题。作为一门基础理论课，中国美学专题既希望能够让学生们掌握基本的美学理论，又希望能在此过程中培养学生的审美意识和审美鉴赏能力，这就涉及如何将课程理论内容与美育结合，这是课程教学中的一个重点。

中国美学专题课程的特点

中国美学专题课程要求掌握一定的美学基础理论知识，这种理论层面上的要求建立在对中国哲学深入理解的基础之上，同时也需要具有开阔的理论视野，自觉将美学与文学、艺术等联系在一起，在审美鉴赏和审美实践中获得一种审美自觉。在此基础之上，中国美学专题课程呈现出以下三个方面的特点：

（一）具有历史丰富性

任何美学都是以一定的哲学作为基础的。中国美学的许多内容往往和中国哲学中的内容交织在一起。例如，先秦时期许多哲学家的哲学思考当中就蕴含着对美学问题的理解，庄子的美学更是与哲学浑然一体，很难分离。后世的绝大多数文艺理论批评著作虽然很少明确提到哲学，但其中经常深刻地渗透着某种传统的哲学思想。因此，在这种情况下，对中国美学的研究常常也就是对中国哲学的研究，只有比较透彻地了解中国哲学，才有可能深入把握其中的美学思想。学生们对于中国哲学了解的深度，影响他们对中国美学了解的深度。

研究中国美学，把握其中的发展线索尤为重要。中国美学思想的演变与时代发展紧密相连，与不同时期的审美要求、审美理想的变化分不开，因此，以一定时代的审美要求、审美理想的变化为中心，各个具有代表性的美学思潮或倾向在历史上产生、形成、发展、演变的过程，就自然地构成了中国美学发展的基本线索。这种由历史的发展本身显现出来的线索，既可以看作是历史与逻辑的统一，也可以作为中国美学对美的本质、审美意识的特征和规律的认识不断深化进展的线索。随着历史的发展，新起的思潮往往伴随着对旧思潮的超越，在这样一种具体的历史的发展进程中，就包含了中国美学对美学中各个重大问题的认识和逻辑的发展，呈现出了一个由浅入深、由简单到复杂、由片面到全面的复杂过程。面对这样的情况，就要结合具体的历史语境，找出不同时期侧重要解决的美学问题的某一方面，注重把握同时代多种美学思潮内部的联系和差别，这样才能更为清晰地呈现出中国美学发展的线索和脉络。对中国美学史的研究，也应着意梳理这一脉络，使得今人能在学理的进程中把握美学思想的流变。

（二）强调学科之间交融

美学与艺术学、文艺学之间的理论交叉度比较高，因此在学习和研究的过程中应当特别注重跨学科的理论综合。中国美学的研究不能就美学而美学，而是应该基于一种大美学观，具有开阔的理论视野，这样才能在人才培养过程中不至于使教学内容和教学方法过于局限。中国美学，正如中国哲学一样，在理论形态上与西方殊异，但从思维的性质看却有相通之处。早在先秦时，中国古人对精神世界的理性反思就已提到了高度抽象的层次，并且遵循着严格的理路。至于它们与西方哲学、美学的区别，不仅要放在美学史、艺术史当中，而且还要置于整个思想史、文明史的发展脉络当中来理解。西方美学是区分型的美学，强调知情意的截然划分，中国美学在主体上则表现出性、心、情、志不分，在客体上直面天地和现实，这决定了中国美学的理论形态往往与现实审美文化紧密地联系在一起。这样一种理论形态要与文艺文本相结合，只有在突出美学理论、美学思想的同时，一定程度地把理论与现实、与艺术、与审美文化联系在一起，在多样的联系中进行理论的提炼和讲述，才能反映出中国美学的原貌和特点。因此，从这一点上看，中国美学恰恰需要多学科之间的交融，树立一种大美学观。

如果说理论性的内容难以在各门课程中实现交叉，那么审美教育则可以作为一种主要形式有机融合到各门课程中。同时，结合不同课程的特点，在人才培养体系中完善美育课程体系，开展特色美育。例如，美学课程中除了传统的艺术理论、艺术鉴赏类课程，也可以融入中华优秀传统文化之美，结合本地域、本学科、本专业的资源，将地域文化精神、学校校史校训、专业历史传承等内容加入进去。这些内容的融入，既可以拓展原有的美学理论，也能关注美学和审美教育在价值层面的引导作用，从而使课程体系更完善、内容更丰富，课程效果更佳。

(三)注重审美体验

美学理论当中有纯粹的理论思考，需要诉诸理性分析，但是，美学作为哲学思维却并不等于纯思辨，美学在一定程度上伴随着审美体验的意向性描述。18 世纪鲍姆嘉通创立美学的时候，将审美(Aesthetic)定义为感性认识的完善，相应地，美学就是感性学。因此，美学不仅要求哲学思维的思辨力，而且要求审美乃至所有精神经验的敏锐体验，需要审美体验。新文科建设之下，高校课程美育可以主动寻求课程教学形式的变革，积极适应教育技术领域的新变化，不断探索创新课程美育新的教学方法，尝试运用现代化的教学手段，以科技赋能带动课程创新。科技进步恰好可以为深层次的审美体验创造新的环境。现代科学技术应用于教学催生了研究方法和研究手段的更新迭代，同时也能够促进学术视野的拓展和思维范式的变化，推动美学研究内容与方法的融合创新。技术与美学的融合具有学理上的基础。技术美学作为一种美的形态，是社会生活中常见的审美存在。从历史看，技术经历了从手工业时代到工业时代的转化，对技术美学的研究已有近百年的历史，探讨技术与艺术结合的问题，思考技术的实用价值和审美价值的交融问题，如何使科学技术具有人文和精神双重价值，为工业文明的发展提供人文价值的导向等内容已经是技术美学的应有之义。

现下的科学技术不再局限于多媒体、PPT 制作、影音播放等传统科技形式，新兴的如 VR 虚拟现实、3D 打印、大数据、AI 人工智能等前沿科技已经在改变着我们的生活世界，而且也已经出现了微课、慕课等新兴的课程模式。科技的不断更新带来了艺术表现方式的不断更新，新兴的艺术形态之下，将艺术的人文价值和科技之美有机融入美学课程之中，会给课堂带来全新的审美体验。课程也可以顺势将现代信息技术与课程美育深度融合作为突破口，充分利用人工智能的交互属性，创新美育课程的实践形式，带来更多沉浸式的审美体验。同时，鼓励教师采用线上线下混合式教学、翻转课堂等教学模式，采用体验式、沉浸式等教学方法，拓宽原有的课程空间，引导学生积极发散审美思维，充分满足学生多元化、多样性的学习需求，全面推动教学模式从以“教”为中心向以“学”为中心的转变，打造线上线下融通、课内课外互动的学习空间，从而培养学生主动学习、整合学习、终身学习的能力。例如，在讲授中国传统音乐、绘画、书法等美学理论时，可以借鉴许多美术馆的经验，借助于现代信息技术，通过 AR 增强现实技术、VR 虚拟现实技术、全息投影技术、体感技术等多种新型信息技术，打破传统的仅以 PPT、视频播放等展示的方式，在课堂上带领学生体验科技和艺术带来的双重享受。

中国美学专题课程建设的意义

在建设新文科的背景之下，中国美学相关课程内容不断丰富，授课形式渐趋多样，在传统与现代、理论与实践、前沿与交叉的碰撞与交融之中，中国美学专题课程建设有助于完善美学学科建设，塑造学生健全人格、促进学生全面发展，弘扬中华美学精神，增强民族文化认同。

（一）完善美学学科建设，以美育观照人生

中国美学作为中国现代学术体系和学科体系中美学学科的一个组成部分，与西方美学不同，深入研究和学习中国美学，对于美学学科的建设和完善有重要意义。中国美学史是中国美感经验的历史呈现，是文化史的一个重要组成部分。对中国美学进行理论总结，有利于认识中国美感经验的特点，从而有利于认识中国文化的特点。

席勒在《审美教育书简》中提出了“美育”的概念，他在其中所阐述的审美教育，是以美和艺术所进行的，改变人性，塑造完整人格的教育。王国维在《论教育的宗旨》中提倡通过审美来拯救人性。可见，审美教育在促进人格的完善，培养人的全面发展中起到重要作用。学习和研究中国美学一方面是要了解和把握中国美学发展的历史脉络和其中蕴含的审美意识，另一方面也可以作为审美教育的一部分。

美育的本质和特征决定了它与一般的智力培养和思想教育不同，不是以单纯的传授知识为主要目的，也不是以传授具体的艺术技巧为主要内容，而是通过潜移默化的方式，自觉地培养人的生活态度与人生观念，塑造健全人格。审美教育作为感性、趣味和人格的教育，以其形象、直观、和谐、有趣的教育方式，与其他教育形式共同实现教化育人的目标。审美教育既有个体化的精神陶冶，也与社会层面的和谐稳定息息相关。虽然美育面向的对象以个体为主。但美的价值从未局限在个体之中。中国传统的文教可以视为一种审美教育的形式，它不仅与个人的人格修养相关，也是社会政治理想的反映。在学习中国传统诗书画论中所渗透和蕴含的美学思想的过程中，自然涉及审美鉴赏的问题，能够自觉欣赏其中的美，能够从中感受到其中蕴含的审美理想，有助于培养学生对人生与理想的自觉意识，从审美观照中自觉观照人生的价值和意义，实现真善美的和谐统一。

（二）传承和弘扬中华美学精神，增强民族文化认同

习近平总书记《在文艺工作座谈会上的讲话》提出“要传承和弘扬中华美学精神”①，中国几千年来的美学成果聚集了丰富的审美经验和理论形态，学习和研究中国美学的内容，正是要从中揭示出中华美学精神，增强中华民族的民族认同和审美认同。中华美学精神既有在中华几千年的审美实践中形成的具有中华民族特色的美感，这种美感既体现在具体的审美活动之中，也蕴含在优秀的艺术作品之中，更凝结在中华民族论美和艺术的理论作品之中，学习中国美学理论就是要从中揭示出内蕴在其中的中华美学精神。

中国美学的历史发展进程中，展现了美学思想产生、形成、发展、演变的过程，批判地继承中国美学中能够体现出民族智慧和思想结晶的东西，对于认识中国美学在世界美学中的独特性，对于提高我们民族的自尊心和自信心，增强文化自信，促进健全高尚的审美意识的发展，创造为中国人民喜闻乐见的文学艺术等方面具有重要意义。

（三）实现学科交叉融通，培养综合性人才

想要学好中国美学专题这门课程，不仅需要一定的哲学基础和哲学素养，对于中国传统的文学、艺术等也需要有敏锐的感受性和鉴赏力。美学既涉及哲

① 习近平：《在文艺工作座谈会上的讲话》，《人民日报》2015年10月15日。

学，也与文艺学、艺术学理论等密切相关，在新文科建设的背景下，将人工智能、大数据、互联网等新兴技术应用于教学中，优化传统的教学方式，更新传统的教学方法，创新“线上＋线下”的课堂教学新模式，能够更好地激发学生的学习兴趣，实现相关学科之间的交叉融通。学习中国美学既要掌握基本的美学理论知识，也要培养学生的审美感受力和艺术鉴赏力，这对于激发学生的创造性和自身内在的潜能具有积极的作用，通过新兴技术的引入，结合当下流行的多种学习方式，多方面地培养学生的综合能力，促进学生人格的完善和全面发展，这也是新文科背景下中国美学课程建设值得继续深入探索的内容。

本文系教育部新文科研究与改革实践项目“新文科背景下哲学学科拔尖创新人才培养改革研究与实践”(项目编号：2021080013)、黑龙江大学新世纪教育教学改革工程项目“新文科建设下高校课程美育融合发展的研究与实践”(项目编号：2022C70)阶段性成果。

高等职业院校大学语文的美育价值研究

赵西芝

（河南艺术职业学院）

小学、初中有美术基础课，用以提高学生的审美素养，但到了大学，除了专业课，大学语文成了大学生教育中重要的文化课。所以大学语文成为美育的主要载体，大学语文的美育价值应当引起重视。

什么是美育和美育价值

（一）美育

美育，最早由德国诗人席勒1795年在《美育书简》中提出。美育被席勒界定了情感教育的内涵，美育的方向是指向人的情感的。美育的简单理解就是：美的教育，美学教育，审美教育。“美育是以美学理论为指导，以形象教育为主要方式来陶冶人的情感的教育”①。大学语文即是以情感和审美教育为主，以形象教育为主要方式来陶冶人的情感，提升学生们的人文精神和人文素养。

审美教育即美育，就是以美学为指导通过审美实践活动，引领人们进入崇高的精神境界。它以美的形象和情的感染使人们树立正确的审美观，培养高尚的审美情操，让人们懂得什么是美，以及如何欣赏美、创造美。人们在美育过程中获得美的享受和美的熏陶。美育始终重视对人的关心，关注人在教育中的主体地位，从而培养人们按照美的要求改造自己的能力。审美教育关心的是人

① 李长风，等：《美育概论》，山东人民出版社，1998年，第2页。

的修养、人格魅力、目标、成就感、责任感和道义感等终极性的价值。现在很多大学生在大学里没有目标，无所事事，过着没有美的大学生活。大学语文以欣赏文学这门艺术来提高同学们的文学素养和人文素养，让学生学会欣赏文学和艺术。大学语文也是一门以审美教育为主的文化课程，具有很高的美学教育价值。

蔡元培先生说："美育者，应用美学之理论于教育，以陶养感情为目的者也。"①美的鉴赏是美的对象（客体）与人的主观感受相互结合的产物，也即是主体的审美需要与客体发生了关系。蔡元培在《美育与人生》一文写道："人人都有感情，而并非都有伟大而高尚的行为，这由于感情推动力的薄弱。要转弱而为强，转薄而为厚，有待于陶养。陶养的工具，为美的对象；陶养的作用，叫做美育。"②美育是使受教育者在美的鉴赏实践过程中形成审美能力，能判断美与丑，进而形成高尚的道德观。美育就是在教育过程中进行美的鉴赏，同时让受教育者获得美的享受，陶冶性情，在美的影响下形成良好的人文素养。大学语文教材中会选很多美的文学作品，让同学们在作品中领略山川之美、人性之美、文化之美、诗歌的韵律之美等。例如陆游和唐婉的《钗头凤》，表达了年轻人追求爱情的执着，对当今年轻人的爱情观养成有教育意义，其朗朗上口，能从中体会中国的山川之美和人性的哲理之思，"不知江月待何人，江月年年望相似"；苏轼的词《水调歌头·明月几时有》，通过"但愿人长久，千里共婵娟"，表达了诗人对爱情的美好愿望；《蜀道难》和《定风波》分别是李白和苏轼在人生不如意的时候写的诗，充满了洒脱的人生态度，对鼓舞年轻人勇敢面对生活中的各种挫折有教育意义；张若虚的《春江花月夜》是千古流传的很有美感的诗。

（二）美育价值

美育价值就是在教学中进行美育教育所取得的成果、意义和价值。美育的外在价值有助于德育、智育和体育的实现，并最终达到整体教育的审美化。美育的内在价值有助于学生个体的身心发展。美育不仅可以培养个体的审美观，进而提高审美和创造美的能力，而且还能培养、陶冶他们的情操，最终实现"以情动人，以美化人"。美育主体素质的价值主要体现在：主体审美需要和主体自

① 蔡元培：《美育》，《蔡元培全集》第六卷，浙江教育出版社，1997年，第599页。

② 同上书，第290页。

身审美的创造，也即是美的需求和美的创造。美的创造主要包括美的形体、美的姿态、美的性格等。

美育的内在价值在价值观念的塑造、人格境界的提高及培养高尚的审美趣味方面意义重大。美育将致力于教人如何爱他人和接受他人的爱，如何尊重他人和自尊，如何做真正有意义和价值的事，如何保持自信、乐观、开朗的人生态度，如何形成个人风格，如何求真求善求美等。审美教育使人们在美的愉悦中获得情感的解放和升华，进而教会人们能够以高尚的精神品位来支配物质。大学语文的教育目标最大限度地和美育目标吻合，所以大学语文担负着很多美育任务。

通过高等职业院校大学语文课程进行美育教育的必要性

“高校要根据不同专业人才培养特点和专业能力素质要求，结合自身优势和跨学科特点，针对学生美育的实际需要，积极探索构建以审美和人文素养培养为核心，以创新能力培养为重点、以中华优秀传统文化传承发展和艺术经典教育为主要内容的公共艺术课程体系。”①大学语文应站在文学史的高度，给学生整体介绍中外文学和文化。大学语文能提高大学生辨别美丑的能力，培养学生养成正确的审美观和健康的审美情趣。

(一)高等职业院校大学生的现状

高等职业院校的学生受市场化和功利化影响，普遍有一种急功近利的心理。高等职业院校因为学制是三年，最后一年主要是实习。高等职业院校重在培养学生的一技之长，无法重视文化课，所以学生也不愿意学与专业课无关的课。高等职业院校的英语课比大学语文多，英语一般都是考试课，大学语文一般都是考查课。因为考试课受学生的重视，考查课不受学生的重视，所以大学语文不受学生欢迎。因此作为考查课的大学语文在同学们心中的地位并不高，出勤率也一般，除非有些老师的课讲得非常精彩。

高等职业院校的学生一般初高中文化课不太好，进入大学普遍缺乏远大的

① 教育部：《关于切实加强新时代高等学校美育工作的意见》，教体艺〔2019〕2 号。

理想和抱负，缺乏应有的人文精神。学生普遍缺乏人生体验和对生活的关注，社会责任感和承担意识较弱。优越的生活条件下大学生们很少吃苦，所以面对困难的时候就缺乏一种坚韧不拔的精神，遇到问题就想走捷径，攀比心和虚荣心太强，缺乏远大的理想和感恩的心。学生的人生体验不足，就不能感受到生活中的美好；读书少就缺乏对间接经验的积累，无法感知个人生活以外的世界。学生的知识储备不足，导致他们对语言的欣赏和运用的能力不足。大学生们过于以自我为中心，就不能静下心来虚心向他人学习，妄自尊大的现象比较多。大学生人生观和价值观的正确与否，直接决定了他们大学的学习效果和以后的生活质量。“从这个角度来看，现代美育的具体实践便一定与人在具体生活中的意义建构保持着内在的对应关系——事实上，人在现代消费性文化生产语境中的精神缺失问题，最终便归于意义感的茫然。”①

高等职业院校大学生的校园文化日渐下滑。这也和学生高考分数和初高中形成的文化素养有一定的关系。校风对学生的影响很大。大学生会受周围环境的影响，比方说一些学生会受玩游戏、玩手机、逃课等坏风气的同化，慢慢失去自我。高等职业院校的学生大都没有远大的目标，所以在前进的道路上迷茫着，空虚着，很容易受周围环境影响。所以学校的校园文化对他们有很大影响。大学语文能改善校园文化，使其向着好的方向发展。

（二）大学语文是非中文专业大学生重要的文化课程

大学语文课程成为各类全日制高等院校面向全体学生开设的公共必修课，成为高等职业院校文化和素质教育的核心课程。它在知识积累之外，追求审美性和人文性。它是目前高等职业院校里仅有的可以起到文理渗透、文化与科技交融，培养大学生人文精神，营造校园文化氛围的重要基础课程，在整个高等职业院校学科课程体系中，具有不可替代的职能。语文学科具有很大的美育价值，也是实施美育的重要途径。

1999 年，教育部为了更好地实现素质教育，进行了第八次基础教育课程改革，并重新提高了对美育的重视。学校通过艺术学科对学生进行美育教育远远不够，语文学科的美育价值不容忽视，也是实现美育的重要途径。新课程改革

① 王德胜：《“以文化人”：现代美育的精神涵养功能——一种基于功能论立场的思考》，《美育学刊》2017 年第 3 期。

就十分重视通过语文学科实现审美教育，在《普通高中语文课程标准》中提及“审美”一词达23处，其中指出：“语文具有重要的审美教育功能！高中语文课程应关注学生情感的发展！让学生受到美的熏陶！培养自觉的审美意识和高尚的审美情趣！培养审美感知和审美创造能力。”现代美育观认为：所谓美育，是有目的有计划有组织地通过各种美的事物，培养学生审美素质(审美观、审美鉴赏、审美表现、审美创造的能力)的审美教育活动。也就是说美育的根本目的是要通过各种美的事物(包括音乐、美术、自然美、社会美、科学美以及其他艺术种类的美)，发展学生的审美素质，提高学生创造美的能力，同时美育还具有促进德智体等素质全面且和谐发展的客观作用。大学语文的课程目标：指向学生的文化素质、人文情怀、审美眼界、精神气质与交际沟通，最终达到文化素质的提升与语文能力的培养。

高等职业院校学生的现状告诉我们应当重视学生的人文素质和人文精神的教育，提升学生的审美素质和审美能力。大学语文是大学生重要的文化课，担负着重要的美育任务，美育价值功不可没。所以大学通过大学语文进行美育教育非常必要。

高等职业院校大学语文的美育价值

大学语文在初高中语文的基础上，不以传授死的知识为主，而是以学生为主体，提高学生的综合素质。大学语文贵在引导，让学生学会自主学习和生活。大学语文的美育价值主要体现在以下四个方面。

(一)学会鉴赏美

大学生要学会鉴赏美，才能在社会中分清美与丑、善与恶，才能成为一个德、智、体、美全面发展的有素养的人。大学语文课是大学生重要的文化课程，所以肩负着重要的鉴赏美的使命。大学语文课堂应当是美的享受，走出应试教育的怪圈，才能吸引更多的学生参与到课堂中来。大学语文课堂的教师应当具有扎实的文化知识和高尚的人格魅力，才能让学生信其师。大学语文教材种类繁多，应当针对学生的基本情况，选取适当的有美育价值的教材。教师根据教材内容重点培养鉴赏美的能力。

具有审美能力是人基本的能力之一。人如果没有鉴赏美的能力，就不能辨别好与坏，所以也不能做一个正直的善良的人。大学语文在各个方面锻炼同学们鉴赏美的能力。大学语文教师首先通过教材提升同学们鉴赏文学作品美的能力。大学语文教材虽然种类繁多，但遵循一个宗旨就是通过各类题材的文学作品，提高同学们的文学素养，进而提高他们的人文素质。散文、小说、诗歌和戏剧等都有各自的美。文学作品的鉴赏分为各个方面，大学语文教师应该分类介绍，主要调动同学们的积极性，让他们学会自己欣赏，进而热爱文学，从书的海洋中攫取更多对自身价值提升有用的知识。大学语文课堂应该比初高中课堂更加灵活，在愉悦中鉴赏各种美。比如：鉴赏白居易的叙事长诗《长恨歌》，教师应该给学生讲一些作者轶事和诗歌创作背景，以及杨贵妃和李隆基的一些历史故事，让同学们站在文学史的高度，更加客观地去评价两人的爱情。鉴赏《长恨歌》的关键是"如何理解《长恨歌》中的恨"，让学生在历史构架之上，通过多遍朗读自觉鉴赏它的"恨"。大学语文教师应该帮同学们一层层地揭开《长恨歌》中爱情的悲剧美，然后联系现实，引导同学们树立正确的爱情观。

大学语文不仅通过教材鉴赏美，更应该在书本之外，联系社会实际鉴赏美。大学语文不仅传授课本知识，更应该结合社会现实，让同学们鉴赏各种社会现象的美。大学语文课堂应该多姿多彩，以课本为主线进行授课的同时，应该联系同学们的实际情况，增减内容。比方说遇到情人节、中秋节、五四青年节、端午节等节日时就应该顺带讲一些和这些节日有关的文人趣事，以及与此相关的诗词，让他们踊跃回答问题。这样既调动了课题气氛又增进了知识，还传承了传统节日文化。

（二）培育语言美

语言美要求提高语言修养，说话和气、文雅、谦逊。一个语言美的人到哪都带着很高的文化素养，散发着光和热。语言美首先要讲求语言效果，普通话是提高语言效果的途径之一。社会越来越进步，普通话越来越普及。同学们可以多读书，从书中获得语言的魅力，这也是增强语言美的途径之一。"语言美"是"心灵美"的直接显示，前者是形式"表达者"，后者是内容"被表达者"，内容决定形式，但形式仍有它相对的独立性，反过来也可帮助内容的表达。心灵美的人语言也会有魅力。大学语文能通过鉴赏文学作品提高同学们的语言表达能力，进而培养他们的语言美。

大学语文是培养同学们语言美的主要途径。大学语文老师首先应该说好普通话，然后让同学们在生活中使用普通话，然后再考个普通话等级证。语言美的表现除了普通话还有用美的语言合理表达感情，给人带来审美享受。经典名著是语言美的典范，需要全世界人们用心阅读和领悟。大学语文和初高中语文一样具有培养同学们语言美的能力。大学语文应该引导同学们多诵读经典，不断提高自己的语言表达能力，进而提升自己的交际能力。说话是一门艺术，学会有艺术地说话是每个人都应该做的。有些人一开口说话就把人得罪了，有些人一说话就让人听得很悦耳。学会说话能提升人的交际能力，获得人生价值。海伦·凯勒的《假如给我三天光明》感动了很多人，她感情细腻地表达了后天失去视力的她获得光明以后要做的事，让拥有光明的人更加珍惜自己的光阴。

（三）塑造人格美

人格美即人的品格和品德的美，即做人的资格也是为人的品格的总和，它是心灵美的重要方面。人格美标志着人在自我修养和自我完善方面达到的高度，体现出一个人良好的道德意识和社会行为习惯。人格美不是人外表的美，而是指人有渊博的知识、良好的修养、文明的举止、优雅的谈吐以及一颗充满爱的心灵。只有这样，人格美才会释放出真正的光辉。人格美的人也会使用优美的语言。人格美又称人品。每个人做人的资格是平等的，但人的品格却有高低之分。高尚的人格能体现人的价值与尊严。人格美不是人格高尚，它更侧重于美学指向。

大学教师首先要有人格魅力，才能表现出人格美，吸引更多学生向往美好的人格。人格美是大学培养学生的至高境界之一。大学培养专业人才的同时，应该培养大学生具有美好的人格。大学语文是培养学生人格美的重要文化课程。大学语文教师应该培养学生的人格美，在平时上课选一些有高尚人格的作家来讲，选一些具有高尚人格的作品进行分析。比方说，讲屈原的时候，就讲屈原的伟大之处，为什么端午节要吃粽子纪念屈原，屈原的作品里高尚的人物形象。很多文学作品中都有一个积极上进的正面人物形象。大学生在大学语文课上学得多了，自然会受文学中高尚的人物形象影响，也逐渐成为一个人格高尚的人。例如“卧薪尝胆”塑造了一个胸有城府，能屈能伸的大丈夫形象，告诉同学们要懂得隐忍，才能成大事；“闻鸡起舞”告诉同学们应该勤奋，努力做好自己的本职工作；“不耻下问”告诉同学们学习和生活中都要虚心请教别人。大学语文的课堂能让同学们欣赏到很多优秀人的人格美，潜移默化中他们也变得和以前不同了。

（四）造就心灵美

心灵美可以借助于语言和行为等，主要内涵人的思想和感情，主要是指在处理人与人之间关系时的思想和感情。心灵就是思想和灵魂；心灵美，就是灵魂美。大学语文美育价值的至高层是心灵美，在鉴赏美、语言美、人格美的基础上自然达到一种升华——心灵美。王一川认为美育具有建构精神信仰的价值：“大学美育的根本目标，与其说在于个体高尚纯洁人格的养成，不如说在于个体高尚纯洁之人格以及作为其灵魂的个体信仰之养成。”①

大学语文肩负着培养学生心灵美的重要任务。大学语文教材会选很多心灵美的作家和作品，让同学们认真学习，并在潜移默化中培养学生的心灵美。心灵美是人的至高境界。大学语文应该让同学们学会观察和阅读，观察周围的各种现象，从中发现心灵美的人，并虚心向他人学习。大学语文更应该让学生在书本中发现具有心灵美的人或事。比如《简·爱》中的简·爱，她虽然瘦小，但是她不仅自尊、自立、自强，也具有一颗完美善良的心灵。所以她深深地吸引了男主人公，并最终获得了爱情，拥有了幸福的生活。

如何全面提高高等职业院校大学语文的美育价值

美育的普及需要学校、社会和家庭三者互相配合，但学校美育应当以高校美育为重。大学语文的美育价值不言而喻，如何全面提高大学语文的美育价值亟待落实。高等职业院校有培养大学生的人文素养的任务，大学语文是一门重要的文化课，对大学生素质的提高功不可没。

（一）学校的重视

高等职业院校要全面提高大学语文的美育价值，首先要学校给予足够的重

① 王一川：《美育树信仰：互联网时代大学美育的目标》，《美育学刊》2018年第5期。

视。学校重视大学语文的教育价值，特别是对学生的美育价值，才能让教师和学生更加重视。学校不能把大学语文开成选修课或者周课时很少，在课程设置上给学生造成一种错觉——大学语文并不重要。学校不能把大学语文当成高中四年级语文，应当充分认识大学语文课程的性质。

学校应该给大学语文足够的课时，配置专门的大学语文教研室，增加大学语文师资队伍，提升大学语文教师的人文素养，增加大学语文教师的知识储备。有些学校部分专业开设大学语文，有些学校每周开两节大学语文，有些学校是选修课，有些学校是公共必修考查课……这些都是大学语文不受学校重视的例子。当然这种情况下大学语文也不能得到教师和学生的重视，学习效果不佳，更不能充分实现大学语文的美育价值。在大学，大学英语的受重视程度远远大于大学语文。大学英语修的时间比大学语文长，很多都是考试课，但是大学语文不仅总课时少于大学英语，而且大学语文经常被定成考查课。考试课和考查课差距很大，考试课教学效果远远大于考查课。因此高等职业院校应该考虑把大学语文定成公共必修课，并且是考试课。这样才能引起任课老师和学生们的足够重视。

高等职业院校应当重视学生们读书的重要性，给大学语文课程营造更好的学习氛围。在校园里可以做一些有关读书的宣传，装一些大的宣传屏幕，循环播放一些名言警句、作家作品简介，让同学们在走路的时候也能感受到读书的重要，改变他们边走路边看手机的现状。另外，学校应该把同学们吸引到图书馆去，营造读书的氛围。图书馆管理应该更加现代化，多购置一些书籍，并开放电子图书馆，开通中国知网，让同学们获得知识的同时，学会阅读与专业相关的学术论文，为今后的工作和学习打下学术的基础。高等职业院校的学生，在初高中的知识积累就没有本科院校学生扎实，在大学里多读书可以弥补这种差距。本科生和专科生课程设置也有差距，因为本科是四年，专科是三年，甚至专科最后一年还要去实习，所以专科生更应该努力读书，利用课余时间弥补和本科生的差距，这样进入社会才能和本科生同等竞争。可见，高等职业院校应该重视大学语文的美育价值，才能培养出综合能力比较强的毕业生，提高毕业生的就业率，完成高职院校的最终任务。高等职业院校为社会培养技术性人才的同时，应该兼顾人才的自身素质和修养，这样才能让他们毕业后的生活和工作更加顺利。

(二)教师的重视

在学校重视大学语文的基础上，每个大学语文老师更应该重视大学语文。教师是大学语文知识的直接传授者，学生是接受者。大学语文教材上千种，大学语文老师应该根据学生的专业和基本情况选择合适的教材，这是达到教学效果的第一步。教师应该每年更新自己的教案和课件，并不断地提升自己的专业知识和社会信息，这样才能跟上时代的发展，因材施教。教师应该走近学生，了解学生，做学生的良师益友。学生从高中走向自由的大学，有时候他们还不成熟，遇到问题还很迷茫。大学语文老师要跟同学们多交流，给他们指点迷津，为他们即将走向社会打好基础。

教师应该热爱自己的大学语文课程，有乐于奉献的精神，做一个有人格魅力的大学语文教师。教师首先应该把人做好，才能感染学生，吸引学生。大学语文教师授课过程当中首先应该感动自己才能感动学生。大学语文教师如果想培养有美育价值的学生就应该以身试教，让学生感受到教师的人格魅力。大学语文教师应该认识到大学语文的美育价值，自觉地在教学中实现美育教育，培养出有素质有涵养的大学生。

大学语文课程的最终目的是让学生有所改变，变得更加完美。教师在一学期的教学后，要自身有成就感，才能让同学们有更多的收获。老教师不能懈怠，因为老师的勤奋努力会感染学生，让学生更加努力学习。大学语文教师要有敬业精神，热爱每一个学生，悉心教导。大学语文课堂能量满满，学生们也不会低头玩手机了。高科技影响下，低头族越来越多，大学是知识积累的阶段，如果把大部分时间都用在玩手机上那是不正确的。

高等职业院校的学生高考没考好，虽然原因很多，但沉迷手机游戏的因素不容小觑。和古代相比，当今社会获取知识更加便利，手机和电脑等工具越来越多，时间也更充足了，晚上也灯火通明。但是古人自小就背诵四书五经，而现在的人却大多没有古人读书多。但是当今的人们却说没时间读书，原因是他们的时间都分散了(逛街、吃夜宵、看电影、打游戏)，没办法沉下心来读书。这不仅是高等职业院校学生们面临的难题，更是大多数成人面临的难题。手机游戏的开发，毁了很多少人的前程，也毁了很多人的眼睛。大学的课堂如果大家都能放下手机，认真倾听老师的讲解，那将是人生重大的收获。知识就是力量，在大学期间就应当积累各种各样的知识，增加自己的人身含金量，为进入社会做好充分的准备。大学语文的美育教育能改善大学生沉迷网络的现状，让更多的学生被热爱学习的氛围同化，变得越来越励志，成为有志青年。

（三）学生的重视

在学校和老师重视大学语文的基础上，学生也应该充分认识到大学语文的重要性。学校和老师再重视大学语文的美育价值，如果学生不配合，也不能达到预期效果。每个学生都应该在好的学校氛围中，教师的努力带动下喜欢阅读，领略文学的美。大学语文的美育价值显而易见，大学生也应当有美的意识，提高自身的鉴赏美、语言美、人格美和心灵美的能力。

当今社会处在后现代文化氛围中，快餐文化盛行，多数人的心态都比较浮躁。所以人要想在社会上走得更远，应该充分提高自己的美育价值。鉴赏美、语言美、人格美和心灵美都具备的人具有强大的吸引力，会给自己带来无限财富，并不是金钱能买到的。大学生应该有向往美的意识，在此基础上认识到大学语文的美育价值，在听课过程中积极参与到教师的课程中，然后在学习和今后的工作中发现美。

笔者在上课的过程中经常会给同学们提到“同化”这个词，让同学们自己讲讲它的意思，并观察一下身边有没有“同化”的例子。然后笔者会给同学们认真讲解“同化”的意思和例子，让他们彻底认识到自己有没有被身边不好的现象同化，努力做自己，不随波逐流。大学生只有首先具备鉴赏美的能力才能不被同化，勇往直前。例如：大学语文课堂上大家都积极回答问题，踊跃回答问题，想捣乱的同学也会有所约束，想玩手机的同学也不那么理所当然了。但是，如果有几个学生在打游戏，老师没管，可能会有越来越多的人打游戏，玩手机，这就是一种典型的同化现象。

王德胜老师曾经说：“对于现代美育来说，它的关注重点便不在于如何去揭示精神自觉的终极可能性、人的完善的终极性价值，而是现实地修复人生实际的各种精神困境。”①大学生在学校中要处理与同学和老师的关系，毕业之后要

① 王德胜：《“以文化人”：现代美育的精神涵养功能——一种基于功能论立场的思考》，《美育学刊》2017 年第 3 期。

处理家庭和工作中的各种关系，不具备美育素质的学生很难处理好各种人际关系。综合能力强的学生会在工作和生活中有一个好的心态和状态，在知足常乐中幸福地工作和生活。

数字时代博物馆美育大思政课建设研究

韩业亮　张　雨　张鹏飞
（大连外国语大学　大连博物馆）

传统的思政教育以小思政课为主，存在着很大的局限性。2021 年“两会”期间，习近平总书记强调“‘大思政课’我们要善用之，一定要跟现实结合起来”①，为思政教育从小思政课向大思政课的转变指明了方向。博物馆作为公共文化机构，在大思政课中扮演着重要的角色，而数字时代的到来，则为博物馆更好地开展大思政课建设提供了良好的外部环境。因此，要立足数字时代，通过加强数字技术的应用来推进博物馆大思政课建设。

美育政策解读

美育是审美教育、情操教育、心灵教育，也是丰富想象力和培养创新意识的教育。党的教育方针明确规定要培养德智体美劳全面发展的社会主义建设者和接班人。美育作为全面发展教育不可或缺的组成部分，既要培养学生的审美与人文素养，又要以美的事物所独具的形象性和生动性、感染力和魅力来促进学生积极价值观的形成，激发学生学习与探索真知的欲望。在中国特色社会主义新时代，美育在全面发展教育中的地位和作用受到前所未有的重视，同时还被赋予了新内涵和新使命。

2015 年 9 月，《国务院办公厅关于全面加强和改进学校美育工作的意见》发

① 杜尚泽：《“‘大思政课’我们要善用之”（微镜头・习近平总书记两会“下团组”・两会现场观察）》，《人民日报》2021 年 3 月 7 日。

布，强调“立德树人，以美育人”，要求“把培育和践行社会主义核心价值观融入学校美育全过程，根植中华优秀传统文化深厚土壤，汲取人类文明优秀成果，引领学生树立正确的审美观念、陶冶高尚的道德情操、培育深厚的民族情感、激发想象力和创新意识、拥有开阔的眼光和宽广的胸怀”。2018 年 9 月，习近平总书记在全国教育大会上强调，“要全面加强和改进学校美育，坚持以美育人、以文化人，提高学生审美和人文素养”。2019 年 1 月，时任教育部部长陈宝生在全国教育工作会议上指出，“从薄弱处着手落实立德树人根本任务。德育要朝着体系化努力，教育教学改革要深下去，体育美育要有刚性要求”①。2019 年 3 月，《教育部关于切实加强新时代高等学校美育工作的意见》。《意见》指出，学校美育是培根铸魂的工作，提高学生的审美和人文素养，全面加强和改进美育是高等教育当前和今后一个时期的重要任务。2020 年 10 月，中共中央办公厅、国务院办公厅印发了《关于全面加强和改进新时代学校美育工作的意见》，要求各地区各部门结合实际认真贯彻落实，强调“要把美育纳入各级各类学校人才培养全过程，贯穿学校教育各学段，培养德智体美劳全面发展的社会主义建设者和接班人。到 2022 年，学校美育取得突破性进展，美育课程全面开齐开足，教育教学改革成效显著，资源配置不断优化，评价体系逐步健全，管理机制更加完善，育人成效显著增强，学生审美和人文素养明显提升。到 2035 年，基本形成全覆盖、多样化、高质量的具有中国特色的现代化学校美育体系”②。学校美育在新时代肩负着重要的历史使命，必须跟上时代发展的步伐，增加新内容，创造新模式。

大思政课解读

（一）大思政课的内涵

大思政课的概念提出后，学界关于大思政课的研究不断增加，但学者们关于大思政课内涵的看法并不统一。综合前人的研究成果来看，大思政课的内涵

---

① 陈宝生：《落实 落实 再落实——在 2019 年全国教育工作会议上的讲话》，《人民教育》2019 年第 Z1 期。

② 《关于全面加强和改进新时代学校美育工作的意见》，《人民日报》2020 年 10 月 16 日。

主要有三点：一是大中小学思政教育的一体化。思政课贯穿于大中小学各个学段，大思政课要求强化不同学段思政课的衔接，形成“一以贯之”的育人效果。二是各主体的协同化。大思政课不仅要求发挥好学校思政教育的作用，也要求家庭、社会参与到思政教育中，并强调各主体的协同发力，形成最佳的育人效果。三是思政课程与课程思政的联动化。大思政课以思政理论课为基础，同时，要求各门课程参与到思政教育中，深入挖掘各类课程和教学方式中蕴含的思想政治教育资源①，形成各门课程与思政教育同向同行的生动局面。

（二）大思政课的特征

大思政课的特点有三：一是实践性。“内化于心，外化于行”是思政教育的追求，传统的思政教育以理论教育为主，实践教育薄弱。大思政课通过社会资源的利用，使思政教育具有鲜明的实践属性，凸显了思政教育的实践性。二是开放性。传统的思政教育为封闭式的教育，少数几门思政理论课构成了思政教育的主体内容，大思政课则具有开放性的特征，要求发挥好其他课程以及社会资源在思政教育中的作用。三是时代性。与时俱进是思政教育内涵式发展的基本要求，而大思政课则具有鲜明的时代属性，强调“将党的创新理论的最新成果、马克思主义理论前沿的新思想新观点融入教学”②，彰显思政教育的时代气息。

（三）大思政课的价值

大思政课具有重要的价值，首先，重构思政教育格局。传统的思政教育以思政理论课为主，为典型的小思政课，面临着教育主体单一、课时少、课程资源薄弱、实践教学不足等多重问题，对思政教育的效果形成了极大的制约。大思政课不仅要求以课程思政来拓展思政教育的载体，更要求发挥好社会力量在思政教育中的作用，能够有效弥补传统思政教育的不足，重构思政教育格局。其次，落实立德树人根本任务。党的二十大强调“育人的关键在于立德”，要求“培养德智体美劳全面发展的社会主义建设者和接班人”③，明确了立德树人在

① 夏永林：《“大思政课”内涵的多维探讨》，《思想理论教育导刊》2021 年第 8 期。

② 徐蓉：《善用“大思政课”推进教学改革创新》，《思想理论教育》2021 年第 10 期。

③ 习近平：《高举中国特色社会主义伟大旗帜 为全面建设社会主义现代化国家而团结奋斗——在中国共产党第二十次全国代表大会上的报告》，《人民日报》2022 年 10 月 26 日。

新时代教育事业中的定位。思政教育是立德树人的主阵地，大思政课能够通过思政教育格局的重塑来更好地落实立德树人根本任务。

数字时代博物馆美育大思政课建设的意义

(一)拓展思政教育的资源

教育资源是思政教育的物质基础，包括素材性资源、条件性资源两类，前者指直接应用于思政教育中的资源，如教材、教案等，后者则指教育的支持性资源，如场域、设备等。教育资源总量的丰富性以及类型的多样性，对思政教育效果有至关重要的影响，因此，拓展思政教育资源就成为当前思政教育的重点任务，而数字时代博物馆大思政课建设则在拓展思政教育资源中发挥着重要的作用。从素材性资源的角度而言，博物馆藏有大量的文物，文物作为历史的见证、文化的载体，兼有多重价值，能够有效应用于思政教育中，如承载中国传统文化的名人字画、精美瓷器等文物，能够培养学生的文化自信意识。又如，见证中国革命历史的红色文物，能够培养学生的革命精神、集体主义思想、爱国主义情怀等。从条件性资源的角度而言，博物馆本身便是一个特殊的教育场域，博物馆大思政课建设能够使博物馆成为思政教育的条件性资源，而数字技术在博物馆大思政课建设中的应用，则降低了条件性资源的使用难度，能够更好地发挥博物馆的思政教育价值。

(二)完善思政教育的模式

数字时代博物馆大思政课建设能够从两个方面完善思政教育模式，首先，推动思政教育的混合化开展。传统的思政教育以线下教育为主，受到时间、空间的双重限制。教育信息化的发展，特别是教育信息化 2.0 的提出，为思政教育从线下教育向线上教育延伸提供了条件，而构建混合化的思政教育模式，则是协同发挥线下、线上两种教育价值的必由之路。数字时代博物馆大思政课建设既能通过大思政课建设，助力思政教育从学校走向社会，利用社会资源完善思政教育，也能依托数字技术，加速思政教育线上进程，推动思政教育的混合化发展。其次，构建显隐结合的思政教育体系。思政教育包括显性教育、隐性教育两种形态，显性教育有明确教育组织架构、教育资源、教育考核等要素，最为典型的便是课堂教学，隐性教育以不易察觉的方式开展教育，具有“润物细无声”的特点。文化浸染是隐性教育的主要路径，博物馆文物资源丰富，每一件文物资源都承载了深厚的文化内涵，是思政教育隐性教育的绝佳场所①。从这个角度而言，数字时代博物馆大思政课建设有助于利用数字技术构建显隐结合的思政教育体系。

（三）助力博物馆自身的发展

数字时代博物馆大思政课建设不仅在思政教育中具有重要的意义，对博物馆自身的发展同样具有显著价值。首先，完善博物馆服务体系。随着时代的不断发展，博物馆的角色也在转变，逐渐从单纯的文物收藏、存储、研究机构向综合性的文化服务机构转变。宣传教育服务是博物馆最为基本的服务之一，以往，博物馆宣传教育服务以社会大众为对象，未能考虑到不同群体的差异性，由此导致的结果便是服务供给与不同群体的服务需求脱节，影响了博物馆宣传教育服务的质量。大思政课建设以学生为对象，要求博物馆从思政教育的角度出发，加强思政教育服务，能够完善博物馆服务体系，使博物馆更好地履行自身的职责。其次，推动数字博物馆建设。数字时代，博物馆面临着数字化转型的问题。当前，图书馆数字化转型既取得了一定的进展，也面临着多重问题，如馆藏资源数字化率低、数字标准格式不统一、数字平台建设滞后等。数字时代博物馆大思政课建设要求博物馆紧扣数字时代的内涵、特征，以自身的数字化建设来促进大思政课建设，对博物馆数字化的深入开展以及数字博物馆建设具有积极作用。

数字时代博物馆美育大思政课建设路径

（一）以博物馆美育数字化为前提

数字时代的到来为博物馆更好地参与到大思政课建设提供了良好的条件，而博物馆数字化则是数字时代博物馆大思政课建设的先决条件。对此，需从以下三个方面采取好措施。一是做好馆藏资源的数字化。以文物为主体的馆藏资

① 高永红、邓娟：《博物馆隐性思政育人功能释读》，《黑河学刊》2022年第4期。

源是博物馆的核心资源，也是博物馆育人价值的载体。应通过录入、扫描、拍摄、录像等方式，将馆藏资源及相关解说、研究资料转化为数字格式，为馆藏资源的利用奠定基础。同时，要出台统一化的标准，规避数字化过程中馆藏资源标准不一的问题。二是加强新型数字技术的应用。数字技术是博物馆数字化的关键技术，数字技术自身的发展也会推动博物馆数字化的深入开展。以大数据技术、虚拟现实技术、人工智能技术以及区块链技术为代表的新型数字技术在博物馆数字化中具有广阔的应用空间。应加强新型数字技术的应用，如依托三维建模、全息投影等技术，优化馆藏资源的呈现方式，让参观者获得更加深刻的体验。三是构建集成化的数字平台。大思政课建设需要博物馆具有更为完善的管理机制和持续优化的服务体系。要在馆藏资源数字化的基础上，着力构建功能完备的集成化数字平台，发挥好数字平台在智能化管理、多元化服务中的作用，厚植博物馆大思政课建设的能力，真正释放博物馆的育人价值①。

（二）以校馆深度合作为重点

博物馆美育大思政课建设涉及高校、博物馆两大主体，而二者的深度合作，则是推进博物馆美育大思政课建设深入开展的必然要求。对此，要从以下三个方面采取好措施：一是缔结战略合作关系。历经上百年的发展，我国博物馆已从早期的文物搜集、整理、研究机构转变为综合性的社会教育机构，融入社会教育体系中②。应深刻认识到博物馆在思政教育，特别是思政实践教育中的价值，引导高校与博物馆缔结战略合作关系。二是联合制定大思政课建设方案。“冰冻三尺，非一日之寒”，博物馆美育思政课建设也非一朝一夕之功。当前，大量博物馆入选大思政课实践教学基地，但仅凭博物馆自身，难以有效完成美育大思政课建设的任务。应以校馆合作为着眼点，紧扣数字时代博物馆美育大思政课建设的机遇与挑战，打造高校教师、图书馆馆员混编化的美育大思政课建设队伍，联合制定课程建设方案，为大思政课建设保驾护航。三是推动双方资源的共享。资源共享是校馆合作的重要环节，而数字时代的到来，则为二者

① 赵晴、胡水星、童兆平：《教育信息化 2.0 背景下数字博物馆的研究趋向与发展路径》，《湖州师范学院学报》2022 年第 12 期。

② 武玲：《试论高校博物馆与综合性博物馆联动的可能方向》，《中国博物馆》2021 年第 3 期。

的资源共享创造了良好的外部环境。要在资源数字化的基础上，推动双方资源共享，使高校能够利用博物馆的文物资源开展思政教育，博物馆能够利用高校的文献资源加强文物研究，从而形成校馆互惠互利的良好格局。

（三）以精品美育课程开发为关键

数字时代，博物馆服务从线下服务拓展至线上服务，虚拟展陈成为博物馆展陈的重要方式。对课程建设而言，应立足数字时代博物馆展陈方式的变化，加强精品资源的开发，依托高品质的虚拟展陈，提升大思政课建设的效果。首先，聚焦博物馆特色。博物馆分为综合性博物馆、专题性博物馆两大类，当前，不少专题性博物馆入选美育大思政课实践教学基地，如上海市首批公布的53家大思政课实践教学基地中，便有上海体育博物馆、上海电信博物馆、上海中医药博物馆、上海世界技能博物馆、上海中国航海博物馆、上海纺织博物馆等多家专题性博物馆。应聚焦博物馆特色，充分发挥博物馆自身的优势，如通过体育文物的虚拟展陈，让学生了解红色体育的发展历史，以红色文化助力思政教育。其次，结合时代主题。虚拟展陈中，应将常规展陈和主题展陈结合起来，通过精选主题、合理布展、技术创新来最大限度地发挥博物馆的思政教育价值。举例而言，党的二十大提出了中国式现代化的概念，中国式现代化是党领导的社会主义现代化，体现在社会生活的各个方面。博物馆可围绕自身的馆藏资源，将“中国式现代化”作为展陈主题，让学生透过某个领域，如体育事业、电信事业、教育事业、科技事业、航海事业等，了解中国式现代化的进程。

结　语

数字时代博物馆美育大思政课建设既是思政教育创新性开展的有效方式，也是博物馆发展的内在诉求。要加强数字时代博物馆美育大思政建设，并从以博物馆数字化为前提、以校馆深度合作为重点、以精品美育课程开发为关键等多维度共同推进博物馆美育大思政课建设。

本文系大连外国语大学2022校级科研项目“面向课程思政的美育教学融入创新创业教育实践研究”（项目编号：2022XJSZJY08）、大连外国语大学课程思政研究项目“公益创业实训”阶段成果。

小学博物馆美育教师培养探索

夏　天
（首都师范大学）

现代博物馆的经营理念已经从传统的以藏品为中心转化为以观众为中心，从收藏、保管、展示为主转向以服务观众为主①。新时代博物馆的教育功能不断升级细化，承担着传承和弘扬民族文化的责任与使命。2020年教育部、国家文物局发布《关于利用博物馆资源开展中小学教育教学的意见》②。党的二十大报告提出“提高全社会文明程度”，而社会美育正是提升全民审美素养的重要途径。美育的本质是教育，狭义的美育是指“艺术教育”，而广义的美育则包括“审美教育”，即通过基本理论学习，树立正确的审美观，培养和提高学生在社会、生活与自然界中感受美、鉴赏美和创造美的能力。重视博物馆美育工作的开展，将博物馆视为小学教师美育实践基地，有利于增强学生文化自信、增强民族自豪感、保护与传承中华优秀传统文化。近年来，全国各地的博物馆、美术馆等公共文博机构都不断创新展览展示，优化公共教育的内容和方式，为更好发挥以美育人、以美化人的功能探索出不同的道路，积累了丰富的经验。

小学博物馆美育教师的培养以学生为中心，以博物馆为原境，以教师为枢纽，以博物馆美育为目标。知行合一，在大学课堂中讲授博物馆美育的理论知识，在课程实践中培养学生一方面能够根据博物馆已有的美育课程对小学生进

---

① 郑奕：《博物馆教育活动研究——观众参观博物馆前、中、后三阶段教育活动的规划与实施》，复旦大学论文，2012年。

② 教育部、国家文物局：《关于利用博物馆资源开展中小学教育教学的意见》，文物博发〔2020〕30号，2020年10月12日。

行知识的传授、审美的培养以及思想品德的塑造；另一方面能够根据不同的展览自主研发适合不同学段小学生的博物馆美育课程，在教育实践中规范学生博物馆活动行为举止 ，培养学生对博物馆美育的兴趣，讲授博物馆展览中的事实性知识，养成博物馆美术教育方法性知识，传递博物馆展示蕴含的价值观理念。

以儿童为中心

以儿童为中心指以不同学段的小学生为博物馆美育开展的对象。我们培养的小学博物馆美育教师日后将作为小学博物馆美育实践工作的主力军，在人才培养之初就明确身份定位、教学对象和目标，才能达到毕业要求指标点，使美术学初等教育师范生具有博物馆展览鉴赏能力，博物馆美育课程设计与评价能力，博物馆美育活动策划能力。为学生未来从事小学美术教学和美育工作奠定良好的理论基础，提供实用的课程锻炼。

小学博物馆美育教师的培养不仅需要增强博物馆美育理论知识的传授，亲身实践体验，同时还需要有中外美术理论知识和研究方法的知识储备，以及小学美术课程标准解读与教材分析和小学美术教学设计的能力储备。以不同学段的小学生为中心还要关照到小学生的心理需求、心理特点，选择适合不同学段儿童的展览内容、博物馆场景，从博物馆美育的角度进行课程具体内容的构思，并对博物馆美育课程各个环节的完成情况、儿童的接受程度进行全过程、阶段化的评价与反思。制定合理的博物馆美育课程教材和新巧的课程导入活动，让儿童迅速地、自主地、有效地了解博物馆，了解博物馆课程或活动的要求，并能够在博物馆美育课程或活动的过程中学习知识、技巧，培养能力和思维，同时进行情感迁移，将博物馆中的知识与生活实际相结合，达到高效学习和以美育人的目的。小学博物馆美育教师可以将博物馆的简介、展示说明、学习单等作为教育实践性的教学资源，关照到博物馆礼仪、博物馆参观须知、博物馆图标标识、博物馆穿着、不能带进博物馆的物品、应急处理常识等事实性知识的传达，切实地将儿童校内学习的经验、体会与博物馆展览、藏品和美育课程、活动紧密地联系起来，促进知识、情感的迁移，养成儿童自主学习的新型学习模式。

以博物馆为原境

以博物馆为原境是指将博物馆视为教学空间和环境。博物馆是全民终身教育的重要场所之一，其丰富的教育资源、轻松的课程氛围、多样的教育科技手段都被认为是学校对于艺术教育强有力的补充和延伸。将博物馆的教育功能与小学生审美教育的推行和小学生美感的培养相结合，使博物馆公共教育功能得到最大化的发挥，使学生在博物馆中不断提升对美的认知、美的感悟。博物馆大到博物馆建筑、历史脉络、家国情怀，小到每一个展览、每一件文物，都蕴含了大量“宝藏”，悠久的历史、灿烂的文化、丰富的知识都有助于学生的审美塑造和美感陶冶。通过图文并茂、真实生动的展览让学生进行体验式感知、沉浸式学习、启发式教学，让学生在博物馆美育的课程中萌生对博物馆的兴趣，树立起博物馆学习的认知，进而培养博物馆终身学习的能力。博物馆美育教育已在欧美等国建立起个性化、针对性的教育课程和模式。立足全球视野对世界著名博物馆开展的博物馆教育课程和模式进行客观审视和深度梳理，探索中国风格、中国气派的博物馆美育教育模式。

根据国家文物局公布的信息，截至2022年，中国现有备案博物馆6565家，其中91%免费开放，现代博物馆体系基本形成①。据统计，北京市共有各类博物馆215家，是世界上拥有博物馆资源最多的城市之一。随着“博物馆热”不断升温，博物馆的美育功能也在不断地拓展。博物馆演变成以文育人、以文化人、以文培元的知识宝库、灵感源泉和精神支撑。2021年，国家文物局博物馆与社会文物司(科技司)编著的《博物馆工作手册》中，博物馆的社会教育文件涵盖了公民道德教育、爱国主义教育、中小学综合实践活动、中小学德育教育、学校美育②。

小学博物馆美育教师培养秉承着坚持立足服务首都基础教育，充分发挥教师教育优势特色，精准服务首都基础教育优质均衡发展，面向未来教育，培养

① 2023年5月18日，2023国际博物馆日中国主会场活动开幕式在福建博物院举行。会上，国家文物局发布了中国博物馆发展数据。

② 国家文物局博物馆与社会文物司(科技司)：《博物馆工作手册》，科学出版社，2021年。

新时代“大先生”，促进学校“双一流”建设与首都城市战略定位深度契合，不断提升学校人才培养能力和科技创新能力，全面融入北京“四个中心”功能建设。小学博物馆美育教育课程设置的目的是为首都北京培养新时期卓越小学美术教师，提高北京地区小学美术教师的美育大课堂课程设计能力。引导学生利用北京地区代表性博物馆资源创造性开展小学美育活动，不断探索完备博物馆课程模式，增强博物馆学习效果。

以教师为枢纽

以教师为枢纽意味着我们培养的小学美术教师是沟通博物馆与小学生之间的桥梁。博物馆日渐突出其重要又独特的教育、美育、德育价值，重视儿童群体在博物馆美育视角下的发展，提升博物馆美育工作质量，拓展博物馆美育发展模式是新时期儿童美育工作对教师提出的新要求。这就需要教师在新的历史阶段结合初等教育美术学科美育工作的特点、小学美术学科新课标的要求、博物馆展览形式和特点的基础上，把握儿童的接受程度、心理特点，使博物馆美育有效性发挥最大效用。

自古以来，美术不单是指绘画、雕塑等不同的表现形式，它更具有塑造人格、锤炼品德、陶冶性情的重要功能。博物馆美育教师培养在注重“以美育人”的同时注重“以美育德”，通过美的教育培养和树立正确的人生观和价值观。因此，在培养小学博物馆美育教师时鼓励教师有意识地加强对“美育＋德育”融合课程模式的深入探索。博物馆中展出的文物是人类智慧的结晶、文化的载体，包含着人世间真善美的情感和红色文化精神财富，大量兼具美育与德育元素的展览和文物，可以通过一系列的博物馆美育课程培养、浸润学生感受美、欣赏美、创造美的能力，同时增强学生对国家、对民族、对人民、对生活的热爱，提升学生的爱国情怀和民族自豪感，坚定社会主义理想信念，培养学生的社会责任感、创新精神和文化自信心。这就要求博物馆美育教师要不断深入挖掘博物馆美育课程中或线型或隐性的思政、德育元素，丰富学生的学识修养，在潜移默化的博物馆美育教学中将美好的品德传递给学生，全面培养学生的核心素养。

小学博物馆美育教师的培养也要关照到教师对课程评价标准、评价方法的掌握。目前，博物馆美育课程评价系统的建立尚不完整，需要在不断的实践中建立起实际、高效的评价机制和体系。博物馆美育课程的评价表现在两个方面：其一，是能够对博物馆已形成的美育相关课程进行分析和评价。其二，更重要的是使学生具有针对博物馆美育进行的新的课程设计过程中教学目的、教学过程、教学效果等各个环节的评价能力。评价能力则建立在博物馆美育课程评价机制的基础上。在博物馆美育实践探索中建立学生美育活动体验、学习效果评估等跟踪反馈机制。开展小学博物馆美育教学目标、课程效果、学生感受和家长反馈于一体的全过程、阶段性评价模式和标准，探索利用博物馆资源开展小学美育工作的有效途径和创新模式。

随着小学对美育教育的不断深入，用人单位对小学美术教师在美育方面的能力提出了新的要求。在明确以培养卓越小学美术教师的教学目标下，拓展传统美育模式，融合发展，使学生具有博物馆课程设计、博物馆美育活动策划能力，进而增强学生在未来小学美术教育工作中的竞争力。“美育是审美教育、情操教育、心灵教育，也是丰富想象力和培养创新意识的教育，能提升审美素养、陶冶情操、温润心灵、激发创新创造活力”①。小学博物馆美育教师培养即从长期美育实践出发，以博物馆美育课程建设为契机，结合时代的发展、小学教师教育专业特色和美术学师范学生特征，从落实党和国家的教育目标与政策出发，丰富育人内容，提升育人成效，提高美育实践能力，提升学生发现美、体验美、鉴别美、创造美的能力，进而成长为堪当民族复兴重任的未来卓越小学教师。

以博物馆美育为目标

2020 年 12 月 7 日教育部召开贯彻落实新时代学校体育美育文件工作推进会，其中《关于全面加强和改进新时代学校美育工作的意见》的文件对新时代美

---

① 王志新，等：《新时代高校科研育人影响因素与路径探索——以 J 省 3 所高校教师抽样调查问卷为例》，《中国高校科技》2021 年第 12 期。

育工作的落地推行进行了安排部署①。2022 年 4 月 28 日，中共北京市委办公厅、北京市人民政府办公厅印发《关于全面加强和改进新时代学校美育工作的行动方案》的通知②。通知中明确指出加强和改进学校美育工作的主要目标是：到 2025 年，美育课程全面开足开好，教学改革成效显著，师资队伍配齐配强，资源配置更加优化，评价体系逐步健全，场馆设施基本满足，管理机制日益完善，育人效果显著增强，学生审美和人文素养得到明显提升，基本形成大中小幼相互衔接、与其他教育相互融通、课堂教学和课外实践相互结合、与家庭和社会美育相互促进的学校美育体系。到 2035 年，全面形成体现北京特点的全覆盖、多样化、高质量的现代化学校美育体系。

2022 年，中共北京市委办公厅、北京市人民政府办公厅印发的《关于全面加强和改进新时代学校美育工作的行动方案》通知中明确指出，加强和改进学校美育工作，其重点任务是积极探索"五育"并举的学校美育模式；构建具有北京特点的学校美育课程体系；全面深化学校美育教育教学改革，探索完善"艺术基础知识基本技能＋艺术审美体验＋教学专项技能"的教学模式，开发美育课程优质数字教育资源；丰富美育实践活动。鼓励学校将美育课堂搬到公共图书馆、文化馆、美术馆、博物馆、展览馆等社会场馆，挖掘社会大课堂的美育资源。加强美育教师队伍建设。关心美育教师的成长成才，建设一支师德高尚、业务精湛、结构合理、充满活力的高素质美育教师队伍。

美育是新时代文化建设、文化创作、文化教育与传播的重要组成部分。以博物馆美育为目标一方面重视以博物馆为代表的美育发生和开展的场所和环境在教育过程的重要作用；另一方面加强博物馆展览中收藏和展示的大量文物与美育的关联。博物馆美育通过创设良好的环境吸引儿童自发地探索和思考，在博物馆空间内的学习过程中发现和汲取知识，通过教师的引领儿童能够自主摸索积累经验，使儿童能够将经验有效地运用于其他展览或展品的分析和理解中，在这个学习和思考的过程中发现美、感知美、领会美并自觉地传递美。博物馆

① 中共中央办公厅、国务院办公厅印发：《关于全面加强和改进新时代学校美育工作的意见》，中办发〔2020〕36 号，2020 年 10 月发布。

② 中共北京市委办公厅、北京市人民政府办公厅印发：《关于全面加强和改进新时代学校美育工作的行动方案》，政府公报 2022 年第 31 期，2022 年 4 月 28 日发布。

美育是对传统小学美育模式的拓展，在新的历史时期与时俱进，融合发展，让小学生走进博物馆，了解博物馆，在博物院中获取知识、文化和审美的熏陶和滋养。

博物馆美育更注重艺术、历史、人文三种资源的融合，在此过程中注重美育的传播。博物馆提供了资源丰富、形式多样的艺术、历史的物质文化遗产资源，对这些资源进行美育课程和活动的设计意在培养儿童审美与艺术鉴赏能力，在保护儿童的天性与兴趣的同时增强学生对展览、展品的观察能力、分析能力、发散思维与大胆创作的综合能力。博物馆美育强调人文精神和审美素养，在美育课程和活动中向儿童传递中国文化、艺术的人文精神，在美育中融入人与人、人与自然环境、人与社会、人与国家的关系，进而激发儿童的仁爱之心、身份认同和家国情感。

结　语

习近平总书记早在 2015 年 2 月在陕西省西安市博物院参观时强调：“一个博物院就是一所大学校。”这里的“大”不仅指物理空间上的大，知识范围上的大，还指它能提供全面、综合的美育实践理念。博物馆是传承民族文化基因和文化软实力的载体，是传承中华民族丰富文化基因的重要美育空间。新时代博物馆的教育功能不断升级细化，承担着传承和弘扬民族文化的责任与使命。顺应时代的发展和美育工作的需要，博物馆美育教师的培养刻不容缓、责任重大。博物馆美育教师培养意在以美育人将儿童的发展放在第一位；以博物馆为原境空间，陶冶心灵、培养审美、强化德育，深度挖掘首都地区博物馆美育资源；以教师为枢纽，培养未来卓越小学美术教师具有博物馆美育课程设计、评价、研发的能力和国际视野的博物馆美育人才；以博物馆美育为人才培养目标，为北京小学美育教师人才培养贡献力量。

工艺美术的美育实践性初探

陈　玉

（北京城市学院）

“工艺美术”是20世纪初从日本舶来的词汇，该词的内涵与外延仍存在一定的弹性。从文化现象的角度来看，工艺美术是以具体的技术与材料为载体所创造出来的审美对象，美学家朱光潜曾说“不通一艺莫谈艺”①，工艺美术的专业性即为朱光潜所说的“一艺”，通此“一艺”便可获得切身的审美体验。同样，在蔡元培的美育思想中，工艺美术的地位举足轻重，他不仅倡导在美术院校设立图案专科，而且一直强调传统工艺与装饰美术的重要性，同时把实业救国的理想落实于美术教育领域。本文将对工艺美术的美育实践性展开进一步的探讨，从中揭示工艺美术在文化传承、美育实践中的重要作用。

学界对于工艺美术的研究仍有未尽之处

《中国工艺美术大辞典》将“工艺美术”定义为造型艺术之一，同时应具备对一定物质材料作艺术加工的因素，其显著特征表现为工艺与美术两者互相制约下的融合，从而构成一个工作部门和学科。② 从“工艺”的字意上来看，《说文解字》对于“工”的注解为：“工，象人有规矩也。”其本义应是矩，是古人用于测量的曲尺，后引申为实用工具的工匠。《说文》对于“艺”解释为：“鱼祭切，种也。

① 《朱光潜全集(第十卷)》，安徽教育出版社，1993年，第504页。

② 吴山：《中国工艺美术大辞典》，江苏美术出版社，1989年，第1页。

从坴(lù，土块)、丮(jǐ，拿)。"①其字形像人以双手持草木，表示人在种植。从《说文》的注解中可以看出工艺的技术性与实用性倾向。

就工艺与美术之间的关系而言，工艺美术是传统艺术的重要组成部分，然而人们对工艺美术与美术之间的关系并未形成明确的共识。有学者认为，工艺美术是具有实用功能的手工制品，其文化形态属于造型艺术。② 从物质层面而言，工艺美术应具备对一定物质材料作艺术加工的因素。蔡元培曾说："手工，实利主义也，亦可以兴美感。"③蔡元培强调了手工艺的实用功能，它在实用中激发人的审美兴致，在这一点上与强调审美为第一性的"美术"就有了一定的区别。"美术"与"工艺美术"通常被区别看待，比如人们把尚玄谈的绘画称为"美术"，而把尚实用的图案称为"工艺美术"。在蔡元培那里，作为工艺美术的"图案"受到高度重视，在他对图案的发展史进行溯源后，将图案与绘画等量齐观地开设课程。在肯定图案教育后，他进一步提出了现代工艺美术教育。④ 从中反映出，历来推崇科学精神与方法的蔡元培坚持祛除重道轻技的流弊，着力反思工艺美术的价值。

我国工艺美术历史悠久，文献资源丰富，其中包括《考工记》《园冶》《髹饰录》《天工开物》《梓人遗志》《陶说》等，这些著作总结了我国工艺美术的发展与成就。《考工记》中提到了"天有时，地有气，材有美，工有巧，合此四者，然后可以为良"的观念⑤，该观点中对于工艺美术四个方面的定义仍具有现代意义，这里不仅反映了古人的审美观，更体现出古人对工艺美术的重视。近代以来，自蔡元培重视工艺美术开始，经过几代人的不懈努力，工艺美术的独特价值已得到国家层面的重视，2017 年，在由文化部、工业和信息化部、财政部制定的《中国传统工艺振兴计划》中，将传统工艺定义为具有历史传承和民族或地域特色、与日常生活联系紧密、主要使用手工劳动的制作工艺及相关产品，是创造

① 许慎：《说文解字注》，段玉裁注，上海古籍出版社，1988 年，第 201、113 页。
② 尚刚：《中国工艺美术史新编》，高等教育出版社，2013 年，第 1 页。
③ 高平叔：《蔡元培美育论文集》，湖南教育出版社，1987 年，第 7 页。
④ 赵成清：《蔡元培的工艺美术观》，《装饰》2015 年第 15 期。
⑤ 杨天宇：《周礼译注》，上海古籍出版社，2004 年，第 600 页。

性的手工劳动和因材施艺的个性化制作，具有工业化生产不能替代的特性。①工艺美术的文化价值、经济价值、审美价值越来越被凸显出来。然而，从学界研究的现状来看，工艺美术的价值仍有待垦之处。

美育与工艺美术的内在关联性

马克思说“劳动创造了人”②，同样，审美活动也是人的劳动创造。工艺美术是人在劳动过程中的智慧结晶，正是在这一创造活动中，人们体验并发现了美的存在，使劳动变得“悦以使人，人忘其劳”(《齐民要术·杂说》)。工艺美术是对人造物客体的实用的创造，而人们在选择使用这些人造物时，人们的审美实践活动便得以开展与和延伸，从而获得审美规律的认识，以此指导自己的审美活动，这是提高人审美能力的育化过程。③ 冯友兰曾说，艺术能以可觉者表示不可觉者，使人于觉此可觉者之时，亦仿佛见其不可觉者，艺术至此，即所谓技也而近乎道矣。④ 徐复观曾经用庄子思想中关于技艺的美学内涵分析了“技艺”与“技术”之别，诸如庄子所说的“庖丁解牛”等活动皆与身体有关，需要身体的参与，此类劳动便可以称之为技艺。⑤ 在技艺的活动中，人的身体活动就是技艺本身的一部分，技艺的提高与人对自我身体的把握和控制相关，“技”对于艺术家来说是非常重要的，但如果一个艺术家仅仅停留在“技”的修习上是无法见“道”的。见“道”的关键在于艺术家的修养，即由“心斋”“坐忘”之后所形成的虚静之心。这样才能突破“技”的局限性，从而“体道”“悟道”。⑥ 工艺美术统合了技艺、身体、心灵等诸多因素，为育化心灵的审美活动及美育实践建立了内在关联。

---

① 文化部、工业和信息化部、财政部：《中国传统工艺振兴计划》，《中国文化报》2017年第3期，第27页。

② 《马克思恩格斯选集(第3卷)》，人民出版社，1972年，第508页。

③ 杨森茂：《工艺美术的美育意》，《阴山学刊》1989年第10期。

④ 冯友兰：《新理学》，生活·读书·新知三联书店，2007年，第169页。

⑤ 徐复观：《中国艺术精神》，广西师范大学出版社，2007年，第39页。

⑥ 伏爱华：《徐复观对庄子美学思想的再发现》，《安徽大学学报(哲学社会科学版)》2008年第5期。

自从蔡元培提出“以美育代宗教”的著名命题以来，学界对美育的诠释也随着时代语境之变而不尽相同。在蔡元培那里，人们只有通过审美活动才能实现对“人我对立”、利害冲突的超越，进而获得个体精神的回归。这一点从手工艺的创造过程即可以探明，它实现了人的身体经验与精神愉悦的统一。蔡元培将宗教与美育对举，是因为宗教场所与审美体验紧密关联。从宗教场域的物质性来看，宗教的建筑、造像、壁画、雕刻精美绚烂，是工艺美术品类的汇集地。美育作为“以审美体验”为内核的教育形式，具有愉悦性、情感性、形象性、自由性、趣味性、全面性等方面的特点。从工艺美术与美育之间的联系来看，周宪认为传统工艺美育可以对“美的艺术”独霸美育的现状做出一定的矫正与平衡，这里不但具有丰富美育教学内容的意义，而且对美育中所隐含的审美精英主义和“美的艺术”自律论有所矫正。① 在学理层面阐明了工艺美术的美育价值，工艺美术创作者将自己的生命意识渗透其中，并创化为美的形式，从而获得生命意义的提升。宗白华认为艺术就是生命的表现，创作者以之来表现生命，进而给予欣赏者生命的印象，并使二者都获得了生命的意义与境界的提升。② 这是从创作者和欣赏者两方描述了审美生成。工艺美术是技术美与功能美的统一体。叶朗认为，不能撇开实用功能去追求纯粹的精神享受，必须把物质与精神、功能与审美统一起来。③ 工艺美术实现了实用功能与精神追求的融合，在实践中发挥了美育的功能。美育的目的是培养和提高人感受美、鉴赏美、创造美的能力。工艺美术的实践过程将人的审美能力在潜移默化中提升，从而达到了美育的效用。而将传统手工技艺融入美育课堂，不仅赋予了传统手工技艺新的审美属性，还能够系统化、理论化地做好传统技艺的传承和保护工作。④ 这能够提升学生的审美感受、审美能力、审美兴趣，使其具备审美理想、审美品格和审美素养。从工艺美术的审美功能及工艺美术进课堂的实践探索来看，其美育的实践效用是非常显明的。

就当前美育课堂教学实践的现状而言，传统课堂的实践教学多是以说教为

---

① 周宪：《手工艺美育与触感体验》，《南京社会科学》2021 年第 1 期。

② 宗白华：《宗白华全集第一卷》，安徽教育出版社，1994 年，第 545 页。

③ 叶朗：《美学原理》，北京大学出版社，2009 年，第 308 页。

④ 李晓旭：《新时期美育视角下传统手工艺教学资源开发》，《中华手工》2021 年第 1 期。

主，而相较于传统美育课程，学生对于形式多样、内容丰富且有参与感的传统手工艺更感兴趣。其中的材质特性、工具使用、身体参与诸因素皆可激发学生的自觉性，令其愿意花时间去钻研学习相关内容。将工艺美术融入美育课程的实践探索，不仅能够发掘工艺美术自身的美学价值，发扬优秀的地域传统文化，而且对于丰富传统美育的内涵具有重要意义。① 工艺美术作为一种活态文化，其传承是在实践参与中进行的，具有互动交融的美育功能。这种实践是中国传统哲学中“天人合一”式的审美活动，它使得“物”(工艺美术)与“我”悄然神通，“我”的心胸豁然洞开，整个生命迎接那沛然天地之间的大化流行。② 由此可见，工艺美术为人们呈现了超越自我、物我交融的审美体验。从学校的工艺美术教学实践而言，学生通过老师的言传身教，能够在体验并学习工艺美术专业技艺的同时，体悟匠人精神的实在性，切身体会中国传统文化的魅力，从而在实践的潜移默化中形成了文化认同感，增强了文化自信。长远来看，工艺美术教育不止于实用技艺的学习，更是回归于传统文化深层心理的美育实践，它能够带来以文化人、以美培元的育人成效。

工艺美术的文化属性

工艺美术是人类创造的最古老的艺术种类之一。从文明发展的角度来看，工艺美术反映了先人在劳动实践中对审美理想的不懈追求，并为我们留下了丰富的精神遗产。在工艺美术的创造过程中，创作者自始至终遵循的是一种如何按照实际需求进行生产的“实用”概念，并以此作为手工艺品的价值衡量尺度。马克思认为人与动物的根本区别在于人能有意识地创造和使用工具。③ 人对工具的使用就有了文化的创造，工艺美术就是注重实用与审美为一体的文化创造。就其实用性而言，这一创造必与人的现实生活有关，所谓“一方水土养一方人”，人的现实生活从来离不开身处其中的文化生态。墨子曾说：“食必常饱，然后求

---

① 姜庆莹：《非物质文化遗产在高校美育实践中的路径分析——以海南黎族织锦为例》，《时代报告(奔流)》2021 年第 2 期。

② 叶朗：《叶朗美学讲演录》，北京大学出版社，2021 年，第 88 页。

③ 《马克思恩格斯选集(第 4 卷)》，人民出版社，1972 年，第 379 页。

美；衣必常暖，然后求丽”。① 这里正反映了古人将审美建立在实用基础上的观念。古今中外的工艺美术之所以异彩纷呈、风格各异，正是因为它们都是不同艺匠对于其所在不同地域文化属性的直观反映。中国传统手工艺历史悠久、品类繁盛，精湛的技艺在世界工艺美术宝库中放射着灿烂的色彩②，其中无不承载着地域文化特色，异彩纷呈地呈现着中国文化大风格。

从前文《考工记》对于“手工艺”的四方面定义中可以看出，它指的是手巧的人带有一定目的的造物活动和技术。既然是“一定目的”的造物活动，那么这个目的首先是功能上的实用性。中国传统工艺美术体现出中国文化属性及审美风格，并形成特有的工艺美学，即“百工者，以致用为本”(《潜夫论·务本》)。这里的工艺美学并非玄谈的审美学问，而是关涉具体的民生问题，它融合了审美与实用两方面因素。传统工艺美术是历经百年甚至千年发展传承的地域特色文化，其中蕴含着人们的文化认同感，具有极强的文化包容性和互渗性，是人们价值观念和审美情趣的物化呈现。由此可见，工艺美术的文化属性具有多元丰富的现实基础，与人们的生活与审美之间有着密不可分的联系。

工艺美术与工匠精神

《中庸》曰：“来百工则财用足”，古代社会通过鼓励工匠进行生产劳动使国家的财用得到充实。社会的发展、文化的进步，从来都离不开匠人们的辛勤劳作，以及人们对于工匠精神的不懈追求。工艺美术承载着丰富的文化内涵，其中蕴含着对“何为工匠精神”问题的深刻解答。《礼记·大学》讲述了古人做学问的先后顺序：“知止而后有定，定而后能静，静而后能安，安而后能虑，虑而后能得。”③同样，工艺美术的创作实践很好地注解了“止、定、静、安、虑、得”的深刻内涵，此一连串的认知活动为创作主体之“心”所统摄，如《管子·心术上》曰：“心之在体，君之位也；九窍之有职，官之分也。心处其道，九窍循

① 庄适：《新序说苑》，商务印书馆，2020年，第143页。
② 史仲文：《中国艺术史(工艺美术卷)》，河北人民出版社，2006年，第3页。
③ 杨天宇：《礼记译注》，上海古籍出版社，2004年，第800页。

理。"[1]身体的局部感官受制于人的内心，一方面，不以感官扰乱此心，另一方面，此心安然后感官乃安，二者相互影响，强调内心的主导作用。[2] 在工艺美术的创作实践中，创作者心能体道的审美体验，体现出中国艺术道器合一的哲学观。《易传》曰："一阴一阳谓之道"，此"道"为阴阳之合体，即本体与现象的合一不二，也即道器合一。诸物始于乾(天)而成与坤(地)，"象"为"道"之本体，"形"则是"器"之现象。由于阴阳不可分离，故形与象可以并称，"形象"与"道器"皆在合一不二中强调此物所具有的本体意义。[3] 即在具体的实践之"器"中体证本体之"道"，将主体此在的生命感受置入器中去把握宇宙万物永恒不变的运行机制。艺术与审美活动的独特魅力正是将人从具体之"器"的限定中解放出来，让个体生命归入无限的"道"中去体验宇宙天地之无限和精神世界之自由，进入天人合一的境界中。工艺美术的创作就是主体心灵的体道实践，工匠精神正是在此实践过程中得以形成的；心灵的育化也由此达成，这为工艺美术与美育之间建立了逻辑关联性。

从创作者身体的角度而言，技术性的艺术创造需要身体的参与才能实现，手工艺的创作则必须达成身心的协调一致。精湛的技艺体现的是创作者心手相随的能力，对于工艺的修习则是追求身心合一的过程。身心合一是后天的功利与生理欲望消解后所达到的境界。心中所想必然能在手中实现，手中的工夫来自心灵的直觉。[4] 工匠精神就在这种身心合一的实践中逐渐养成，进而能够培育出创作者更高的审美境界。

从境界与心灵的关系来看，工艺美术的创作实践由创作者的"心"所统摄，在中国文化中，此"心"亦可称之为"心灵"，徐复观将中国文化定义为"心的文化"，他认为，"中国文化所说的心，指的是人的生理构造中的一部分，即五官百骸中的一部分。"在徐氏看来，中国文化中的"心"，被牵附到唯物方面去时还有点影子，因为生理本身就是物，心的作用正是生理中某一部分的作用。被牵

---

① 黎翔凤：《管子校注》，中华书局，2004 年，第 759 页。

② 张岱年：《中国古典助学概念范畴要论》，中华书局，2017 年，第 219 页。

③ 张义宾：《中国古代气论文艺观》，山西人民出版社，2003 年，第 54—56 页。

④ 刘毅青：《手工艺的美育意义》，《东岳论丛》2020 年第 4 期。

附到唯心方面去时，便连一点影子也没有了。① 中西文化对于“心”的理解差异明显，中国文化中的“心”从生理上讲就是大脑与心脏，但是它又不只是生理机能，还与人的精神意志相关，心是精神与生理功能的统一。

就“心”的陶养来说，古人对于以礼辨异、以艺净心的礼乐文化非常注重。《春秋繁露·玉杯》曰：“君子知在位者之不能以恶服人也，是故简六艺以赡养之。《诗》《书》序其志，《礼》《乐》春其美，《易》《春秋》明其知。”②礼乐文化重在对人心灵的净化，以及审美情趣的陶冶。《乐记》曰：“乐由中出，礼自外作。乐由中出故静，礼自外作故文。”③它不仅打通了“我”与“非我”的界限，而且将政治教化的功利因素消融于无形的宇宙秩序之中。④ 艺术使人心兴起美感，并使人内心归于平静。工艺美术的创造过程同样兴起创作者的美感，并能在凝神专注中归于平静，从而显现出工匠精神所具有的状态。《考工记》又曰：“知者创物，巧者述之，守之世，谓之工。”⑤只有世代永葆的创造力才能称得上“工”，《太平御览》对此注解曰“父子世以相教”⑥，这里说明了它需要经过时间的淘洗、实践的锤炼，这是一段长期孕育的过程。简言之，只有通过施艺者言传身教，习艺者勤学苦练，传习者之间心领神会，工匠精神才能为实践者所把握。

工艺美术与时代美育新课题

在中华民族伟大复兴的时代任务面前，工艺美术无疑发挥着传承优秀传统文化的重要作用。工艺美术之所以具有绵延不绝的生命力，是因为它关注人们的现实生活，满足人们的审美追求，也满足着人们对于实用与审美的双重需求。在区分审美和实用的差异过程中，蔡元培就曾提出发展民族工艺美术与民生设计的构想。社会的进步离不开技术的发展，宗白华认为技术与审美之间存在紧

① 李维武：《徐复观文集一卷》，湖北人民出版社，2009年，第31—40页。
② 曾振宇、傅永聚：《春秋繁露新注》，商务印书馆，2010年，第24—25页。
③ 杨天宇：《礼记译注》，上海古籍出版社，2004年，第474页。
④ 叶朗：《中国美学通史·汉代卷》，江苏人民出版社，2014年，第193页。
⑤ 杨天宇：《周礼译注》，上海古籍出版社，2004年，第600页。
⑥ 李昉，等：《太平御览》，中华书局，1960年，第3337页。

密的关联性，人类知道运用智力控制宇宙、把握世界，知道用适当的方法达成生活的目的，发明工具创造出人的技术，而思索宇宙全体究竟的哲学思想与欣赏自然整个图画的艺术心灵也就同时产生了。① 时代的发展进步影响着美育的实践，正如叶朗所言："美育的根本目的是让人去追求人性的完满，也就是学会体验人生，使自己感受到一个有意味的、有情趣的人生，对人生产生无限的爱恋、无限的喜悦，从而使自己的精神境界得到升华。"②审美教育在于培养人的理想思维的超越，使人在精神上获得无限的自由伸展。工艺美术中所蕴含的工匠精神，是将人的专注力投向更深沉的精神向度，从而取得"以美培元"的实践效果。

近几十年以来，中国的快速发展越来越受到全世界的关注，实现中华民族的伟大复兴与文化自信已是时代发展趋势，传承中华优秀传统文化受到国家的高度重视，这是维护巩固传统社会发展的稳定精神力量。③ 工艺美术是传统文化的重要组成部分，是中华美育精神的载体之一。大力促进工艺美术的传承发展，有助于在全社会培育和弘扬工匠精神。从美育的角度来看，工艺美术的美育功能有其自身的独特之处。传统工艺植根中华传统文化，唤起人们的文化认同感，是传统文化在民族群体中的心理积淀，它是审美与实用相融的文化形态。中华民族伟大复兴是当代人的奋斗目标，也是每一位工艺美术工作者的使命与担当，这里彰显着当代人的文化自信与文化自觉。想实现这个目标，就离不开创新实干的工匠精神的支撑，培育工匠精神也已成为时代美育新课题。工匠精神作为中华优秀传统文化的重要组成部分，它所倡导的是立足传统技艺，在传承创新的基础上精益求精、迎难而上的精神，为工艺美术注入更为深刻的实践内涵。

---

① 宗白华：《宗白华全集(第一卷)》，安徽教育出版社，1994年，第182页。

② 叶朗：《美学原理》，北京大学出版社，2009年，第6页。

③ 中共中央宣传部：《习近平新时代中国特色社会主义思想学习问答》，人民出版社，2021年，第291页。

结　语

工艺美术与美育之间有着丰富的关联性，工艺美术作为美育实践载体，有其独特性。从工艺美术的文化属性以及时代对它的重视来看，工艺美术不但在美育实践过程中发挥着不可替代的功用，也是培育新时代工匠精神的有效途径。自从新文化运动、西学东渐以来，学习西方似乎成为压倒性的主流观念。近年来，随着中国自身经济文化实力的发展，东方文化力量的复苏已是不可忽视的趋势，中华文化的复兴正成为时代的发展导向。具有深厚历史与传统的中国工艺美术，是人们在劳动实践中的审美创造，将其纳入民族文化复兴进程中的美育实践，能够有效促进文化主体性的回归。而国家振兴传统工艺美术，无疑是践行中华民族伟大复兴的重要举措，这些举措不但丰富了美育的实践形式，也为工艺美术的传承发展注入了新动能。

高校美育服务乡村振兴的可行性路径与策略

黄帅军　何喜忠
（北京印刷学院）

乡村振兴是十九大以来国家的战略性发展方针，是中华民族伟大复兴征途中必须跨越迈过的门槛。乡村是乡土文化的载体。中华民族农耕文明的底色在乡村。民族要复兴，乡村必要振兴。高校美育作为社会美育的主战场，肩负着美好社会、美育大众的重要职责，它在乡村振兴道路上具有多重的价值与意义。本文就以上思考展开探究。

高校美育与乡村振兴

（一）高校美育在乡村振兴中大有可为

乡村振兴必须先有乡村文化的振兴与文化自信。中国乡村的衰落从19世纪开始，伴随革命与政治运动。进入新世纪后，乡村的衰败与城市的兴起正好构成两极。农民抛家舍业进入城市，造成农村的空心化。留守儿童、老人、土地荒芜等严峻的现实，表面上看是经济的指挥棒，背后根由却是乡村文化的凋敝与溃败，造成农民对土地和乡村不再留恋。

高等艺术院校担负着培养建设新时代高素质人才的重要使命，汇聚优秀的专业学者、富有创新生气的青年以及前沿装备的实验室，是美育育人与社会创新的重要力量。乡村振兴既要塑形，更要铸魂，这"魂"便是乡村文化。美育具有润物无声的独特育人功能，通过美育乡村主体即村民提升文化与审美素养，宣传中华优秀传统文化、革命文化与地方乡土文化，构建乡村美育生态。高等艺术院校要发挥学科、专业、人才等方面的优势，以高质量有特色的研究、创作、设计、培训等，整合各方的力量，着眼乡土特色，积极参与乡村美育，服务乡村建设。

(二)乡土文化的价值与意义

UP主李子柒以短视频的方式展现了乡村生活的田园诗意和自然古朴，在网络上爆红，究其原因，众说纷纭。但有一个基本共识，李子柒短视频最大的魅力和价值在于饱含着丰富的中国传统乡土文化与精神追求。可以说，强烈的乡土传统文化精神是李子柒作品能在短视频海洋中脱颖而出的重要原因，契合了现代人对乡村生活的美好想象。《乡土中国》揭示了中国文化的根由在于乡土性，这种乡土习性塑造了中国人的"安土重迁"，赋予农民对上天、土地某种特殊的情感，由此产生"天人合一"的行事准则与信印，以及"天有时，地有气，材有美，工有巧"传统造物观。在四季更迭的轮回中，农耕的生产方式造就了相应的生活方式，形成了稳固守业的传统乡村。二十四节气是智慧的认知与总结，乡村顺应天地变化有条不紊地开展农业生产和生活。乡土造就了丰富多彩、独具地域特色的民间传统文化，它是群体的信仰和道德。尤其在节庆、人生礼仪等活动中创造的众多民间艺术表现形式，更是民族文化中最富生气与趣味的珍品，深刻地影响中华传统美学特性的形成和百姓的生活。尽管进入新世纪，乡土文化随着乡村的凋敝隐去光芒。但是其根脉仍然在乡土，创造的主体和审美对象也在乡土。中华民族文化的复兴重任落在乡土文化。乡村文化振兴具有十分突出的现实意义。

(三)美育与乡村文化振兴

乡村振兴离不开文化振兴，文化振兴的主体是农民。周公的"制礼作乐"、孔子的"兴于诗，立于礼，成于乐"都强调了美育对人完善的重要意义。到近代，王国维、蔡元培等有识之士，面对民族的危难，倡导"美育"改造社会。梁漱溟的乡建实验，则是比较特殊的。他提出"乡村文明不与都市文明两者相矛盾，而相沟通相调"①。他始终在探寻传统文化与现代化之间的关系，并从中推演未来的可能性，寻找乡村教育改造社会的出路。梁在《乡村建设理论》文末的结论中

① 梁漱溟：《乡村建设理论》，中华书局，2018年，第463页。

说“人类生命的特殊，更有一点，则于美的领略欣赏。盖饮食而知其味，唯人能尔。吾人生活中处处有美不美问题，不徒苟求生活而已焉。社会建设于此宜有讲求，然不另立一则者，以美育可并括于教育也”①。作为“中国最后一位儒家”，他期待教育民众，陶冶民众精神，从而进行民族自救，这与当下弘扬的美育精神和乡村文化振兴战略非常契合。乡村美育应以多种形式、方法和手段将中华优秀传统文化、革命文化以及社会主义先进文化三者融入乡村美育实践中，开阔乡村审美视野并促进审美思想的解放，力图在乡村文化振兴中以美聚神，实现美育的价值引领作用。

乡村美育的迫切性与现状

(一)村民与乡村美育生态的困境

笔者出生于湖北农村，父母至今仍然在农村生活，笔者对农村的美育生态变化感受尤为深刻。在我的青少年时期，村庄每有孩子出生、年青人婚嫁、老人大寿及过世等，全村人集体帮扶着操持，前后经历三四天。锣鼓喧天鞭炮轰鸣人声鼎沸的情景鲜明地表现了中国人对热闹、庄重的表达。行事前，从门庭的布置、待客的礼仪、酒席排座次及司仪在场合中举重若轻的安排，都给人非常愉悦和谐有序的美感。过春节有一整套的礼仪，让人感觉现世安稳。春节时的舞龙舞狮扭秧歌等集体活动，不仅有美的生动表现形式，在强健有力、诙谐幽默的表演中，往往也饱含扬善惩恶的教化。老人过世，亲友“坐夜”守灵，整夜听乡间歌师在现场敲鼓说书来驱走睡意。歌师唱颂亡者一生的辛劳，感动得在座者无不声泪俱下，现场沉痛哀婉，极为动人。这些都是极具乡土特色、具有乡土灵魂的“美”的艺术表现形式。

城市化的加剧，造成今日乡村的空心化与废弃。在现代传媒的强势影响和商业利益的驱使下，传统乡村美育生态遭受灭顶之灾。乡村美育依附的农耕生产与生活方式已日渐式微，耕地荒化，青壮年劳动力进城，传统的乡村风俗文化活动没有了踪影。现实中，电视、手机成了留守儿童全部的精神生活。大量

① 梁漱溟：《乡村建设理论》，中华书局，2018年，第463页。

制作粗劣、价值观扭曲的视频和电视剧，宣扬消费、自我、娱乐、投机等价值观，颠覆历史乡土社会中崇尚的耕读传家、平淡朴素、勤俭节约、与人真善等行为准则，让本已岌岌可危的乡土文化与美育生态彻底失去了灵魂指引。笔者在乡下曾目睹老人的丧礼中有穿着非常暴露的三点式衣物的女性在台上扭着跳着的场景，这些体现了现今乡村美育生态到了令人触目的程度。

大批文化素质相对较高的青壮年劳动力进城，农村剩下的基本都是老弱病残和妇女儿童。乡村美育立足于乡土，是乡村场景中发生的乡村社会活动实践和各类关系的总和。村民是主体，他们既是美育的对象也是创造者。空心化的村庄破坏了乡村人际关系的伦理链条，“含饴弄孙”不复存在。老弱病残妇幼等群体无法组织和操持集体性庆典等民俗活动，没有活动为载体，便没有表演者、参与者和观众，乡村文化传承与情感维系的链条断裂，传统的寄寓在民间风俗与民间艺术中的价值观、审美心理和美的形式等无法往下延续，造成民间手工艺后继无人，乡土文化被鄙弃，美育也无从谈起。

（二）“送文化下乡”的遭遇

这些年，政府和文化部门开展了各种形式的文化下乡活动。从最初的送图书、送电影送戏下乡，到现在的乡村文化礼堂和图书馆的修设，送文化下乡下基层成为常态。但从这么多年的实践来看，乡村的文化生态并没有修复，村民的文化与美育素养没有因此发生根本性的改变。图书积灰，电影没人看，礼堂和图书馆变成麻将室等，送文化改变乡村落后面貌的形式变得尴尬。纵观种种，应当认识到，中国的许多乡村距离城市较远，传统的乡村习俗与文化仍有一定的影响，尤其是留守的老人。“送文化下乡”的设计者按照都市生活经验与城市现代化的思维，将高雅的文化输送到乡野，忽视了从泥土生长出来的乡土文明和乡民的价值观和行为模式，导致水土不服，落下事倍功半的局面。这些散点式美育实践策略，既没有充分考虑村民的文化生活实践需求，也没有契合乡村生活实践需求，导致最终无法形成完整的乡村美育生态链。

（三）艺术乡建与本土性

社会各界都积极关注并参与乡村振兴，广阔的乡村给予艺术家、设计师、建筑师无限的想象。在艺术积极参与乡村文化开发与建设的过程中，艺术乡建的主导者为投资商、政府、艺术设计师，往往以一种居高临下的救助者、先进文化帮扶落后的心态，看重经济效益、规模效应和社会影响等，对乡土文化和美育的内涵不了解不调研，对乡村美育活动和生活生产的关联缺乏了解，突出了新颖的创意和形式，感动了自己，却忘记了乡村的主体是村民。

俗话说“到哪山就唱哪山的歌”，“在地性”应该是乡村建设与文化展示中需要着重考虑的因素，尊重土地上人的需要和风俗文化，用他们喜闻乐见的内容与形式来帮助建设。同时，“在地性”的创作理念会让当地的乡村文化输出和主题商品变得独具特色，在同质化严重的乡村旅游和文化中独树一帜。

高校美育助力乡村振兴的可行性路径与策略

长期以来，无论是社会美育还是学校美育，都以西方艺术美的形式法则为标准。即使是中国绘画和书法艺术，似乎离乡村和泥土也有距离。殊不知，艺术来自生活。西方的现代艺术也从民间文化和艺术中汲取形式，日本的民艺运动带给日本设计清新独特的大和气息。“回到传统”“向民间学习”是中国社会和高校美育今天的一种文化自省后的觉悟。广阔的乡村和久远的民间风俗文化将给我们丰富的想象和不竭的灵感。结合高校艺术设计专业在教学、科研、人才培育等方面的特点，调研前期高校美育与乡村的关联状况，提出以下新时期高校美育助力乡村振兴的路径与策略。

(一)课堂走进乡土，发掘乡村之美

毛主席在《在延安文艺座谈会上的讲话》中讲到“人民生活中本来存在着文学艺术原料的矿藏，这是自然形态的东西，是粗糙的东西，但也是最生动、最丰富、最基本的东西；在这点上说，它们使一切文学艺术相形见绌，它们是一切文学艺术的取之不尽、用之不竭的唯一的源泉”①。大学生要走进乡村，美育乡民，振兴乡村文化，高校的美育课堂就需要引领青年学生了解乡土文化，学习民间风俗和民间艺术，热爱乡土，才会有志于立足乡村，提升乡村美育的生态。

当前教育部门全面推行“美育浸润行动计划”，旨在搭建高校精准帮扶农村中小学美育工作，完善乡村美育人才帮扶体制。中国美术学院开展“乡村艺课”，

---

① 毛泽东：《毛泽东文艺论集》，中央文献出版社，2002年。

面向全国乡村小学开展线上课堂直播，传承弘扬中华优秀传统文化，借助融媒体时代的优势与互联网手段，让美育资源通过线上线下服务乡村。“蒲公英行动”少儿美术教育专项课题将教育学者、非遗研究机构、艺术家、艺术理论家等多方面的力量团结起来，定期组织教师培训，为一线的乡村美术教师传递最前沿的教育理念，自 2003 年 7 月在湖南湘西启动至今，参与课题实验的校点扩展延伸至 92 所学校、单位及校点，范围涵盖 11 个省、市、县、自治区的 13 个民族。许多高校艺术专业开展支教活动，走进乡村和少数民族地区，结合当地的风俗文化和民间艺术，开展形式多样的非遗课堂、就地取材的手工制作等美育活动。

高校的美育课堂和实践要正视乡土文化，积极传播乡土文化中的优秀内容，创新美育课程和实践，挖掘其中饱含育人价值的艺术手法和类型，将乡村文化和乡土之美带给青年学子和社会，在产、学、研等方面积极面向乡村发展需要，为高校美育开辟新的空间和人才培养方向。笔者在多年的设计基础教学中，感受学生的乡土传统文化贫乏与创新资源的单一，创建了“美哉民间”公众号和“课前十五分钟美育”。公众号传播乡土民艺知识及创新实践资讯，开辟有“民艺百家谈”“民艺与创新”、乡村青少年美育“走进博物馆”和“经典产品设计的故事”等模块，打开青年学生了解乡土文化，乡村儿童了解艺术与历史的窗口。“课前十五分钟美育”是课前先安排 15 分钟的简短美育，讲述“节气里的中国”，依据时下的节气讲述传统中国尤其是乡村的生产与生活，节气中的民间艺术与手工造物等，通过线上线下、课内课外的方式，简短精粹的内容，既服务设计教学和校园文化建设，也辐射了社会美育。

总之，乡土美育走进高校，高校的美育队伍走进乡村两种实施路径沟通城市与乡村、流行与传统，使乡村的建设具有当代性。

（二）美育实践在乡村，感知社会，提升自我

《诗经》中的“风”便是采风最初的起源。艺术专业的各种采风活动是高校当前普遍的做法。高校利用寒暑假期开展社会实践，在传统文化复兴和乡村振兴的时代背景下，越来越多的大学生又一次“上山下乡”，践行美育社会、服务人民。如 2021 年的中央戏剧学院的“戏润山村，美育乡情”、广州美术学院的“与你童行，以美育人”的乡村振兴促进团、鲁迅美术学院的“筑梦乡村美育，提升

乡村文明”、西南大学的“乡村振兴美育赋能”等。2022 年暑期，北京印刷学院设计艺术学院组建 72 支暑期校级和院级社会实践团队，22 个学生个人返乡项目，开展“深情细味”家乡成就感悟行动团、北印感悟家乡美好团、北印探寻家乡新征程实践团、“捕风捉影”非遗文化体验实践团等。其中“泉州南音调研小组”实践团获评“青年服务国家”首都大中专学生暑期社会实践优秀团队，“同心振乡，梦在你我”北印暑期实践团队获评“青年服务国家”首都大中专学生暑期社会实践先进工作者。

美育乡村的实践可以落实在具体的课程及毕业设计中。笔者讲授民艺创新课程《民间传统文化创新设计》，在开课前一年安排相关班级在寒假、暑假分别开展“谁不说俺家美——基于家乡的民俗民艺”田野调研、“我从哪里来——家庭、宗族、家乡历史”田野调研，引导学生回望家乡，发现乡土文化。笔者设计“我为家乡代言——×××地域的民艺创新设计”的毕设选题，在该选题下连续开展多年的毕设指导工作，多件学生设计作品获得行业奖项，如《北京传统民居落雪之香具设计》获“北京礼物”旅游商品及文创产品大赛特色主题子榜单等。学生通过以上实践活动，增加了对家乡新的认知和自豪感，“乡愁”变为持续的设计创造资源。

(三)助力写生基地升级为多功能乡村美术馆，构建乡村美育生态

写生基地、摄影基地等是高校艺术专业与乡土的初步结合。通过基地平台，教师和学生从城市来到乡村完成田野采风、绘画写生、艺术创作等实践任务，收获乡村传统生活印象和知识。当地村民通过学生的活动，对艺术教育有了初步的接触和印象。儿童通过观摩学生的实践活动种下美育的种子，此外还给当地村民带来一定的收入。如今的热门旅游景点如丽江、西递、宏村、婺源等地，就是依靠早期众多的高校写生基地的宣传与影响，才渐渐为外界熟知。

在新的形势下，写生基地摄影基地等场所在传统的模式下，由于功能相对单一，对乡村文化建设的影响有限。笔者以为未来的写生基地可在以下方面着力。

1. 打造为开放性的乡村美育实践基地。利用 20 天左右的写生契机，联合当地的中小学生开展联合的田野采风活动，开展色彩风景写生、民间玩具制作.非遗文化体验等。和美育教师座谈，帮助建设富有地域特色的美育课堂，开展

联谊活动，和小朋友结对子形成长期的美育帮扶。

2. 打造为乡村风情的美术馆。由于学生的绘画作品取材当地，描绘当地的风情，鼓励学生借鉴当地的民间艺术表现形式和风俗文化进行创作，采风活动结束便可汇集一批优秀的作品，陈列于写生基地。作品具有鲜活多彩、聚焦乡土、富有现实的关怀等特色。由于写生基地具有综合功能，相比较各地的乡村美术馆，它更加具有可操作性，能突出基地的文化艺术特色，可吸引更多的民俗游客。基地可打造为综合性的集写生、展示、销售、美育为一体的美育空间。

3. 发展为地方政府与乡村建设交流合作平台。写生基地是城市看乡村，也是乡村看城市的窗口。借采风的契机，高校在这里与当地政府和村委近距离接触，可为乡村发展献言献策，有很大的合作想象空间。如2021年中央美术学院管理教育学院在怀柔区的响水湖写生基地开展《艺术助乡村振兴——春季实践》课程，在三周的活动中，学生一方面进行采风活动写生创作，同时受乡镇政府的模拟委托；通过座谈采访、实地调查等形式，为当地的乡村建设提出“艺术节”“大榛峪村五感体验案”“青年艺术家共享工作室”等方案，获得当地政府的高度认可，特别致函学校请求参与指导乡村振兴计划。

乡村的发展与文化的提升还有许多的难题待解，高校利用采风的契机走进现实的发展需求，解决乡村的专业知识和力量需求，将服务人民的论文书写在乡土，无论是对乡村还是高校都具有十分积极的意义。

（四）研究机构落户乡土，扎根乡村，助力乡村创意产业发展

近日，文化旅游部门的《出于推动文化产业赋能乡村振兴的意见》，特别提到美术产业赋能乡村振兴，依托乡村文化传统、突出地方特色，从而助力乡村文化繁荣和美育产业经济的发展。高校的艺术专业作为美育社会的主体，理应在乡村振兴的大潮中勇立潮头。

高校在美育乡村的深度开展中，可结合国家和地方政策，积极参与项目实施，将科研实验室放到乡村需要的最前线。如北京市实施的“百师进百村”行动，通过“百师”与“百村”双向选择，为示范村每村配备一名产业策划师、工程师、设计师等。“百师”对百村示范村献计献策，帮助解决发展中存在的难点问题，有许多高校研究团队参与其中。北京建筑大学发挥行业特色，于2022年成立“北京建筑大学—门头沟乡村振兴实验室”，充分发挥学校和门头沟地区资源优

势，聚焦文化传承复兴、乡村有机更新、村落规划、景观设计等领域，从而推动特色乡村建设与内涵发展。

中国美术学院的“乡土学院”，以鲜明的服务乡村主题、以乡土为科研现场的实践模式，走出了一条将下乡采风变为社会感知与乡土重建的特色路径。学院“以乡土为学院”的育人理念，构建起一个遍布28个省区城乡市镇的乡土学院网络，形成了一批有代表性的特色“乡土学院”。如以江南手工艺复兴为特色的上海“金泽工艺社”，以乡村美育、乡野艺校为特色的福建宁德的“宁德乡土学院”，以少数民族地区艺术师资培训为特色的“凉山乡土学院”，以基层干部的乡土美育、乡建培训为特色的“仙居乡村振兴学院”，以传统工艺创新为特色的“景德镇艺创中心”等。这些乡土学院充分利用当地的特色资源优势与文化特色，在艺术乡建的道路上探索高校育人与乡村振兴结合的有效路径。

结　语

乡村的振兴，传统文化的复兴，是中华民族再次走向伟大的必经之路。高校的艺术专业师生面对历史性的重要发展机遇，用专业的美育知识，在广阔的乡村和古老的乡土文化中书写青春的辉煌。高校美育的主体是学生和教师，相对社会的美育团体如群众艺术馆、画院、歌舞团体等组织，具有自身的特殊性。因此在服务乡村建设中，首要考虑的是培养青年人的成长和责任感。通过投身振兴乡村活动，提升学生的艺术理论水平和艺术实践水平，端正认识。乡土既是服务和提升的对象，也是改造青年自身的课堂。诚恳地向乡土传统学习，向村民学习生产和生活，完善我们对传统文化的认知和价值观。乡村振兴是历史机遇也是时代赋予高校青年的责任。正确对待这份委托，锻炼自己，投身实践，不畏艰难，运用美的形式与元素赋予乡土新的活力与生机。

本文研究得到“北京印刷学院校级重点教学改革项目”资助

参考文献

[1] 梁漱溟．乡村建设理论[M]. 北京：中华书局，2018.

[2] 毛泽东．毛泽东文艺论集[M]. 北京：中央文献出版社，2002.

基于班主任视角谈家校共育礼仪文化实践对策

孙旖捷
（北京经济管理职业学院）

近些年，随着职业教育深化改革的发展与推进，“美育”对于高职院校学生而言，其重要性已毋庸赘述。基本礼仪可以说是职业院校学生美育工作的基础。然而，大多数高职院校班级的管理普遍集中在行政与制度方面的建立与实施，礼仪与文化方面的专项培养并未彻底实现。作为一名高职院校的班主任老师，在班级管理的过程中我深切感受到，学生的“礼仪”教育不应当仅是学校及一线教师关注的重点，也应当引起学生个人及家庭的重视，唯有家校协同进行礼仪与文化的培养与熏陶，督促与坚持，才能帮助高职学生在即将步入社会与工作岗位之前，真正收获健康的世界观、人生观和价值观。

为此，本文试从高职班主任视角出发，根据自身班级管理实践经验，分析美育工作中礼仪文化教育实践存在的问题，探讨高职学生礼仪文化家校共育的策略。

高职班级管理中礼仪文化实践工作存在的问题

（一）学生自身普遍礼仪文化素养薄弱

进入高职院校学习的学生除了本身文化基础较薄弱，他们大部分都是高考后“迫于”种种原因“不得已”进入高职学习，强烈的自卑或自责心理也促使他们更加急切地渴望获得专业能力的提升和认可，尤其是入学初期，许多学生要么陷在急于“奋发图强”的急功近利之中，要么认为自己不是学习的材料，选择自暴自弃。以我班学生为例，其中有近一半的学生在高中时期成绩都是不错的，甚至有几位学生曾在重点高中或重点班就读，由于高考失利进入高职院校学习，这部分学生会划分课程内容，专业课即重点，需要认真完成，而文化课即非重点，也就是他们口中的“水课”，学个皮毛就好。剩下二分之一的学生普遍学习能力更差，无论专业课还是文化类课程均缺乏积极性。

素质教育目标并非一朝一夕可以达成，现阶段依旧受应试教育影响较大，考试课比考查课重要，分数的高低、成绩的好坏，确实成为衡量一个学生好坏的不二准则。大部分学生习惯将主要精力放在语数外等文化课上，放在礼仪类素质提升课程上的精力极少，导致绝大多数学生在进入大学学习之前，对礼仪文化的认知都较为局限，只停留在理论层面，本科大学生尚且如此，更何况对于原本知识素养就较为薄弱的高职院校学生，礼仪文化素质的匮乏就更加不言而喻。

（二）家庭礼仪文化教育观念缺失

在班级整体管理工作的过程中，作为班主任，我深刻感受到，无论是否为独生子女，大部分孩子都或多或少流露出“过度自我”及“社交恐惧”的心理，这也是高职学生礼仪文化方面素养匮乏的重要原因。而上述学生心理也和他们的家庭环境、家庭教育理念密切相关。大部分家长对孩子的教育是考试成绩第一，综合素质的培养第二，他们普遍对家庭中的德育、礼育不够重视。例如，有家长酒后常常在孩子面前失态，导致孩子情绪不稳定，同时产生自卑心理；有家长过度溺爱孩子，即使孩子已成年，依旧事无巨细地“远程”帮孩子处理学校事务，一味地认为孩子没有“社交”能力，导致孩子经常自我否定，与同学与老师相处都产生畏惧心态；有的孩子来自农村，家长自身文化水平不高，无条件且无意识给孩子创造良好的礼仪文化教育环境。

（三）学校对礼仪文化教育实践探索不够深入

在高职院校的实际工作中，学校对于职业技能的强调与突出培养，无形中促使专业课教师更偏向于就业所需的职业技能的传授，而相对弱化了对正处于青年阶段的高职学生礼仪文化与个人修养体现的引导。许多高职院校的礼仪课教学任务由非专业教师承担，不可否认这其中大部分都是受过高等教育与培训的优秀高校教师，但在中华礼仪与文化方面的专业度依旧需要提升，课堂上不乏照本宣科的老师，高职院校学生也不免感到枯燥。同时，由于礼仪文化课程的边缘化，礼仪专业教师缺少平台，无法全身心投入自身专业领域的提升与探索，礼仪文化相关实践活动实现起来较为困难，礼仪文化教学也往往停滞不前。

而作为班级管理者的班主任或辅导员，对于礼仪文化的培养与探索实践普遍不够深入。高职班级管理者在礼仪与文化方面的律己，对学生的身教作用毋庸置疑，但大部分教师会忽略对学生会与各班班委在礼仪文化方面的强调。班主任与辅导员作为基层管理者，相较于其他任课教师，在高职学生的学习生活中与学生接触已相对频繁，但依旧非常有限，而与学生接触最为密切的，依旧是学生。高职学生普遍自我约束力较差，即使是学生会委员或班委，在缺乏正确的礼仪文化观念的督促引导的情况下，会催生出更多的“两面派”与“形式主义”，这不是任何一位有责任感和使命感的老师所愿看到的。

高职学生礼仪文化家校共育的具体对策与实践

(一)帮助学生从他律到自律

首先，作为班主任，可以帮助学生深刻认识到礼仪文化对其自身成长的重要性。通过班会活动形式，对传统礼仪与现代礼仪、中西方礼仪文化、家庭与学校礼仪文化等多种主题讨论互动，鼓励每一位学生发表观点，对于争议较大的热点议题可举行小型辩论会，由此，不仅能锻炼学生的思辨能力与表达能力，而且能让学生对礼仪文化的发展与传承有更加深刻的认识，知道自己应该做什么，为什么应该做，应该怎么做。

同时，号召班级里的学生干部起模范带头作用，在与老师、同学及家长的交往中，践行课堂中学到的礼仪规范。划分班级礼仪小组，利用课余时间，由班委组织开展礼仪文化活动，礼仪小组轮流设计活动方案，每次活动可邀请一位喜欢的老师共同参与，学期末以民主投票方式选出“最佳礼仪文化小组”与“礼仪文化之星”，并给予奖励。对于礼仪规范尤其匮乏且难以改善的学生，需班主任老师重点关注与把握，良好的班级礼仪文化氛围势必会给这类学生带来影响，他们大多是愿意自我提升的，但自控力较差，可以在征得学生同意的情况下，自行组成一对一互帮互助搭档，互相督促互相鼓励。

由此，从帮助学生自己转变观念，到引导鼓励学生自己进行实践，不仅完成由“他律”到“自律”的成长，无形中增强了学生的自信心，也能够帮助老师提升学生礼仪文化水平，更加高效高质量地完成班级管理工作。

（二）家长与学生共同成长

就家庭礼仪文化教育而言，应以提升高职院校学生家长对于礼仪文化教育重要性的认识，树立礼育观念为首要任务。以我班为例，除了组织学生家长参加学校开展的线上礼仪文化教育培训之外，还根据不同家庭（如单亲家庭、重组家庭、留守家庭等）的需求，为家长分享多样化的、更为精准的礼仪文化视频、课程与讲座，旨在有效帮助不同文化水平层次的学生家长。通过家长会与家长沟通学生家中遇到的礼仪文化相关问题，普及家庭亲子间礼仪知识，提倡家长以身作则，先“以礼律己”再“以礼育儿”。

与此同时，与家长建立良好的、紧密的沟通交流关系也是必不可少的。通过班级家长微信交流群进行日常互动、讨论与沟通，采取定期一对一沟通方式，在校期间着重向家长反映学生情况，由于高职大部分学生自信心不足，且心智已不同于初高中阶段，故主要反映学生优异表现，委婉反映不足之处。寒暑假及网课期间，以家长反映学生居家状况为主，班主任可及时给予家长合理的建议，并适时恰当地与学生沟通并做出良性引导。

另外，督促家长利用休息时间陪同孩子积极参与学校或当地社区组织的礼仪文化类实践活动能够有效促进共同成长。家长与成年后的孩子共同参与礼仪文化类实践活动的机会并不多，可请家长利用寒暑假时间完成一次礼仪文化实践，例如去茶馆了解中国传统饮茶礼仪，或共同准备一场家宴，践行中国餐桌礼仪等。家长与学生共同成长，有助于增强家长对孩子的信心，让家长认识到孩子的品行与素质比单纯的分数更加重要。

（三）礼仪文化教育融入学生在校日常

近年来，不少高职院校已开始重视学生礼仪文化教育，逐步开展相关礼仪文化活动，鼓励并支持开设各类礼仪文化课程，礼仪文化教育融入高职学生学习生活指日可待。但只有行政制度来指导方向还远远不够，给予礼仪文化专业教师更多教研空间，提升班主任、辅导员及非专业教师的礼仪文化素养，增强礼仪文化育人能力也是十分必要的。对此，可分学院、专业、分批次实施礼仪文化专题培训及实训，把礼仪文化素养作为高职院校教师考核的标准之一，同教师未来职业发展方向相结合，有效促使教师不断提高自身礼仪文化素质及以礼育人的能力。

另外，改革创新礼仪课程教学形式，加大礼仪文化活动实践，开展高质量校园礼仪活动能够更好地促使礼仪文化教育融入学生的在校日常。教学内容方面，应完善更新中华传统礼仪中符合现代生活的部分，与现代高职礼仪教育的需求相结合，针对不同学院、不同专业，制订有针对性的礼仪与文化培养计划。课堂教学则应注重形式创新，高职学生普遍对于文化理论的学习兴趣较低，专注力与独立思考能力较差，多实践少讲授能够让学生亲身感受中华礼仪文化的魅力。同时，定期开展礼仪文化素养竞赛及评比活动，互相展示不同专业所需具备的职业礼仪，让学生在了解不同职业特性的同时，拓展其礼仪文化知识的维度。

我们当然知道高职教育不是单纯的技能与谋生教育，我们也不希望礼仪文化教育成为一纸空谈。但在近几年，尤其疫情之后并不轻松的就业环境中，在“家”与“校”不得不把学生的专业技能当作重中之重的时候，将礼仪与文化的培养放在了次要位置，曾经被边缘化的礼仪文化课程如今在许多高职院校逐渐得到重视。高职院校并非有意忽视将学生作为全面的社会人培养这一理念，而是在机遇与危机并存的当下，需要首要考虑学生的就业与生存。在关注学生职业技能发展的同时，不落下对其中华礼仪文化的教育培养，对每一位职业教育工作者而言，都是一个需要持续不断充沛自我并执着探索的问题。

参考文献

[1]胡治珍．高职院校学生礼仪现状及对策研究[J]．文学教育（上），2019(5)：164-165.

[2]林莹秋．高职院校现代礼仪课程教学的反思[J]．广西政法管理干部学院学报，2019，34(1)：125-128.

[3]张雯娣．试析当代高职院校学生礼仪现状及对策[J]．现代职业教育，2019(27)：222-223.

[4]张守兴．礼仪文化视野下的高职班级管理对策研究[J]．高等职业教育(天津职业大学学报)，2017(26)：12-16.

[5]王雯．礼仪文化再告知班级管理中的应用研究[J]．山西青年，2020(6)：233.

第五编

一首经典民歌的前世今生

——从《种瓜调》到《龙船调》的历史考证

吴妮妮

（清华大学）

——妹娃要过河，是哪个来推我嘛？

——我就来推你嘛！

这句《龙船调》中的经典对白，在人群中传唱甚广。《龙船调》作为湖北利川民歌，它唱遍了中国、唱响了世界、唱上了太空，是中国音乐的经典代表作之一，也是世界民族音乐中一颗闪亮的星。2022 年 7 月，笔者有幸去到《龙船调》的故乡——利川市柏杨坝镇，近距离聆听、唱起那熟悉的旋律，也由此引发一些深入的思考。

问渠哪得清如许，为有源头活水来。在查阅相关资料后发现，对《龙船调》收集整理的历史，存在两种针锋相对的说法。《龙船调》是根据利川市柏杨坝镇的灯歌《种瓜调》改编得来，在这点上，业内已基本形成共识，但《龙船调》究竟是如何从一首质朴的乡间民歌摇身一变成为舞台艺术经典的？有哪些人参与其中，他们又分别扮演了怎样的角色？《种瓜调》与《龙船调》有何异同？种瓜又怎会和龙船扯上关系？本着尊重历史、正本清源的初衷，笔者对《龙船调》的收集整理和编创历史进行了初步梳理。

两种说法：编创者的“真伪”之辨

谈及《龙船调》，就不能不提利川灯歌。灯歌（又名灯调）是当地土家人逢年过节时，沿街沿村，划地为台，以彩龙船、车车灯为主要道具的一种传统民间歌曲。据利川市柏杨坝镇17代灯歌嫡系传人全友发（69岁）说：利川灯歌始于清初，最先是由落第秀才谭功朝（鼓师、歌师傅）和吐祥（清至1949年该地属湖北利川，新中国成立后划归今重庆市奉节县）乔国富（外号“乔幺妹”）等人把本地传统民歌、锣鼓和花灯结合起来形成的。新中国成立前已历朝、福、久、远、艺、康、永、长、德、高、年、乐、九、田、美、佐16代，距今约有三百年的历史。① 2011年，利川灯歌作为一个新增项目，成功申请到“国家级非物质文化遗产代表性项目”。其后，利川灯歌逐渐进入学界视野，与此同时也为大众所熟知。学界虽然普遍认为《龙船调》是由利川灯歌改编而来，但对其收集整理的过程有两种不同的说法。

一种说法认为《龙船调》是由周叙卿、黄业威搜集整理。1993年8月，由湖北科学技术出版社出版发行的《利川市志》中记录了这样一段文字：

> 由周叙卿、黄业威搜集整理的利川民歌《龙船调》（亦名灯调、花灯、种瓜、瓜子仁调），长期在柏杨、城关、汪营、忠路一带流行，是演唱采莲船的主要曲调之一。1956年2月，经过初步整理编成《龙船舞》，参加恩施地区第一届民间歌舞文艺会演，评为优秀节目。1957年3月，汪营农民歌手王国盛、张顺堂在北京举行的第二届全国民间音乐舞蹈比赛大会上演唱了《龙船调》，深受欢迎。②

一些专家学者在利川市官方出版的各类方志、书籍或期刊、报纸等中皆采

① 《利川灯歌》，中国非物质文化遗产网[EB/OL]https://www.ihchina.cn/project_details/12778/。

② 湖北省利川市地方志编纂委员会：《利川市志》，湖北科学技术出版社，1993年，第440页。原文为“周绪卿”，笔者更正为“周叙卿”。

纳了上述观点。如《利川市柏杨坝镇志》①(利川市柏杨坝镇地方志编纂委员会)、谭宗派主编《利川灯歌》②、黄中骏《论民歌〈龙船调〉的历史传承、艺术特色和启示》③、潘顺福《论〈龙船调〉的民族属性》④、施咏《幺妹过河——〈龙船调〉音乐分析(中国民歌音乐分析之十二)》⑤、李兆普《利川民歌〈龙船调〉收集与整理经过》⑥、李淼《土家族民歌〈龙船调〉的历史渊源及其发展衍变》⑦、郑晶晶《〈龙船调〉从利川灯歌到世界名歌》⑧等。

另一种说法则认为《龙船调》是由毛中明、杨建知、杨玉钧三位老人根据《种瓜调》集体改编而来。在《〈种瓜调〉如何唱成〈龙船调〉——三名老人讲述〈龙船调〉编演历程》一文中写道:

> 日前,毛中明、杨建知、杨玉钧三名老人以亲历改编者的身份,讲述了《种瓜调》如何唱成《龙船调》的。⑨

另外,在武汉音乐学院官网上,关于《龙船调》也有这样一段表述:

> 毛中明,著名二胡演奏家,当年带领杨玉钧、杨建知等,进一步采风,把一首在历史长河中尘封了多年,只有上下两句的利川民歌《种瓜调》加工

---

① 利川市柏杨坝镇地方志编纂委员会:《利川市柏杨坝镇志 1646—2015》,2017 年,第 404－410 页。

② 谭宗派:《利川灯歌》,湖北人民出版社,2017 年,第 105 页。

③ 黄中骏:《论民歌〈龙船调〉的历史传承、艺术特色和启示》,《中国文艺评论》2019 年第 10 期。

④ 潘顺福:《论〈龙船调〉的民族属性》,《湖北民族学院学报(哲学社会科学版)》2004 年第 3 期。

⑤ 施咏:《幺妹过河——〈龙船调〉音乐分析(中国民歌音乐分析之十二)》,《音乐生活》2018 年第 10 期。

⑥ 李兆普:《利川民歌〈龙船调〉收集与整理经过》,《武汉文史资料》2007 年第 6 期。

⑦ 李淼:《土家族民歌〈龙船调〉的历史渊源及其发展衍变》,《大众文艺》2010 年第 9 期。

⑧ 郑晶晶:《〈龙船调〉从利川灯歌到世界名歌》,《楚天都市报》2012 年 9 月 4 日。

⑨ 杨念明:《〈种瓜调〉如何唱成〈龙船调〉——三名老人讲述〈龙船调〉编演历程》,《湖北日报》2012 年 3 月 4 日。

改编成一首深受广大群众喜爱的《龙船调》。1959 年全省文艺汇演成就了《龙船调》的辉煌，由此一路高歌猛进，《龙船调》成为世界 25 首优秀民歌之一。①

此外，赵娟在《关于〈龙船调〉编创历史之考证研究》(下文简称“赵文”)一文中明确提出：

《龙船调》是以毛中明、杨玉钧为首的原恩施地区歌舞团编创集体，根据周叙卿收集整理的利川民歌《种瓜调》改编创作的音乐作品。他们创造性的艺术劳动，为这首世界级民歌的成功问世做出了不可磨灭的贡献。《种瓜调》的搜集者周叙卿先生虽已作古，然而没有他收集的《种瓜调》，也就没有《龙船调》今日的辉煌。但没有毛中明、杨玉钧等慧眼识珠，成功地将其改编为《龙船调》，《种瓜调》可能永远不会为人所知，只能在民间音乐资料库中束之高阁了。②

作者在这里直言不讳地指出：《龙船调》是由毛中明、杨玉钧等根据《种瓜调》改编而来。她还说，上述观点参考了《荆州文化》1988 年 8 月 4 日发表的周守宏的《〈龙船调〉沿波讨源》、《恩施日报》2012 年 2 月 18 日第 6 版毛中明、杨玉钧、杨建知的《〈种瓜调〉如何成为〈龙船调〉》以及同年 4 月 7 日记者岳琴的《亲历者说：龙船调由集体再创作——〈龙船调〉与文化精品名牌路》、《琴台之声》2012 年第 4 期毛中明、杨玉钧的《歌曲〈龙船调〉的创作纪实》③等文章。这些期刊报纸一致认为：

原恩施地区歌舞团毛中明、杨玉钧等在 1958 年为参加“建国十周年湖

① 何玉倩：《访谈毛中明老师》，2013 年 9 月 11 日，https://yjxy.whcm.edu.cn/info/1091/3874.htm。

② 赵娟、余开基：《关于〈龙船调〉编创历史之考证研究》，《黄钟(武汉音乐学院学报)》2014 年第 3 期。

③ 同上。

北省全省民间音乐舞蹈会演”将《种瓜调》加工改编成今天的《龙船调》，1959年9月1日“湖北省庆祝建国十周年全省民间音乐舞蹈会演”中，在武昌湖北剧场，由杨玉钧、向彪等演唱的《龙船调》首次与省会观众见面，并受到热烈欢迎，他们才是《龙船调》真正的创编者和首唱者。①

“赵文”中主要质疑的点在于：没有相关证据能证实1956年2月《龙船舞》的演出和1957年3月《龙船调》的进京演出。据此，作者坚持认为：在1957年之前，只有周叙卿收集整理的《种瓜调》而并没有《龙船调》。

事实究竟如何呢？周叙卿之子周华曾在《父亲周叙卿与〈龙船调〉》一文中这样写道：

1953年仲夏，父亲在柏杨采风。……他转身飞奔到农民歌手丁鸿儒家，请教他这是一首什么歌。丁鸿儒笑着说：“这是一首种瓜调，玩彩龙船时唱的，都是唱的瓜儿，没什么新鲜的。”在父亲的要求下，丁鸿儒放开歌喉完整地唱起了《种瓜调》，父亲在采风本上记下了主旋律和一年四季种瓜得瓜的10段歌词。丁鸿儒唱完后，父亲根据记谱唱给他听。此后，又反复修改，从而整理出了《种瓜调》的词曲脚本。

1955年，父亲再次深入柏杨，找到文化站工作人员和当地的民间艺人，将《种瓜调》加工排练出来，参加全县农村业余文艺汇演，获得一致好评，并被推荐参加了恩施地区的调演。利川县文化馆的舞蹈工作者黄业威对《种瓜调》的表演进行了大胆的创新，去掉彩龙船这一实物道具，以夸张虚拟的表演增加了歌舞的情趣，给观众留下更好的审美视角。父亲也再次对脚本进行修改润色，除衬词外，全部重新创作了歌词，并定名为《龙船曲》到恩施参演，获当年全地区文艺调演一等奖。

1956年，湖北省举办第一届戏曲观摩演出，父亲想起了汪营小溪口的农民歌手王国盛、张顺堂。他在《龙船曲》的基础上再次进行词曲修改，定名为《龙船调》，积极推荐王国盛、张顺堂赴省演出。先是二人对唱，后来

① 赵娟、余开基：《关于〈龙船调〉编创历史之考证研究》，《黄钟（武汉音乐学院学报）》2014年第3期。

一个唱、一个吹木叶，最后合唱，充分展示了农民歌手高亢嘹亮的音域、刚柔相济的演唱技巧。不久，省文化局指定《龙船调》于1957年参加全国首届音乐戏曲观摩演出，不久又被确定为进中南海汇报演出的节目之一……①

除了周华一文可以对“赵文”中质疑的内容进行澄清说明，谭宗派先生在《利川灯歌》中也对1956年和1957年发生的事件做了如下描述：

我们在编修《利川市文化志》时，对《龙船调》的收集整理从当事人、档案记录、已有文献和演唱老艺人等多方面进行过认真调查，那时不仅收集记录人之一黄业威还在，参与调查的老艺人还在，听到了他们关于在柏杨坝收集《种瓜调》，后来整理成《龙船调》在恩施会演的详细叙述，而且，还查到了周叙卿第一次的整理稿原件。那份原件是用五线谱写成的，上面清楚地写着：“《龙船曲》，柏杨丁鸿儒唱，叙卿、业威记，应谷(应谷为周叙卿笔名——作者注)整理。”②

……

从1956年2月，《种瓜调》以《龙船舞》的形式，参加“恩施地区第一届民间歌舞文艺会演”，后取消彩龙船的表演，只唱歌曲，正式定名为《龙船调》算起，到1966年5月“文化大革命”开始为止，为第一时期。在第一时期的十年时间里，我们可以查到的有关《龙船调》的书面文字记录材料(因周叙卿、黄业威的多数记录整理资料都已在“文革”中遗失)现存很少。可以查到的较有影响的演唱人员和节目也只有1957年3月，由周叙卿推荐汪营农民歌手王国盛、张顺堂参加在北京举行的“第二届全国民间音乐舞蹈比赛大会”上首先演唱《喊喊调·对门对户对条街》(高腔山歌)未受欢迎后，才加唱《龙船调》，以及王玉珍演唱《龙船调》等少数几份文字或口头资料。我从1983年3月至1989年7月所从事的修志工作是在党委直接领导下的政府行为，是一件十分严肃认真的工作。《龙船调》收集整理传唱史事已载入《利川

① 王月圣：《龙船调的故乡》，湖北人民出版社，2005年，第350—351页。

② 谭宗派：《利川灯歌》，湖北人民出版社，2017年，第121页。

> 市文化志》、《利川市志》和《恩施州志》。这些史实不仅经过本地文化工作者、领导的反复核实和评审，而且也经过省、州当时参加《文化志》修订工作的老文化工作者、老领导的反复核实和评审。应该说，它们是真实的，可信的。①

以上文字，不仅对《利川市志》部分记录中表述不太清楚的地方做了更为详细的陈述，也对《利川市志》的官方权威性给予了说明。尽管如“赵文”中所说的那样，1956年和1957年的两次演出，因为特殊的历史原因，并没有留下相关的文字记载。但根据当地现存的资料表明，周叙卿与黄业威是一起在利川县文化馆工作的同事，他们也一起收集整理了《种瓜调》。且有文献记载表明，黄业威是跳舞出身，如果涉及音乐记谱应该是以周叙卿为主，而加入黄业威记谱，应该是与其参与改编《龙船舞》有关。据此，认为黄业威与周叙卿一起将《种瓜调》改编成《龙船舞》是可信的。对于周叙卿后来主导、将《龙船舞》又改编成《龙船曲》一事，又因找到了周叙卿所记录的《龙船曲》原谱得以确认。总言之，《龙船调》是由《种瓜调》改编而来，《种瓜调》是周叙卿、黄业威在利川柏杨采风期间，根据丁鸿儒的演唱收集整理而来。

相对于周华的表述，笔者更倾向于谭宗派的观点。因为在1957年“第二届全国民间音乐舞蹈比赛大会”上，湖北代表团的原始演出节目单上并没有王国盛、张顺堂表演的《龙船调》这个节目。尽管周华、谭宗派的观点不尽相同，但都一致表明是周叙卿发现并推荐了农民歌手王国盛、张顺堂赴北京参加会演，只是没有直接演唱《龙船调》，而是在表演了《喊喊调》与《落魂腔》之后，加演了木叶吹版的《龙船调》。为此笔者也专门上网搜索到了木叶吹版的《龙船调》，的确别有一番韵味。

1956和1957年两次演出没有记录因而受到质疑的部分虽然说清楚了，但《龙船调》真的是古已有之，抑或根据《种瓜调》改编而来的呢？笔者又查阅到如下史实。

谭宗派在《利川灯歌》一书中提到：

① 谭宗派：《利川灯歌》，湖北人民出版社，2017年，第126页。

我便从《中国民间歌曲集成·种瓜》一篇中看到了这样一行脚注文字："(灯歌·花灯·龙船调)。鄂西南·利川县。王鸿儒唱周叙卿、黄业威记"。……文献资料说明：《龙船调》来源于《种瓜调》。《龙船调》和《种瓜调》都只是"灯歌·花灯·龙船调"中的一种传统音乐曲调。①

而在《利川市民族民间歌谣集》中亦有如下注释：

龙船调(山歌·灯调)，鄂西南·利川市 土家族②

谭宗派先生的说法与上文记载说法略有出入。前者认为《龙船调》是一直以来就存在的。《龙船调》不仅是作为一首作品存在，也是一个"曲牌名"，而且最初会使用彩龙船作为道具。此外，《利川市民族民间故事集》中专门提到了《龙船调》的来历：

就说说《龙船调》吧！……

原来，这《龙船调》和美好的恋爱故事融合在一起，使它变得更富有情趣，更富有韵味。……

从此，清江源头，齐岳山下，就兴起了正月十五定亲，清明划船赛歌，唱《龙船调》过河成亲的习俗。③

……

如今，鄂西利川的《龙船调》已打破国界，漂洋过海，被列为世界优秀民歌了。④

这段文字从另一个侧面印证了谭宗派关于《龙船调》古已有之的观点。此外最有价值的一段话莫过于其末尾的这番文字：

① 谭宗派：《利川灯歌》，湖北人民出版社，2017年，第129—130页。

② 利川市民族民间文学三套集成编委会：《中国民间故事集成湖北卷利川市民族民间歌谣集》，1991年，第25页。

③ 利川市民族民间文学三套集成编委会：《中国民间故事集成湖北卷利川市民族民间故事集》，1989年，第172—177页。

④ 同上书，第172页。

讲述者　黄锡银，男，78岁，初中，土家族，农民。家住利川都亭关东岩洞湾。

谭桂香，女，68岁，未上过学，土家族，农民。家住利川都亭关东岩洞湾。

搜集整理者　黄汝家　司警

搜集时间　一九八四年二月

流传地区　都亭(汪营、忠路、柏杨等地)①

最后这段文字，在表明讲述者身份的同时，也对《龙船调》古已有之的说法给予了印证。民间故事、民间歌曲都是来自民间的宝藏，作为人民群众生活的有机组成部分，也是社会生活的一面镜子。从草根大众的原生态叙述中，往往可以窥见事物发展的些许历史脉络。

谭宗派先生之所以这么说，或许出于对历史真实的全部掌握和了解，或许是为对历史事实进行“合法化”而做出符合逻辑的言说，究竟是哪一种原因尚不得而知。但不管怎样，研究者都应该尽量秉持一种客观、中立的态度。

一种假设：文本的互文性言说

经过上述探讨，有关《龙船调》收集整理的历史就呈现得相对清楚了。事实上，对事物真相的认知本就不是一蹴而就的，很多都需要站在前人的肩膀上、在不断的努力探寻中一步一步地获得。以《关于〈龙船调〉编创历史之考证研究》一文为例，如果仅仅因为缺乏其他材料佐证便对前人说法一概否定，这种做法显然有失公允。

从现代文艺理论研究视阈来看，任何一个单独的文本都是不自足的，其文本的意义是在与其他文本交互参照、交互指涉的过程中产生的。由此，任何文本都是一种互文。诚如哥伦比亚大学教授米歇尔·里法泰尔(Michael Riffa-

① 利川市民族民间文学三套集成编委会：《中国民间故事集成湖北卷利川市民族民间故事集》，1989年，第178页。

terre)所说，“文本不是指向它自身之外的客体，而是指向互文本。文本单词的意义不是由所指涉的事物决定，而是由预设的其他文本决定”。对于前人的“言说”，不仅要看他们说了什么并查找相关历史证据支撑，同时还应该广泛查阅其他文献资料，尝试在基于史实的基础上保持客观中立的态度，通过“互文性”的阅读来分析、澄清可能有的“误读”，并给出合理的“判断”、避免以偏概全。

而历史的有趣之处就在于，对于很难考证的东西，很多时候是真假参半、虚虚实实混在一起。作为学术研究者，重要的工作之一就是在面对这些相互抵牾的史实时能够拨云见日、寻找到历史的真相。因此，在考证《龙船调》编创的这段历史时，我们不仅要看“说什么”，即是否有历史史料的支撑、佐证；还要看“谁在说”，即言说者是谁、其代表了什么样的身份、其言说是否具有权威性诸如此类的问题；还要考量“怎么说”，以及在什么“地方”说。

梳理上述关于《龙船调》编创历史的争论，主要目的不是为了评价谁对谁错，而是希望能够综合各方面资料、将历史客观地呈现在读者面前。不仅是看到两种截然相反的“言说”，更能看清两种不同“言说”背后被不同思维、动机和背景所遮蔽的一种相互映射、彼此关联的关系。相信许多对《龙船调》感兴趣的人，或许也会像笔者在收集整理《龙船调》相关资料时那样、产生出这样的疑问或疑惑。知网等文献数据库中关于《龙船调》的研究文章，大都是将上述两种不同的观点全盘接受，但在事实真相的发掘上却缺乏相对深入扎实的研究。

近期，笔者相继采访了武汉音乐学院学报《黄钟》的主编孙晓辉教授和武汉音乐学院的周耘教授(杨匡民老师学生)。孙晓辉老师明确表示，她倾向于支持毛中明老师的说法。孙晓辉老师曾看过毛中明老师提供的曲谱、报纸等材料，觉得是可信的，所以才采用了毛老师的观点并将其编撰到武汉音乐学院的校史中。而周耘老师则认为，因为周叙卿、黄业威和杨匡民老师均已去世，这个问题是说不清楚的。相关内容整理如下：

据一般而言，《龙船调》属于花灯调，是被发现、收集的传统民歌。但我似乎也听到有人说过有其他人参与改编，但是又没有像云南的《弥渡山歌》那样有明确的词、曲作者。因为年代久远，这个事情是很难说清楚的。杨(匡民)先生在的时候有可能会一起来关注这个事情，这样就能弄清楚。

但当时好像我们又没有人对这个事情有兴趣，所以也就没有人关心、继续考证了。①

事实上，毛中明老师明确提出异议是在2012年前后，而那时杨匡民老师还健在。他们作为武汉音乐学院的同事，或许彼此之间是认识的，且2011年利川灯歌申遗也刚刚成功，相关信息的获取、确认也较为便捷。如果毛中明老师坚持求证，笔者认为存疑的问题应该是能够说清楚的。2014年赵娟文章全文都没有提到杨匡民老师，既然已经采访武汉音乐学院的毛中明老师，是否可以多求证一步呢？据笔者推测，很有可能杨匡民老师并不支持毛中明老师的说法。作为第一个将《种瓜调》收进大学教材的学者，杨匡民老师应该十分清楚到底是谁收集、整理的《种瓜调》。

在《龙船调：关于一首歌的非虚构记忆》中，学者王玲儿曾明确提及与杨匡民老师的对话：

——您还记得这首歌是谁收集整理的吗？

——周叙卿。

——您见过他本人吗？

——有两次吧。

——您将这首歌最先写进了教科书，有没有想到《种瓜调》会有今天？

——我不写进教科书，也会有其他人将它写进去的……是这首歌太好听了。②

通过本次梳理笔者发现，厘清关于《龙船调》编创历史的争议对于如何看待和处理类似学术公案具有一定借鉴意义。赵娟在《关于〈龙船调〉编创历史之考证研究》一文提出：

① 2022年8月6日，笔者通过微信请教周耘教授相关问题。本段文字由笔者根据采访内容整合而成。

② 王玲儿：《龙船调：关于一首歌的非虚构记忆》，长江文艺出版社，2017年，第168页。

1962年5月，《龙船调》被收入《湖北民间歌曲集》、1979年编入《恩施地区民歌集》。笔者为此查阅了《湖北民间歌曲集》，在《湖北民间歌曲集》第489页与《恩施地区民歌集》(下册)第22页中发现只有“花灯《种瓜》(瓜子仁调)”，并无现今演唱的《龙船调》。不知“龙船调大事记”中的这些说法从何而来。持与“龙船调大事记”相同观点的文章与报道中，对于周叙卿如何改编《龙船调》的过程几乎没有任何较为具体的论述，一笔带过，且自相矛盾，至今也找不到令人信服的证据支撑。①

关于这部分的陈述，有一部分确为客观事实。当时记录的的确不是《龙船调》而是《种瓜》。但“赵文”说《恩施地区民歌集》(下册)第22页中发现只有“花灯《种瓜》(瓜子仁调)”则不够精准。实际上，《恩施地区民歌集》(下册)完整记录的内容如下：

《种瓜》【利川 柏杨】(灯调·花灯·瓜子仁调)②

这说明《种瓜》确为利川灯歌的一种。杨匡民老师还在《恩施地区民歌简介》一文中提到：

此外，还有可以加唱的狮子舞与龙灯。

解放后，灯调民歌逐步出新和发展，成为舞台歌舞形式。③

之后，杨匡民老师还参与了1988年由人民音乐出版社出版的《中国民间歌曲集成(湖北卷·下卷)》，此时对于《种瓜》的实际收录已更新为如下内容：

---

① 赵娟、余开基：《关于〈龙船调〉编创历史之考证研究》，《黄钟(武汉音乐学院学报)》2014年第3期。

② 湖北省恩施行政专员公署文化局：《恩施地区民歌集(简谱本)》(下册)，1979年9月，第22页。笔者将原书名中的“简普”改为“简谱”。

③ 湖北省恩施行政专员公署文化局：《恩施地区民歌集(简谱本)》(上册)，1979年9月，第8页。笔者将原书名中的“简普”改为“简谱”。

种瓜(灯歌·花灯·龙船调) 鄂西南·利川县①。

因此，如果只抓住一点不计其余，并据此想要推翻关于《龙船调》的全部历史记忆，显然是不够客观的。同时这也提醒民间音乐工作者，在标记著述信息时一定要准确。《龙船调》的收集整理过程所遭遇的误读就是最好的例子。事实上，在后来修订的《利川县志》中，上述表述不够准确的文字已经被删掉。

此外，在研究过程中，笔者还发现了一些似乎仍有待商榷的表述和结论。

其一，很多公开的报道都曾谈到《龙船调》被联合国教科文组织认定为世界最优秀的25首民歌之一。作为中共湖北省委的机关报《湖北日报》，在《从文化符号到发展品牌——利川龙船调的另一种唱法》一文中提到：上世纪80年代，《龙船调》即被联合国教科文组织评为世界25首优秀民歌之一②。亦有研究者表示：据联合国教科文组织1986年调查统计，《龙船调》是全世界流传地域最广的十首民歌之一。1991年10月，联合国教科文组织又把《龙船调》作为全世界25首优秀民歌之一向全世界公布③。这些说法中，关于联合国教科文组织选定《龙船调》为世界25首优秀民歌之一的时间节点并不一致，且经过笔者在国际互联网和联合国教科文组织电子资料库等途径查证，尚未发现支持上述任何说法的明确证据。这种宣传语对《龙船调》的传播和推广尽管起到了一定的积极作用，但在使用时还是有必要采取客观严谨的科学态度，小心求证，还原真相。

其二，有很多记谱信息都将“丁鸿儒演唱”误记为“王鸿儒演唱”。类似这种“误记”希望也能在将来得到更正。

习近平总书记指出，要加强对中华优秀传统文化的挖掘和阐发，努力实现中华传统美德的创造性转化、创新性发展。作为独具特色的原生态民间音乐经典，《龙船调》的编创和传唱离不开“言说”过程也即参与其文本定型的每个人，这更像是一个齐心协力推动其传播、演唱的过程。借助田野考察的机会，近距

① 《中国民间歌曲集成》全国编辑委员会：《中国民间歌曲集成(湖北卷·下卷)》，人民音乐出版社，1988年，第841页。

② 刘长松：《从文化符号到发展品牌——利川龙船调的另一种唱法》，《湖北日报》2010年11月5日。

③ 覃太智、覃发扬：《利川土司文化概观》，湖北人民出版社，2011年，第121页。

离观察这些“经典”在当下有些什么样的变异以及“被建构”的可能，这将是在梳理厘清《龙船调》有关历史文本基础上的另一值得研究的课题。

本文在写作过程中得到中南民族大学彭修银教授、中南民族大学图书馆馆长李庆福教授、武汉大学陈水云教授、中央音乐学院宋瑾教授、杨民康教授、武汉音乐学院周耘教授、孙晓辉教授、原恩施州利川市文化馆副馆长谭宗派先生还有作家王玲儿的支持。

“巴黎高美”模式对现代中国油画的影响

——以1929年第一次教育部全国美术展览会为例

黄　丹

（首都师范大学）

法国巴黎国立高等美术学院（École Nationale Supérieure des Beaux-arts de Paris）以下简称“巴黎高美”（ENSBA），作为世界顶尖艺术殿堂之一的美术院校，一直以来是各国艺术学子的求学圣地。20世纪上半叶，随着艺术的发展与社会的进步，赴欧美留学艺术家的数量与质量逐渐超过赴日留学，亦有不少人赴日后又转赴欧美，其中以赴法国最多。除了官费和自费外，随着赴法勤工俭学热潮的兴起，中国美术界革新派与现代派的先驱们踏上了奔赴法兰西共和国的征程，并以“巴黎高美”为中心，开启了对西方艺术世界的探索，他们的艺术主张及绘画风格对于中国油画界影响至今。

以理想观照现实：从“古典”到“自然”的“巴黎高美”模式

（一）追求理想与科学严谨的教学理念

“巴黎高美”前身是始建于1648年的皇家绘画与雕塑学院（Académie royale de peinture et de sculpture）和1671年创办的皇家建筑学院（Académie royale de architecture），经过不断改革和更名而成为今天世界瞩目的巴黎国立高等美术学院①。

① Archives de L’École Nationale Supérieure des Beaux-arts（AJ52 1 *à* 1415），Paris，Centre Historique des Archives Nationales，1998，p. 7.

该学院早期为王权贵族服务，1863 年在摆脱绝对王权的控制后逐渐演变为标准化的美术学院。此后，“学院(Académie)”便成了“巴黎高美”的灵魂，在教学上她固守传统与写实，塑造了宏大叙事语境下的绘画典范。

长期以来“巴黎高美”致力于希腊模式，以理想美为核心，素描始终处于主导地位，是学院唯一的实践教学形式(每天下午 4 点到 6 点临摹写生)①。曾任院长的安格尔(Jean Auguste Dominique Ingres)曾强调：“素描是艺术的一切，其他绘画的材料过于简单，只需八天就能够掌握。”同时他还引用普桑的名句：“学习色彩这个独特的应用，只会阻碍实现绘画的真正目的，它只是一种获得美丽的方式，但不是最终目的”②。另外，在 1816 至 1843 年，学院每半年举行油画方向关于历史题材的素描考试，1843 年后改为每季度，考试第一阶段要求十二小时内完成草图，第二阶段要求一个月内完成正式的素描作品；对于雕塑方向亦是如此，除 1821 年外，从 1816 年至 1831 年，每年举行两次素描考试，1832 年开始每个季度举行，而 1863 年以后每年则举行六次；同样建筑方向也是如此③。由此可见，学院极为注重学生造型能力的培养，所以当看到“巴黎高美”重要的馆藏雕塑让·安托万·乌东(Jean Antoine Houdon)的《伸出手臂的解剖人体》时，会发现古典的光辉扑面而来，学院在温克尔曼美学观念的影响下强调坚持模仿经典，秉承向“高贵的单纯，静穆的伟大”古典艺术致敬的态度，从临摹典范领会精神，到以古希腊罗马经典雕塑的造型训练，再到人体写生，这

---

① Monique segré，“L'art comme institution，L'Ecole des beauxarts，19e-20e siècle”，Editions L'Harmattan，1998，p. 103.

② INGRES. J. D，“Réponse au rapport sur L'École Impériale des Beaux—Arts”，Librairie académique Didier et Cie，Paris，1863，pp. 8－9. 法语原文为：“mais le dessin est tout，c'est l'art tout entier. Les procédés matériels de la peinture sont très-faciles et peuvent être appris en huit jours”，“Je citerai，à cette occasion，ce que disait le Poussin：《Cette application singulière，di- il，à étudier le coloris n'est qu'un obstacle qui empêche de parvenir au véritable but de la peinture，et celui qui s'attache au princi pal acquiert par la pratique une assez belle manière de peindre》.”

③ Emmanuel Schwartz，“The Legacy of Homer—Four Centuries of Art From The École National Supérieure des Beaux-arts”，Paris，Dahesh Museum of Art，Princeton University Art Museum，Yale University Press，p. 67.

也是一个从"古典"到"自然"的嬗变与赓续①。

同时，"巴黎高美"有着严苛的教学目标，始终坚持绘画与文学相统一的艺术观，秉承文艺复兴传统与审美理想，维护学院派风格(Académisme)，继承了从历史画、肖像画、风俗画、风景画到静物画这一依据想象力、创造力多与少的绘画题材等级制度。根据"巴黎高美"艺术遗产保藏人埃玛努埃尔·施瓦茨(Emmanuel Schwartz)的《荷马的遗产——"巴黎高美"四个世纪以来的艺术》(The Legacy of Homer—Four Centuries of Art From The École National Supérieure des Beaux-arts, Paris)一书中展示的图录发现，神话、诗歌，以及对雕塑的研究是学院的教学基础，以历史题材为典范是学院的理想，在130幅藏品中大部分作品都是创作主体结合其自身的文化底蕴与艺术修养重新构思，将重大历史事件或重要宗教题材进行再创作，呈现出辉煌宏大的叙事场面，彰显出时代背景与审美趣味，这是最具创造性和艺术性的。因此，"巴黎高美"是培养创作历史或宗教主题性油画的最高艺术学府，为社会塑造一种道德和理想的典范②。

另外，20世纪初，受现实主义美学思潮影响，"巴黎高美"从宣扬宗教题材的古典主义开始向观照社会苦难、反映人性光辉的现实主义题材发展，大型现实主义历史画创作逐渐代替宗教神话的历史画。此时的院长阿尔伯特·贝纳尔(Albert Besnard)正是这种转向的倡导者之一，在他的引领下，努力发挥艺术的人文关怀作用，注重与观看者产生情感共鸣，他身体力行地把握创作方法的重要转向；同时学院教学也正以自然主义与象征主义为主导，人体模特不再是唯一标准健康的意大利青年形象，真理开始由残酷的社会现实来反映，美好则是由象征的某种意象来呈现。此时，画面中隐喻的神性，同时也向自由的人性转变。此外，学院逐渐增加历史、文学、艺术史和美学的修养，强调文化素养的重要性，这是1880年以来一个里程碑似的创新，未来艺术家不仅要完美掌握高

---

① 尼古拉斯·佩夫斯纳：《美术学院的历史》，陈平译，商务印书馆，2016年，第141—142页。

② Emmanuel Schwartz, "The Legacy of Homer—Four Centuries of Art From The École National Supérieure des Beaux-arts", Paris, Dahesh Museum of Art, Princeton University Art Museum, Yale University Press, pp. 3—38.

超的技艺，更要成为至德要道的精神文化典范①。

（二）自由开放与平等竞争的教育机制

在进入“巴黎高美”前，学院支持学生在私人画室进修，入学考试在每年3月或10月（1919年后改为一次），亦称“排位考试”（Concours des Places）②，在考入学院后，学生可留在私人画室继续学习。20世纪初，最有名的两所私人画室是朱利安画室（Académie Julian）和大茅屋画室（Académie de la Grande-Chaumière），那里的教师很多来自“巴黎高美”，甚至还有院士。在朱利安画室执教的有弗朗索瓦·弗拉孟（Franois Flameng），他是徐悲鸿的老师，也是“巴黎高美”的教师；而徐悲鸿的另一位老师是达仰·布弗莱（Pascal Dagnan Bouveret），他执教于科拉罗西画院（Académie Colarossi），他是法兰西学院最年轻的院士之一，曾就读于“巴黎高美”，获得罗马奖学金二等奖。他们在学院是导师，校外是私人画室的师傅，这样的双重身份并不矛盾，并且学院也没有干涉或接管私人画室的计划，开启了学院教学与私人画室并行的制度先河。

1863年改革后的“巴黎高美”开始采用导师制教学模式，导师与学生间双向选择，如此自由的制度可促进师生共同成长。而对于未通过或准备入学考试的学生，学院始终敞开大门，在被希腊、罗马式雕塑复制品占据了的公共长廊（Galeries）中，他们可自由选择进行素描训练③；另外在经历大革命后的卢浮宫成为美术馆向公众开放，这座历史悠久、世界闻名的古老建筑成为学生的艺术之城，他们在学院学习后，便去卢浮宫临摹。因此除了学院的导师，学生还可以选择卢浮宫的“大师”作为老师，自由地徜徉在艺术殿堂中追寻理想之光。

“巴黎高美”既是权威的艺术教育机构又是发起竞争的唯一主导者，为了艺术家更好成长，学院设置了罗马大奖与艺术沙龙的成长机制。1663年，路易十四设立罗马大奖（Prix de Rome），这是艺术家的最高荣誉和嘉奖，仅有第一名可公费前往位于意大利美第奇别墅（Villa Medicis）的罗马分院学习，同时还可

① Monique segré，“L'art comme institution，L'Ecole des beauxarts，19e-20e siècle”，Editions L'Harmattan，1998，p. 116.

② Ibid.，p. 19.

③ Ibid.，pp. 51—57.

获得王室的定制，从而提升社会影响力，也为日后当选院士铺平道路①。除了罗马大奖，官方认可的“沙龙”展出制度也是艺术青年们的逐梦之路。自1737年起，“巴黎高美”拥有唯一在卢浮宫的“方型沙龙”(Salon Carré)举办沙龙展的资质，从此沙龙制度确立，直到1880年，“巴黎高美”的唯一资质被取消，其他沙龙展才纷纷设立。因此在“巴黎高美”接受教育的艺术家都在竞相争取沙龙展出的资格，作品一旦展出便是得到了业界真正的认可。

(三)国际范式与兼容并包的模式特色

19世纪末，中国近代的新型知识分子以振兴中华的强烈愿望要求通过维新、西学来救中国，日本因学习西方卓有成效，又与我国“文同、路近、费省”故为留学首选。因此在赴法留学前，东京美术学校则是中国艺术家的首选。而这所艺术人才培养的摇篮实际是参照“巴黎高美”的模式创办于1887年，是当时唯一的公立美术学校。其中任教的著名油画大师黑田清辉曾赴法十年，师从“巴黎高美”的教授科兰(Louis Joseph Raphael Colllin)，深受学院派及现代主义运动的影响。因此，习得油画精髓的黑田清辉于1896年在东京美术学校增设西洋画科，将解剖学、透视学等全部注入教学中；另外其他教授也是日本油画界极具影响力的代表人物，都曾赴法留学。因此，“巴黎高美”作为美术学院的国际典范直接影响了东京美术学校的西洋画科，其教学课程、体系等无一例外地采用“巴黎高美”模式，形成日本学院派风格和现代派艺术，进而影响我国赴日留学的艺术大师们。

综上所述，20世纪初，以素描为核心的“巴黎高美”，逐渐从古典学院派风格向自然主义的写实风格及象征主义的现实性转型，因此，“巴黎高美”模式是从致敬古典到观照自然继而抒发人文关怀的过程。然而，虽然以学院派为主体风格，但对于日益活跃的现代主义风格始终抱有包容的态度。在对外交流方面，法国艺术史学家加布里埃尔·鲁切斯(Gabriel Rouchès)的《美术学院的历史及藏品概览》(L'École des beaux-arts. Aperçu historique et Guide *à* travers les collections)一书中提到，每天有免费课程对外开放，如参观可联络礼宾部陪同，还有

① 埃玛努埃尔·施瓦茨：《两次大战期间的巴黎高等美术学院(上、下)》，《美术》2015年第1期。

古代瑰宝博物馆和图书馆的开放时间一目了然①。在教学条件方面，学院丰富的典藏成为教学的有力依托，除此之外，博物馆的临摹也成为课后夯实基础的延续，学生可按意愿出入画室、博物馆等，并通过大量的临摹借鉴提升自身的艺术品位与审美修养。在招收学生方面，“巴黎高美”是法国首个接收女性学生的高等学府。从1890年到1897年，学院围绕是否接收女性学生展开激烈讨论，在1897年到1903年间学院做出重大突破，建立了第一个女性工作室，随后又允许女性学生参加罗马大奖的角逐，并在1909年首次有女性学生获奖②。而我国首位通过考试进入“巴黎高美”学习的女性艺术家是方君璧③。此时，外国留学生也有相当大比例，1889年，外籍学生占总体学生的17%；从1900年到1914年间，外籍学生占21.7%；从1914年到1924年间，外籍学生占24.5%④。在工作室教学方面，这里还有以自由开放式教学而闻名的艺术家古斯塔夫·莫罗(Gustave Moreau)的画室，他在教学中从不把自己的观点和风格强加给学生，而是鼓励追寻独特的艺术主张，因此野兽派的马蒂斯(Henri Matisse)、鲁奥(Georges Henri Rouault)等均出自他的画室。这个画室的存续说明不同艺术主张能够在学院内彼此共处，这种多样性的平衡存在正是“巴黎高美”对世界的楷模示范，保守中带有着开放的精神，体现出思想自由、兼容并包的教育真谛。

---

① Gabriel Rouchè, L'École des beaux-arts. Aperçu historique et Guide *à* travers les collections, Édition Abert Morancé, 1924.

② Archives de L'École Nationale Supérieure des Beaux-arts (AJ52 1 *à* 1415), Paris, Centre Historique des Archives Nationales, pp. 64－68. 同 Archives de L'École Nationale Supérieure des Beaux-arts (AJ52 1 *à* 1415), Paris, Centre Historique des Archives Nationales, 1998, AJ52—909, 910, 971, 993, pp. 164—165, 178, 184.

③ Philippe Cinquini, “Les artistes chinois en France et l'École nationale supérieure des beaux-arts de Paris *à* l'époque de la Première République de Chine (1912—1949): pratiques et enjeux de la formation artistique académique”, 2017.

④ Monique segré, “L'art comme institution, L'Ecole des beauxarts, 19e-20e siècle”, Editions L'Harmattan, 1998, p. 59.

从科学走向民主：

“巴黎高美”模式下的第一次教育部全国美术展览会

(一)“巴黎高美”的国际感召力

19世纪末20世纪初的欧洲，是在普法战争以后到第一次世界大战之前的一个相对和平时期，此时法兰西第三共和国也进入一个相对稳定的历史阶段，是政治、经济、文化、艺术飞速发展的时期。特别是艺术方面，随着艺术中心从意大利向法国迁移，文艺复兴后期的传统流派与19世纪上半叶以来的现代艺术思潮日益充斥着“巴黎高美”，她此时作为美术学院的典范对于各国艺术爱好者极具吸引力。因此，正经历着前所未有现代化变革的中国，为探索艺术发展道路，直面中西文化的碰撞与交融，作为以输入法国教育、文化及艺术，改良中国社会为目的的留法勤工俭学运动，也积极推动着中法文化艺术的交流。

此时，我国众多艺术家为寻求现代艺术的真谛远赴异国他乡，在菲利普·杰奎琳(Philippe Cinquini)教授的论文中，1914年到1955年间共有132人在“巴黎高美”学习，其中91人注册油画工作室，16人注册预备班；从时间上来看，20世纪20年代到30年代为第一次赴法浪潮的高潮，在二战爆发前达到一次顶峰；另外周棉在《中国留学生大辞典》统计中，赴法留学群体中选择美术专业的人数占总人数的十分之一左右，是比例最高的，这也印证了中国留学生对于法国文化艺术的向往与追求。在1929前，已有37人注册油画工作室，10人注册预备班，他们刻苦钻研汲取“巴黎高美”模式的精华，借鉴先进经验和典范，在我国成功举办了第一次教育部全国美术展览会。

(二)以“沙龙展”为蓝本的第一次教育部全国美术展览会

首届教育部全国美术展览会的筹划和成功举办，离不开“巴黎高美”模式下的“罗马大奖”和“沙龙展”的影响与借鉴，以及当时的留法群体和艺术先锋的积极推动。美术展览是西方艺术体制下，艺术创作者极为重要的展示与交流平台。民国初年，受到西风东渐的影响，中国艺术界逐渐出现多种形式的小型美术展，随着中西交流的日益频繁，国外美术展览形式对于国内的吸引力愈发强烈，特别是法国的“沙龙展”及以“沙龙展”为范本的日本“文展”模式，对于我国举办全国性质的美术展览有着示范效应。法国“沙龙展”始于 1667 年，每年展出“巴黎高美”的优秀作品，1737 年起至法国大革命前改为每两年展出一次，1789 年大革命后，“沙龙展”的作品不仅限于学院的作品，而是所有艺术家均可提交，由评审团来决定是否展出①。而日本“文展”则是以法国“沙龙展”为蓝本创立于 1907 年，1919 年改制为“帝展”，是日本模仿“沙龙展”举办的第一个官方性质的美术展览。我国艺术家游历于世界各国，尤为关注法国及日本的展览，并意识到举办全国性美术展览的必要，1922 年 7 月在“中华教育改进社”的第一次年会中，由蔡元培、刘海粟和张君劢共同提出《请政府创设国立美术展览会案》，首次提出了全国性展览的初步构想；12 月刘海粟撰文《为什么要开美术展览会》，强调美术展览会的重要意义；1923 年 8 月在江苏省教育会美术研究会第四届大会中，刘海粟听取吴法鼎的建议，先从江苏省美术展览会着手筹备，并再次提出举办全国美术展览会；直至 1925 年，在“中华教育改进社”的第四次年会中，全国美术展览会的提案有了实质性进展，拟定蔡元培、李毅士、滕固等 17 人任全国美术展会委员会委员②。此时，我国艺术家对于全国性美术展览的渴望是十分迫切的，他们希望以“沙龙展”为范本，建立起艺术家与大众间的纽带，因此，“巴黎高美”模式下的第一次教育部全国美术展览会对于我国当时的社会需求和美术行业的发展有着举足轻重的作用。

(三)艺术家的观念变化及参展作品的“法式特征”

相较于学院派与风格各异的现代派，留法艺术家是一个极为丰富的矛盾体，既呈现出传统与现代的断裂，又隐含着二者之间的内在连续性，既流露出西方造型系统的训练痕迹，又深藏着中国传统绘画的视觉习惯，既有显性的主题，又有潜在的话语。正如当时的社会环境，中国正处于历史变革的十字路口，面对国家的巨变，每位艺术家都被时代塑造，同时也以时代的笔墨书写现代中国油画的历史。在此次展览会的特刊中，共展示西画类作品 46 幅③。从学术背景

① Monique segré, “L’art comme institution, L’Ecole des beauxarts, 19e—20e siècle”, Editions L’Harmattan, 1998, p. 20.

② 袁志煌、陈祖恩：《刘海粟年谱》，上海人民出版社，1992 年，第 42、44、49、70 页。

③ 《第一次教育部全国美术展览会特刊》，教育部全国美术展览会编委会，1929 年，第 3 页。

上看，能够确认其中26位艺术家具有留学背景，其中17人曾赴法国留学，12人在“巴黎高美”深造过，另外10人曾赴日本深造，先留日再赴法的共有4人。作品从风格上看，颂尧在《西洋画派系统与美展西画评述》中，把这次美展中的油画分为了六种风格：倾向写实主义、倾向式样主义、近浪漫主义、近印象派、后期印象派、近未来主义。而笔者认为中国早期留法艺术家与“巴黎高美”发生碰撞与交融后，现代中国油画界呈现出明显的“法式特征”和多元形态，不仅是技法上的影响，对于艺术家的思维方式及艺术观念也有着极大的冲击，并集中体现在本次美展中。

随着留法艺术家归来，我国绘画题材逐渐观照现实生活，这一转变也蕴含着中华传统文化观念与西方现代绘画经验的结合，表现出艺术作品与社会现实的交相呼应，是艺术家个人理想、社会观念及时代风貌的集中体现。因此，“科学与写实”这一风格大多取材于人体和肖像，他们以“巴黎高美”的古典主义为蓝本，延续着科学与严谨的学术探索，笔法沉着，构图考究，既体现了中国特色的写实主义，又体现出静穆与典雅之美。这类作品以徐悲鸿为代表，引入法国的学院派风格，将西方绘画传统与中国社会需求完美结合，通过借古喻今的方式，将画面中众多人物进行排列组合，发挥着“雕塑式”人体的塑造，体现了“巴黎高美”历史画的叙事方法与特征。因此，此类作品立足于国情，追求艺术的“真实”和社会的现实，以写实的技法、宏大的场面抒发对艺术的感悟和时代的思考，塑造社会理想的典范，为本土化的写实主义油画奠定了一定基础。

在形式表征上，20世纪的中国在绘画上也出现了前所未有的革新。从表现到再现、从感性向理性的表达方式转换。“巴黎高美”严谨的透视学与解剖学，使艺术家掌握了科学的观察方法，在形式、构图等方式上通过借鉴和改良，将黑白、虚实、疏密等东方艺术精华融入其中。艺术家们不断将外来媒介形式与中国传统文化相结合，如突出主观情趣诗意的中国绘画语言与重视理性认知科学的西方艺术语言逐渐融合与共生，探索具有本土化的艺术表现形式。因此，“感性认知与理性思考”这一风格在展览中占主要部分，大多取材景物，笔法及用色彰显以“感觉、外光、瞬间”著称的印象主义，但又将情感与理性相结合，体现了“知行合一”中国传统文化的精神风貌。林风眠是感性认知与理性思考的开拓者，主张“渐融与暗合”的文化思辨。在他的引领下，这类艺术风格在探索绘画本质的同时摒弃一味的模仿，注重主观感性的表现和客观理性的思考，形成极具中国传统美学意境又内含西画现代观念的独特艺术风格；在艺术思想探析中，他们调和中西，倾向艺术民主化，希望艺术在普通民众间得到普及，通过艺术协会和展览使持有不同艺术主张的艺术家们自由发声，推崇美术展览的启蒙教育意义。

另外，西方现代绘画追求的是理趣，中国传统文人画追求的是情趣。成功进行艺术实践并融合中、法理想的油画界先驱们不仅着眼于绘画题材、技法、形式、内容等，他们的融合和转承使中国油画在审美趣味上也得到了空前的丰富与扩展。此时中国艺术家的创作不只是对现实的复刻，在时代精神、现实关照、情感流露等方面也展现出虚实相融、耐人寻味的深意。因此，“表现性”精神的迸发是这一类作品的主要特征，主要代表人物是常玉。这类艺术家对印象派光影和色彩青睐有加，随着技术精进和观念变化更加追求东方意蕴，追寻事物的内在规律和精神实质，更侧重主观情感的表达，将西方现代主义绘画与中国绘画的传统基因相结合，采用西方材料与技法，以线为主要表现手段，作品抒情寓意饱含传统绘画的写意精神，体现独有的艺术趣味和民族文化，其作品集聚中国绘画的精神实质。此类作品是中国艺术家在油画领域中将民族性与现代性相结合的具体艺术实践，其表达方式体现了创作主体的“表现性”精神与审美追求。这一风格取材多样化，倾向野兽派的潇洒与狂野，着重表达主观情感，展现艺术家的个性，画面中带有形式感的笔墨蕴含着巨大张力，极具创造力。

（四）“巴黎高美”模式引发的多元艺术思潮

正如“巴黎高美”以学院主义为代表的保守派与主张现代主义运动的革新派并驾齐驱的绘画风格的现状，1929 年第一次教育部全国美术展览会的举办引发了中国文艺界的多元思潮——“二徐之争”，这是现代中国油画史上第一次针对不同艺术主张发出的“争论”。此次“争论”的核心成员是徐悲鸿与徐志摩，他们对于学院派和印象派后的现代主义各流派产生不同看法引发了多次讨论，形成写实与现代两大阵营。徐悲鸿坚持“巴黎高美”的现实主义道路，认为风格迥异的马奈、雷诺阿、马蒂斯等作品为卑劣之作，他们是借卖画商人趋利的宣传得以成名，商业性质十足，并不能够代表艺术的发展方向，不适合我国国情。而徐志摩则以罗斯金否定惠斯勒和托尔斯泰否定莎士比亚与贝德芬为例进行反驳，认为徐悲鸿对于马蒂斯等人的否定失之偏颇，通过画家经历、艺术理想及信念等方面详细阐明创作主体感受及态度比形式与技法的表现更为重要的艺术观点。二人的“争论”引发了进一步的社会思考，李毅士首先表明观点，他是徐悲鸿的支持者，他认为徐悲鸿是站在艺术创作者的角度，赋予艺术以社会责任，要创造有价值有时代风貌的艺术作品，而目前阶段要先打好基础，暂不适合在中国流行现代之风。而徐志摩是站在艺术评论者的角度，分析艺术家及其风格特征，二人的立场与出发点不同。随后杨清磬发表《惑后小言》，他认为此番“争论”实属极好现象，活跃了美术界的研究氛围，推动了艺术的进步，展现出学术争鸣的风格。

另外，贺天健的《由全国美术展览会推想今后美术之趋势》、俞寄凡的《新时代与艺术》、姜丹书的《美术二十年话两头》、梁得所的《创作展览与批评》、俞剑华的《从美展的大门说到中西艺术的混》、杨清磬的《模特儿——为全国美展会引起的一个问题》等观点也发表于《美展》及《美展汇刊》中，表达不同的艺术主张①。以上自由解放的艺术思潮正是受到法国艺术流派的极大影响，标志着中国美术界进入到一个崭新的时代，西画的讨论从创作者的技术层面迈入了美学理论层面，是中国美术现代化的历史开端，奠定了中国现代美术走向多元化的基础，也为后来的“为人生而艺术”与“为艺术而艺术”的不同艺术思潮埋下了伏笔。

（五）走向民众的时代变体

本次美术展览会中，无论是科学与写实、感性认知与理性思考还是表现性精神的艺术风格，艺术家们的创作无疑不反映着社会现实与时代背景。正如从宗教历史题材转向现实生活体现，从“古典”到“自然”的“巴黎高美”模式，中国绘画参照其发展阶段和特点，努力挣脱士大夫精英阶层的专享，力图描绘生活中的自然形态，积极与普通民众产生共鸣。因此，首届教育部全国美术展览会是在“巴黎高美”模式下，西学东渐的阶段性产物，是引进西方美术制度的具体体现，众多油画作品的展出也说明了油画在中国美术教育和美术展览会中获得

① 赵力、余丁：《中国油画五百年》Ⅱ，湖南美术出版社，2014年，第441—512页。

了合法席位，打破了中国传统绘画唯我独尊的局面①。此次展览中艺术的社会服务功能也充分地发挥了作用，体现了现代中国油画日益走向民众。

首先，展览会的汇刊与特刊是重要的成果之一，它的出版流通成功搭建了学术交流的平台，既能够让学者间进行学术讨论，也让民众有更多的机会在文艺理论层面上受到熏陶与启蒙，也正是因为它的出版，此次展览的部分作品照片及大部分学者的学术观点与艺术主张得以长久保存，成为研究中国近现代油画史不可或缺的珍贵史料。其次，此次美术展览会的成功举办，鼓励了艺术家走出象牙塔，开启了新时代艺术大众化的模式，是实践蔡元培现代美育思想的重要举措，为大众化的艺术启蒙和美育工作起到了宣传作用。展览除提供艺术家间交流的平台外，也给大众、作品和创作者间建立了有效沟通的桥梁，正如林风眠曾提出的："艺术并非贵族等少数群体的垄断品，普通百姓也有享有艺术的权力。"因为艺术能够表达人们的内在情绪，唤醒审美趣味。所以展览会不仅是创作者表达情绪、观点、理想和信念的主场，也是观看者欣赏、接纳、内化及共鸣的场域。另外，展览的举办也是推进"本土化"艺术发展的需要，因为展览是时代之窗，能够反映社会现实，体现民族文化和精神；可以借物明理，展现高尚品格，使人民大众体悟深刻内涵；还可以拓展美术的社会价值功能，尽力挖掘本土化的最大能量，力求为民族艺术在世界文化中谋求一席之地。通过展览民众可提升美术鉴赏能力与艺术修养，增强民族自豪感和自信心，激发人民大众对艺术的渴望。因此，在"巴黎高美"的影响下，本次展览也起到了教化民众、解放思想、打破传统观念的积极作用，是现代中国绘画史上的一次重大突破。

结　语

在中国近现代油画史上，"巴黎高美"模式给现代中国油画打上了深深的烙印，从第一位赴法游学的周湘，到第一位完成"巴黎高美"学业的吴法鼎，他们

---

① 崔晓广：《观念与实践——民国时期教育部主办第一次、第二次全国美术展览会之比较研究》，岭南美术出版社，2019 年，第 27 页。

开启了我国艺术家的留法之路；从“写实”的徐悲鸿、颜文樑，到“理性”的林风眠、吴冠中，再到“表现”的常玉、潘玉良，日益强大的多元艺术潮流在中国的土地上茁壮成长，从此写实主义与现代主义并驾齐驱，中国艺术家们在西方近代文明的洗礼下秉承借鉴、融合与转承的态度，结合本土化特征发展绘画的新模式，中国进入了现代美术的发展时期。

中国雕塑的审美维度

张欣杰
（河南财经政法大学）

雕塑是中华艺术的精华。中国古代雕塑在形式风格、雕塑技法、使用材质和题材内容上，都具有鲜明浓郁的民族特色和时代特色。就形式风格来看，各个时代都有不同。如秦汉雕塑粗浑、雄大，魏晋雕塑健朗、潇洒，唐宋雕塑丰富、端丽等。就艺术门类来看，有圆雕、浮雕、纪念性雕塑、案头雕塑、建筑及器物装饰雕塑等。就使用材质来看，除了主流的青铜、石、砖、泥、陶等材料外，还有玉雕、牙雕、木雕、竹雕等。

就题材内容来看，中国古代的雕塑作品有两种创作主流：一种以服务于本时代帝王统治和宗教为目的，一种以描写社会生活及表现人的思想感情为内容。前者起到让人们服从、崇拜、信仰的教化作用，后者唤起人们对美好生活和精神境界的向往。这两类作品在每一个时代中都有产生，在技术上互为启发和推进，在内容上和风格上互为影响，构成了中国古代社会辉煌灿烂的雕塑文化。

中国的社会历史条件、文化传统、民族审美心理等，影响了中国雕塑艺术的风格特色。本文将从中华文化角度来探讨中国雕塑的审美特色。

自然物与人生命气质的交互感应

自然物为中国雕塑提供了广泛的题材。不仅有人物、动物（含虚构的龙、凤、麒麟等动物）、人与动物的合形（女娲、伏羲的人首蛇身），还有山水树林、云雾水波等。其中尤以动物造型数量最多，在早期雕塑艺术中占有重要地位。

距今六千年前的辽宁东沟后洼遗址和浙江余姚河姆渡遗址均出土有很多滑石、陶塑和牙、木雕成的虎、猪、狗、鸡、鹅、鹰、蝉、鸟、鱼、蜥蜴等形象。形体不大，已具备圆雕、浮雕、线刻等不同表现形式。其中一件陶猪，高 4.5 厘米，长 6.3 厘米，作低头疾走的动势，体肥、口方，腹部肌肉松弛，将一头老母猪的形态全面而传神地表现了出来。

仰韶文化的半坡遗址和湖北龙山文化遗址出土的动物雕塑则更多。除羊、狗、鸡等家畜家禽外，还有大象和乌龟。这些随手捏成的小陶塑，能够表现动物活动中的神态。新石器时代，在定居农业的环境中，南北各地普遍饲养着猪、羊、牛、狗、马、鸡六畜。雕塑者在狩猎和豢养家畜的活动中，通过长期观察，熟悉各种动物的特征与习性。因而，这些作品虽形体简单，但特点鲜明、动态生动。

商周时期的青铜器雕塑也十分偏爱动物题材。《妇好鸮尊》是以鸮为原型的。鸮，又叫猫头鹰，它昼伏夜出的天性、击而必中的本领，让其成为“战神”的象征。《妇好鸮尊》宽喙高冠，圆眼竖耳，头部略扬，挺胸直立，双翅敛羽，两足粗壮有力，同垂地的宽尾构成一个平面，给人沉稳之感。整个身姿矫健威武，雄浑有力，仿佛是一位得胜凯旋的将军。不论从身姿，抑或是目光，都隐隐透露着自信和骄傲。

不仅如此，上海博物馆的镇馆之宝《春秋牺尊》、山西博物院的镇馆之宝《晋侯鸟尊》以及现藏于英国不列颠博物馆的《双羊尊》等，都是极富艺术价值和历史价值的动物题材的青铜器雕塑。

动物也是中国陵墓雕塑的重要题材。在中国厚葬习俗的影响下，君主及达官贵族大肆修造陵墓及陪葬品，这其中有诸多动物题材的雕塑，都是中国雕塑艺术中的珍宝。汉代霍去病的陵墓前有十多件动物石雕，如马踏匈奴、跃马、卧马、卧牛、伏虎、野猪等。其中最具代表性的就是《马踏匈奴》。为了表现霍去病的赫赫战功，作者别出心裁地雕造出一匹气势轩昂、庄重雄强的战马。马的神情果断沉着，仿佛在时时刻刻警惕着，防止被踢翻在地的匈奴败将挣脱而逃。整个作品体现出霍去病“匈奴未灭，无以家为”的坚定意志。虽然我们看不到霍去病的雕塑形象，但是我们通过踏着匈奴败将的战马，看到了这位英勇无敌的青年将军的伟大抱负和坚定决心，听到了击败匈奴时那热泪盈眶的胜利欢呼！

《昭陵六骏》是唐太宗李世民生前所乘六匹战马的雕刻形象，六骏是李世民在唐朝建立前先后骑过的战马，分别名为“拳毛骟”“什伐赤”“白蹄乌”“特勒骠”“青骓”和“飒露紫”。为纪念这六匹战马，李世民令工艺家阎立德和画家阎立本，用浮雕描绘六匹战马列置于陵前的姿态。艺术家概括地塑造了六匹战马立、行、奔、驰的健美姿态，并展示六匹骏马那英勇而温顺、刚毅又善良的性格。造型饱满剽悍，神韵充沛飞扬，层次转折有力，在光线映射下富于变化，具有节奏感。雕刻的是马，反映的是人，歌颂的是唐太宗李世民建立大唐王朝的丰功伟绩。

除了表现人的精神品格和功绩外，动物雕塑形象也是皇权威仪的载体。例如清代十三陵，墓前的石象背加鞍鞯，上托宝瓶，头施笼佩，四足平衡，完全依照皇帝的仪仗，其寓意为“太平有象”。

为什么早期中国雕塑如此钟爱自然物，尤其是动物题材？早期的图腾信仰是一个重要原因，除此之外，这还与中国人的生活方式有关。中国是农业社会，农业和畜牧业是中国人的主要生存来源。畜牧业以六畜为主体，农业种植依赖人与耕牛的齐心协力，战争离不开战马……动物在传统中国人的生活中占据重要地位。动物不仅维持着中国人的生存，还用品格滋养着中国人的内心。中国人讲究“格物致知”，即通过与自然物相感通，来获得生命的内在修养：马代表雄浑、高昂、豪迈、进取的精神，雁代表忠贞不渝的品质，鹤代表俊逸高雅、超凡脱俗的生命境界……实际上这是人将自我的人格期许投射到自然物身上，再反过来以之关照、激励自身，达到物我合一的哲学境界。在民间生活和宗教信仰中，动物也和人类世界产生了千丝万缕的认知联系，比如鱼代表富裕和多子，蝙蝠代表多福，羊代表善良知礼、外柔内刚、吉祥如意，牛象征着吃苦耐劳、忍辱负重，龙是权势、高贵、尊荣的象征，凤是吉祥和谐的象征，等等。

雕塑群落与所处环境的意义共生

许多中国雕塑作品除了作为独立的艺术品之外，还与其所处的环境产生意义的共生关系。也就是说，中国雕塑的意义与价值，更多的是在其与环境的交融中完成的。如果单独去欣赏一个孤立的雕塑作品，往往不能领会其完整的意义。

这里的“环境”，首先是指天地山川。在中国，丰富发达的水系和广阔的平原为农业经济提供了自然环境基础。农业种植必须仰赖天的阳光雨泽、地的丰厚肥沃和人的辛勤汗水，才有可能收获硕果。天、地、人，在这样的经济形态和生活方式中，形成了稳固的实践统一体和哲学统一体。“天人合一”也就成为中国人朴素的基本思维范式，进而形成了天人相融、主体与客体相通的哲学观。这样的思维方式，在中国艺术领域普遍存在，雕塑也不例外。比如，中国的石窟群雕和陵墓群雕，都是在钟灵毓秀的天地山川之中，铺排出浩然大气的群落景观。它们和环境情景交融、虚实相生，营造出天地浑溶一气的境界，创造出无往不复、天地际也的独特雕塑艺术空间。

著名的“四大石窟”雕塑群落，原是僧侣们选择崇山峻岭、幽僻之地来开凿石窟以便遁世隐修的场所。《卢舍那大佛》是龙门石窟佛像群雕中的一尊，它和其余 97000 余尊佛像密布于河南洛阳伊水东西两侧的龙门山和香山的峭壁之上，沿峡谷南北绵延 1 公里，形成大气磅礴、气势恢宏的雕塑群落；山西大同西郊武周山南麓的云冈石窟，依山开凿，东西绵延 1 公里，洞窟 45 个，大小窟龛 252 个，石雕造像 51000 余躯；甘肃天水的麦积山石窟均凿于高 20～80 米、宽 200 米的垂直崖面上，存有窟龛 194 个，共有泥塑、石胎泥塑、石雕造像 7800 余尊；开凿于甘肃敦煌鸣沙山东麓的莫高窟，南北全长 1680 米，现存洞窟共 735 个，皆分布于高 15～30 米高的断崖上，现存洞窟 492 个，彩塑 2400 多身。

石窟雕塑群落，在某种程度上说也是环境的艺术。石窟雕塑群落无一例外地都选择在山清水秀之处，带给人们世外桃源、恍如隔世的虚幻感，这与佛教绝情洗欲、向往彼岸佛国净土的主张相合拍。山川河流为石窟群雕造像提供了广阔的天地舞台，烘托着雕塑艺术的超验审美感受。如敦煌莫高窟在茫茫沙漠之中，鸣沙山下一湾溪水环绕，树木繁茂，绿草如茵。沿山开窟造像，佛国净土的幽静美丽，会带给千里跋涉越过荒漠前来朝圣的信徒们以强烈的超验感受，好像他们真的来到另一世界。

石窟雕塑群落位置的选择，也会给礼佛者造成感情震动。如龙门石窟的大卢舍那佛龛、宾阳中洞，凿建在龙门西山南部山腰，朝拜者需要走一段山路，到山下还需沿山坡小路攀登，才能见到石窟群雕造像。路途的艰辛，会加重礼佛者的虔诚，更充分地酝酿感情。这是一段身体的旅途，同时也是精神的跋涉。想急切朝拜佛像而不能立即见面，必须经过艰难攀登。这些屹立于天地山川的佛像群雕，主尊雕塑往往高达十几米，气势宏伟。众里寻他千百度，峰回路转，当高大伟岸的佛像突然出现在人的面前时，我们只能仰视。在对比中，人的渺小感和神佛的崇高威严神秘感立现，人的灵魂一下子就会被征服。

除了佛教石窟，中国还有大量陵墓雕塑群落也依山势地形建造。尤其是唐代太宗李世民设立“以山为陵”的体制后，陵前雕塑就与自然起伏的山势巧妙结合，令观者身所盘桓，目所绸缪。西方那种瞬间直观把握雕塑形象的空间感受，在这里变成长久漫游的时间历程。陵寝深藏于宽厚神秘的大地，面对着浩渺无垠的天穹，以整个宇宙作为自己的庙宇，人与自然、生与死在天地间循环往复、和谐一体。与日月山川融为一体的陵墓地面雕塑群落，正是为这样的主题而服务。

这里的“环境”，还指雕塑群落本身作为一个整体的环境。雕塑群落之所以以群雕的方式存在，是因为其数量的庞大或者布局的宏大而产生独特的主题意义。如果把一个雕塑单独剥离出来欣赏，那么环境整体所指向的主题意义在它身上就消失不见了。比如数以万计的秦始皇兵马俑，无论人物还是战马都与真实的一样大小，其整体以体量的巨大、数量的众多、形象的真实，显示出对人的力量的肯定，产生震撼人心的艺术魅力。如果单独欣赏一个俑塑，固然也有审美价值，但失去了其构成整体的庞大的震撼力量。

乾陵是唐高宗与武则天的合葬墓。陵墓前，一条纵贯南北的长长神道依起伏的山势自然延伸，石雕群则对称地配置在神道的两侧。自南而北，计有华表1对、翼马1对、鸵鸟1对、鞍马5对(各配奠官1人)、文武侍臣10对、蕃臣像61躯。这些体貌不同、高低错落、排列空间不等的石雕群，为整个陵区创造了神圣、庄严、崇高的气势。这个庞大的雕塑群无论人物还是动物形象，除了具有象征守护和仪仗的作用外，都是服从于整个乾陵所要表达的主题，即君权神授、皇家气象、天下归心等宏大意义。如果把单独一个石雕拿出来欣赏，同样难以感受其构成整体的恢宏气象。

传神写意与质朴写实的互相补充

不同于西方雕塑注重表面和细节的逼真，中国雕塑不拘泥于细致的刻画和烦琐的装饰，而着意于瞬间动势的捕捉和对对象内在精神的把握，造型简练、完整而厚重，整体风格朴拙粗犷、雄健豪迈。比如霍去病墓群雕之一《跃马》，在整体上借用了石头的天然形态，只是略加雕刻，浑然天成一匹雄强有力的跃马。那行将伸展的前腿，那已经点地的蹄尖，那高昂的马头和警觉的双目，仿佛都预示着这匹千里马即将腾空而起，去参加战斗。《跃马》是中国雕塑传神写意风格的典型代表。

传神写意的风格，主要是运用“简约”的造型处理手法去达到的。简约，是指用最少的笔墨表现出最丰富的形象。简约体现了中国传统哲学对于单纯朴素之美的追求。中国美学认为，艺术需要去除掉多余的华丽表象才能到达质朴归真的境界。中国传统雕塑始终不追求雕塑形象的精确性，而多从感觉和意境出发。像中国画一样，惜墨如金，却能达到以少胜多又耐人寻味的境界。

通过简约而达到传神写意的效果，这在中国的雕塑中处处都有体现。例如中国传统雕塑在刻画人物头部时，眉毛往往被简约为几何形，没有鼻骨转折与肌肉的变化，颧骨咬肌等面部的凹凸起伏也被简约法则所取消，成为平整、饱满的大形，浑然简约，却充满神韵。

中国雕塑还通过“净化了的线条”①来达到传神写意的效果。区别于西方雕塑追求团块体积，中国雕塑受到绘画的影响，非常注重线条的辅助造型作用。如《跃马》就是在大块花岗岩上用寥寥几笔粗线条勾勒出的，质朴简约又雄浑大气；唐代女陶俑的面部，用灵动的线条勾勒出飞扬的眉毛和迷离的眼神，传达出大唐仕女自信饱满、气定神闲的韵味；如石窟里北魏、唐、宋时期的佛像菩萨，细润的线条勾勒出轻纱透体的衣襟裙带，仿佛吴带当风般显示出肌柔肤润的生动美感……

中国雕塑家运刀如运笔，各种各样的神态、质感、体型、个性，都可以通

① 李泽厚：《美的历程》，天津社会科学院出版社，2001 年，第 65 页。

过那富有弹性而又丰富多变的线条表现出来。这种“净化了的线条”行云流水，骨力追风，刚柔相济，状物抒情，充分展示了中国雕塑的灵活性和自由美，其传达出的无穷韵味拨动着人内心的琴弦，使人欣赏过后永久不忘。

不讲究描摹写实，在塑形上注重写意传神，气韵生动，神似胜于形似，这种中国式的美学观念贯穿了整个古代雕塑史。从早期原始雕塑的人形和动物形陶塑中自然稚拙的抽象模拟，到以粗线条捏塑人物形体动势的汉俑，到昭示着时代活力的唐三彩俑，到大型石窟群雕和陵墓群雕，都表现出中国雕塑对客观物象形体塑造上的传神写意风格特征。

传神写意体现在艺术风格上，质朴写实体现在题材上，这二者互相补充，并不矛盾。中国雕塑除却宗教题材之外，还有大量反映日常生活的题材，朴素写实、活泼生动。比如汉代的砖画像浮雕，舂米、采芋、酿酒以及舞乐百戏等世俗生活情景，还有宴饮、驱车、习射等士大夫生活都是主要素材。

世俗题材的增多和写实风格的发展是宋、辽、金时期雕塑艺术的主要特点，山西晋祠、山东长清灵岩寺、江苏直保圣寺彩塑，都生动传神地表现了世人情态，有很强的写实性。辽代大同下华严寺的菩萨造像体态优美、神情含蓄、衣饰华美，大有唐塑遗风。此外小型泥塑，在写实方面达到了相当高的水平。

写意传神的艺术风格和质朴写实的现实题材相互补充，形成了中国雕塑艺术既境界高远又脚踏实地的美好景观。

本文为2017年河南省高等教育教学改革重点项目“财经政法类高校素质教育育人体系的研究与实践——以大学美育课程建设为视角”(项目编号：2017SJGLX073)结项成果、2019年河南财经政法大学教育教学改革研究与实践项目“大学美育翻转课堂教学模型设计与实践”的阶段性成果。

现代设计艺术审美情趣之捩变研究

陈晓环
（北京工商大学）

人类从大自然中走来，有着倾向自然美的天性，从而创造着一种具有生命意义的形态语义，因此传统的审美追求与大自然有着千丝万缕的联系，映射着古人对自然的理解与尊重，也体现了古人热爱自然、热爱生活的生态观念。而现代城市的兴起、社会快节奏的生活使人与自然的关系渐渐疏远，审美心理随着时代的变迁也处在不断的变化过程之中，这就造成了不同时代的不同审美情趣，例如对传统的审美核心范畴“味”的运用、对“趣”的理解、对“奇”的延伸以及对“意境”的追寻都在不断演变。

审美情趣的演变

（一）“味”之缺失

老子提出“味无味”，首先将“味”引入哲学，并连带提出“恬淡”这一范畴。“味”作为审美意蕴有诸多表述，有“美味”“滋味”“余味”“韵味”“风味”“真味”“至味”等，还有“玩味”“品味”等跟审美有关。①

现代设计也要求简洁有想象空间，所谓“言有尽而意无穷”，这也是中国古典美学最高范畴——境界产生的基础。然而现代生活是快消费的时代，思之有味的作品就显得凤毛麟角。因此我们的内心深处也会深深怀念那种苍劲的书法、

① 陈望衡：《中国美学史》，人民出版社，2005 年，第 210 页。

那种由青石板铺就的凸凹不平的路面，还有记录下沧桑岁月的建筑，那种特有的文化品位让人流连忘返。另外，现代平面设计也完全可以追求简洁而富有想象空间的意境，使有限的画面充满无限的“味”道。

今天，“味”的审美意蕴常常不能作为现代设计艺术的主流审美追求，然而当今时代虽然人们生活节奏加快，讲求高效率快消费，但我们应该倡导更具“味”道的作品，减少快餐文化所带来的追求速成、不注重深厚积累和内在价值的文化思潮和文化现象。

（二）“趣”之演变

中国美学对“趣”的注意，可上溯魏晋，追求雅趣是魏晋南北朝的社会风尚之一；唐代朱景玄提出“逸品”说实为一种对“趣”的追求；到宋代，黄休复将绘画审美中“逸”“神”“妙”“能”定其等格，“逸格”列为第一，“逸格”就是将主观情趣摆在第一位；明代的谢榛明确将“趣”列为一个审美范畴，与“兴”“意”“理”并列；近代梁启超自称他的世界观是趣味主义的，其实质就是情感主义、审美主义；现代美学家朱光潜融会中西方美学思想，建构出具有中国特色的以情趣为本体的美学体系。前人论“趣”，有天趣、情趣、理趣、机趣、美趣、谐趣、妙趣之说。“趣”本身是一种出人意料的机智巧妙的说法，是一种智慧的结晶，古人在中国绘画的审美效应问题上也强调画面生动有趣。

中国历史上经常运用“趣”表达一种审美心理。现代设计追求趣味也是一种普遍的审美心理，因为追求快乐是人的原发性的一种生理需要，是现代人释放压力的一种方式，它使人在欣赏时能够感到非常的放松和愉快，从而得到一种美的享受。但是与古人追寻的“趣”不同，现代审美文化中的“趣”更多蕴含着诙谐幽默、活泼风趣的成分，更倾向娱乐性，其形式多表现为充满喜剧色彩的幽默风格。当今互联网时代，以娱乐抓住受众的注意力，追求娱乐、创作娱乐已成为一种时尚。因此，现代设计对“趣”的理解与应用都在发生演变。

（三）“奇”之延伸

中国美学史上，司空图在《二十四诗品》中将“清奇”作为一种风格描述，表达了超凡脱俗、含蓄恬淡的景象；金圣叹的《水浒传评点》中对“奇境”“奇景”的描绘从某种程度上可以看作中国美学史上“奇”之审美的完成，因为它强调了变化性、独特性、不平常性和带给人的视觉震撼。① 前人论奇，有神与奇、新与奇、清与奇、奇与巧、奇与妙、奇与特、奇与异、奇与幻、奇与绝、奇与奥之组合。“奇”作为一种审美心理范畴表达了其不可替代、非同寻常的独特性，这种特质超出审美主体原来的经验范围，不在审美主体的预期之中，不依循审美主体的情感逻辑，因此带来奇妙的心理变化，从而产生一种审美愉悦。

现代设计更是推崇求“奇”的审美心理，好的作品必须具有原创性、崇尚创新、奇思妙想，这是现代设计艺术最为突出的特征。现代设计中所谓的“奇”泛指特殊的、罕见的、出人意料、变幻莫测、出奇制胜。与传统设计艺术不同的是，传统艺术追求新奇、奇趣之美，造就了独特的审美魅力，所谓“平中之奇，是真所谓奇也”，而不是荒诞怪异，平淡无味。而现代设计中的审美不只满足于新颖独特的题材、创意、构思、构图、风格、图形、手法等，更是将“奇”之内涵拓展延伸，经常追求一种原创新奇，甚至荒诞离奇的审美心理。因为原创、新奇的东西可能是破坏性的、怪癖的，体现了人类超越自我的本质力量，通常欣赏这样的作品会获得一种颠覆传统的骄傲、一种振奋人心的愉悦和一种激动人心的美感，这更符合当代人的审美心理。而荒诞其本义是不和谐、不合情理，其内容荒谬不真，其形式怪诞多变。尤其一些概念性的设计作品、音乐、电影、实验舞台剧的创作传达了一种非理性、不可言说的感受，表现出与传统艺术的迥然不同，反映了现代人的生存状态与基本情绪。还有一些设计运用蒙太奇的时空转换，或者将历史经典与大众化视觉语言组合拼贴，其效果充满了无限的想象力，甚至光怪陆离、不可思议。荒诞的产生与现代科技的发展有着很深的根源，虚无的社会前景使人类不可避免地产生忧虑迷茫，它的审美价值正是在于它给予荒诞中生存的人以反抗的勇气和力量。②

随着科技的发展，制作手法的实时创新，设计软件的功能增强，影像表现的水准不断提高，这使得设计师有更大的发挥空间，各种各样的特效处理使得设计的形式越来越多样化。在现代设计领域里，比较有趣的现象之一就是当一种新的艺术形式或者打破常规的创意出现后，东施效颦、改头换面的作品立刻会被大批量地仿制出来，这样即使画面再唯美也会觉得毫无创意可言。虽然在

① 王旭晓：《自然审美基础》，中南大学出版社，2008 年，第 64 页。

② 王旭晓：《美学原理》，上海人民出版社，2000 年，第 96 页。

古典艺术当中这不会被认为是伪作的，因为当时没有人把原创性、独特性当作艺术的决定性特征，但是现代设计却强调把原创性、新颖独特奉为决定性的准则，所以对于设计师，原创是对自己能力的挑战，也是设计行业的更高追求，目前设计业需要追求新奇独特的勇气，需要原创精神。

（四）“意境”之缺乏

“意境”这个概念是由唐代诗人王昌龄最早提出的，但是他说的“意境”不等同于中国古典美学最高范畴的意境。在中国美学中，“神韵”的最高境界就是“意境”，它是意象与意象、意象与情感相融合所产生的一种艺术境界和氛围。意境在作品中表现为“实与虚、有与无、显与隐”之间对立统一所产生的一种审美境界。①《中国艺术意境论》中认为意境既是“直接的、又是间接的，既确定又不确定，既是形象的，又是想象的”，既有“特定形象的直接性、确定性、可感性”，又有“想象的流动性、开阔性、深刻性”。今天的设计过度推崇视觉震撼与现代工业化的表现特征，缺乏意境的创造。

古代艺术家在创作的过程中，首先是心理上的准备，要“凝心”“忘身”“放情”，这时所表达出来的字或画像则充满了大量的情感与哲理。古人创作的过程，是以一种无功利的心态对待创作，同时也是领悟中国文化之道的过程，中国文化的宇宙是一个气化万物、生生不息的宇宙。因此，古人的作品能够达到意境创造的四个层次：第一个层次景与味的统一；第二个层次景与景外之景的统一，味与味外之旨的统一；第三个层次景外之景与味外之旨的统一；第四个层次整体统一。② 然而现代人的生活节奏越来越快，忙碌而紧张的都市生活很难给予设计师充分思考和创作的时间，更难在商业化的进程中慢慢体悟中国文化之精髓，而人们每日都步履匆匆也难以仔细品评作品背后更深层的内涵。

但是，还是有少量的设计师能够全身心投入创作，主张静知，物我两忘，他们能够做到不受制于商业目的，而是将生活所悟为我所用，借助视觉语言表达自身感情，是一种有我之境。因此他们的作品总能在内容与形式上惊艳四座。例如书籍设计大师吕敬人几十年如一日，将每一本书都当作一个生命体，将书中的信息呈现出时间与空间的流动，拥有诗意的韵律，物蕴俱在，形神兼备。

---

① 王平：《中西文化美学比较研究》，浙江工商大学出版社，2010 年，第 102 页。

② 陈望衡：《中国美学史》，人民出版社，2005 年，第 76 页。

他将书籍比喻成信息诗意栖居的建筑，因此他专注书籍设计的视觉传达结构、艺术工学的应用、书籍五感的体现，精耕细作每一个细节，在电子书籍泛滥的互联网时代，让传统的纸质书籍由内而外地散发出一种整体的美感，让好书与众不同，让美书留住阅读，这种创作精神正是当代设计艺术所缺乏的，希望这样的作品越来越多，希望我们的设计师不断学习博大精深的传统文化，同时要深入研究现代人的生活，细心观察并充分理解，深刻领悟设计的内在规律，澄怀静虑，空诸一切，才能创作出精品设计。

现代设计应追求意境之美，挖掘深层次的“无形虚境、无限意境”，将“实境”与“虚境”相互作用，把读者的联想和想象不断引向更广阔、更深远的空间！

现代设计艺术审美观之反思

由于科技的革新与发展，现代生活发生着翻天覆地的改变，设计艺术在作品中所体现的审美情趣之捩变应当引起当代人的反思。

(一)文化语境之转捩

传统艺术虽然宗派林立，但它们大都追求虚实相生的美学思想、意境深远的审美内涵、诗情画意、格调高致的艺术精神本质，这种文化语境驱使传统艺术空灵化、内敛化。如今，古代艺术中所体现的洒脱平淡、宁静致远显然已不能完全满足当代人的审美需求，在审美文化竭力创奇创新的时代，现代人的审美观念已然发生了鲜明的变化。

20世纪以来设计文化受到全球化的影响，尤其是现代主义设计观的影响，其崇尚功能主义和构成主义导致了国际主义风格的泛滥，带来了形制相似、千篇一律的设计，其标准化、统一性的形式语言逐渐泯灭了人类的审美想象空间。这种文化语境的转变，使得当代人的审美观念与传统的审美观念已大不相符。从作品中看，现代设计加强了画面的真实感，追求秩序的形式感和装饰性，充斥着浓浓的商业味道，有时候作品更像是一个充满想象力的大杂烩，这也显示了时代的消费特点。伴随商业化的进程，强大的工业革命动力使批量生产成为时代特征，大量的机器产品涌入市场，改变了人类社会的生产方式和生活方式。另外，面对迅速成长的互联网和多媒体，现代设计的形式与载体日渐丰富，微视频、微博、微信、公众号等日新月异，因此审美的标准也在发生着多方面的改变。

总之，现代设计创造了不同于传统艺术的视觉语言，使设计效果更加符合当代社会的生活节奏，满足了现代人审美观的多元化需求。但这种改变必然导致现代的一些设计作品趋于庸俗和肤浅，忽视了作品的内涵、格调等，负面性的影响纷至沓来，人们也逐渐认识到快消费给我们带来的种种弊端，许多设计人士开始反思，虽然现代设计功能的改变、文化语境的转变相应地引起人们审美观念上的变化，但是，即使在科技飞速发展的今天，传统艺术中如诗如画的艺术境界始终是中华民族最高的美学追求，我们应该传承与发扬，保持住生命的意义、人间的诗意和艺术的憧憬。

(二)倡导自由之精神

中国古代艺术的审美思维与现代设计思维不同。例如古代画家将自身对自然的观察、对人生的深刻领悟巧妙地融合进艺术创作中，如国画当中气象万千、虚实互映的空白手法表现出自由的形式追求，毛笔的运用更是具有传达自由变动形式之特殊效能，因此古代艺术家追求相对自由的创作精神，最终完成的作品能够达到“技近乎道”的转变，能够实现绘画艺术的意境之美。

与传统艺术相比，现代主义艺术运动不仅改变了艺术的内容，比如艺术的目的、艺术的价值观、艺术服务的对象和艺术的思想内容，它同时还完全改变了艺术的表现形式。① 现代设计作品更加注重画面的信息传播效果，更注意商业功能。总之，由于讲究效率，现代设计表现出强烈的商业功利倾向，重视商品视觉信息的传达，而且现代生活的快节奏直接衍生出“快消费”的设计理念，让设计师很难自由创作，更难使每一个环节都优秀，每一个细节处理都精致。因此，我们提出现代设计艺术就需要设计师追求更加自由广阔的创作空间，这种自由的创作精神对当今的设计是颇具重要意义的。

追寻崛起的中国设计

传统文化艺术注重心灵的交流与情感的释放，通过心手配合的直接体验传

① 尹定邦：《设计学概论》，湖南科学技术出版社，2001 年，第 123 页。

达内在的精神，追求最大的想象空间和精神寄托，因此能创作出恰如其分的中国表达方式，作品映射着每个历史时期的特性与每个人拥有的精神世界。因此中国自古有“文如其人，画如其人”之论，而现代设计艺术作品大多更像流水线上的产品，缺乏个性和更高层次的文化底蕴，尽管在形式上不断推陈出新，但鲜有作品能带来精神上的震撼与观念的改变，传统文化艺术中那种传达东方人的思想智慧与情感的形式，被无情地边缘化了，社会化和商业化的设计艺术导致了形式主宰人的现象。然而艺术活动的本质在于创造，时代催促着人们面对今天，而设计在于解决问题，设计师应该全面发扬中华传统文化的同时促进当下的中国设计，形成中国文化和中国表达的主流审美观，形成当下设计艺术创作的主线，从关注技术与形式转向关注文化灵魂，而博大精深的中国文化将鞭策我们面对一切当代问题，将传统艺术之精髓焕发出新的生命力。

那么如何传承成为当代设计师思考的重要课题。其实，从当代很多好的作品中我们不难发现现代设计艺术的发展方向，我们从王澍规划的中国美术学院象山校区的设计中体验到园林城市、园林建筑的营造，那种随意而自然、没有刻意设计的建筑形象充满了人文理想主义；从贝聿铭精湛独到的现代主义建筑与传统建筑元素的巧妙结合中深刻体悟到东方人所追求的静思、永恒、诗一般的意境，作品极富创意且充满人性的光芒；从吕敬人的书籍设计中所感悟到的那种意蕴之美、整体之美，所透出的一种生生不息的文化精神；从深得本土文化精髓的电影海报设计师黄海那惊为天人、魅力四射的作品中所读出的不破不立、打破惯性的设计思维方式等，这些都是当代设计师应该追寻的“崛起的中国设计”，既有我们中华民族精神文化传承的完美体现，又不失与时俱进的审美风尚。因此，面对瞬息万变的信息社会和层出不穷的新思想，现代设计艺术如何在日新月异的变革中更好地传承中华文化之精髓，传达东方人的诗意和艺术的憧憬，需要设计师追求更加自由广阔的创作空间，注重自由创作之精神，加强科学与艺术的结合，积极探索体现人类智慧美的作品。

结 语

与传统艺术相比，现代设计在审美情趣等方面均发生着显著的变化，归根结底是在前人研究的基础上融入其所处时代特征而形成的，与当代人生活文化和审美观念的巨大转变息息相关。虽然现代设计在视觉语言、构图方式、图形符号及审美价值类型等方面进行了探索并取得了突破，但同时也丢失了传统文化中的一些精髓，传承流于表面而缺乏内涵，表现出强烈的工业特征和视觉冲击力，呈现出鲜明的审美风尚和时代需求，但缺乏意境的创造和自由的创作精神，必须引起我们重视并深刻反思。

参考文献

[1]陈望衡．中国美学史[M]. 北京：人民出版社，2005.

[2]王旭晓．自然审美基础[M]. 长沙：中南大学出版社，2008.

[3]王旭晓．美学原理[M]. 上海：上海人民出版社，2000.

[4]王平．中西文化美学比较研究[M]. 杭州：浙江工商大学出版社，2010.

[5]尹定邦．设计学概论[M]. 长沙：湖南科学技术出版社，2001.

编后记

2023 年 7 月 9 日至 14 日，在北京市教育委员会指导下，北京市学校美育研究中心、首都师范大学艺术与美育研究院在北京主办了第一期“北京高校美育教师进修班”，来自北京和部分省市 53 所高校近 70 位美育教师参加了学习。

举办进修班期间，中央美术学院党委书记、教育部高校美育教学指导委员会主任高洪，中国社会科学院大学校长、教育部思政教育咨询委员会委员张政文，北京师范大学文艺学研究中心主任、教育部艺术学理论类专业教学指导委员会主任王一川，北京大学艺术学院院长、国务院学位委员会艺术学理论学科评议组召集人彭锋，中国艺术研究院红楼梦研究所所长、国务院学位委员会艺术学理论学科评议组召集人孙伟科，北京师范大学艺术与传媒学院教授、教育部戏剧与影视学类专业教学指导委员会主任周星，首都师范大学艺术与美育研究院院长、教育部艺术学理论类专业教学指导委员会委员王德胜，北京师范大学美学与美育研究中心主任、中华美学学会中国美学专业委员会主任刘成纪，中国音乐学院音乐研究所所长、中国音乐教育学学会副理事长谢嘉幸，中央美术学院美育研究院院长、教育部高校美育教学指导委员会委员宋修见等知名专家学者，以《弘扬中华美育精神》《地中海文明之西方与黄河文明之中国的审美差异》《现代中国美学旅行和当前美育》《美育与美好生活》《〈红楼梦〉中的艺术美学》《适应与超越：当下“静观审美”到“流观审美”的变异》《生活美育：价值、策略与在场性改良》《重新发现中国美育传统》《解读美育——学校音乐美育的理念与操作实践》《艺术教育中的美育原则与文化蕴涵》为题，围绕弘扬中华美育精神、美育基础理论、美育学科建设、美育政策解读等，为学员们作专题授课，为高校美育一线教师提供了多向度的启发与思考。

进修班的成功举办，为来自高校美育一线的学员们搭建了交流高校美育教学发展的平台。本书中的论文，便选自进修班部分学员的研修成果。它们或从理论层面上研究美育的基本问题，或从实践经验出发探讨高校美育的具体路径，既反映了学员们对习近平总书记有关学校美育工作重要指示精神的领会和对学校美育意义的认识，也鲜活地呈现了高校一线的美育育人探索，促进了高校美育实践经验的交流。

编　者

2023 年 12 月